酌水知源

文化源流与
民族精神

ZHUOSHUI ZHIYUAN

Wenhua Yuanliu yu Minzu Jingshen

国家图书馆 编

国家图书馆出版社

东方出版社

图书在版编目（CIP）数据

酌水知源：文化源流与民族精神 / 国家图书馆编 . —北京：国家图书馆出版社：东方出版社，2022.2

（"部级领导干部历史文化讲座"20周年纪念版）

ISBN 978-7-5013-7404-5

Ⅰ.①酌… Ⅱ.①国… Ⅲ.①中华民族—民族精神—文集 Ⅳ.① C955.2-53

中国版本图书馆CIP数据核字（2021）第253751号

书　　名	酌水知源：文化源流与民族精神	
著　　者	国家图书馆　编	
责任编辑	王燕来　王　雷	
助理编辑	闫　悦	
责任校对	宋丹丹	
装帧设计	奇文云海	

出版发行	国家图书馆出版社（北京市西城区文津街 7 号　100034） （原书目文献出版社　北京图书馆出版社） 010-66114536　63802249　nlcpress@nlc.cn（邮购）
网　　址	http://www.nlcpress.com
排　　版	阳光盛嘉
印　　装	三河市龙大印装有限公司
版次印次	2022 年 2 月第 1 版　2022 年 2 月第 1 次印刷

开　　本	710×1000　1/16
印　　张	20
字　　数	300 千字
书　　号	ISBN 978-7-5013-7404-5
定　　价	69.80 元

酌水知源

目录

方立天

中华文化的核心与
国民素质的提高

方立天

方立天（1933—2014），浙江永康人。1961年毕业于北京大学哲学系。曾任中国人民大学哲学系、宗教学系教授、博士生导师，中国人民大学佛教与宗教学理论研究所（教育部人文社会科学重点研究基地之一）所长。曾兼任中国宗教学会副会长、顾问，中国哲学史学会副会长、常务副会长，《中国哲学史》杂志主编，全国高校古籍整理研究工作委员会委员，教育部人文社会科学研究专家咨询委员会委员等。

长期从事中国哲学、中国佛教与中国文化的教学与研究工作。主要专著有:《魏晋南北朝佛教论丛》《佛教哲学》《中国佛教与传统文化》《中国古代哲学问题发展史》(上下卷)和《中国佛教哲学要义》(上下卷)等。

我今天讲的主题是要着重探讨中华文化及其与国民素质提高的关系。中华文化博大精深、源远流长,它的核心是什么?它的最主要特点是什么?它和我们现代国民素质的提高是什么关系?我们研究这么一个主题,就是要着重探讨传统文化的构成与内涵,从形成和内涵当中来探讨它的核心。我们有这么一个观点,就是认为传统文化的核心和国民素质的提高的结合是我们当前研究传统文化的一个重要任务。传统文化跟国民素质、跟现代化有什么关系呢?从什么角度去探讨、研究传统文化跟现代化的关系?我们认为大概是要找出传统文化的核心是什么，要分析这些核心的内容，传统文化核心的内容有哪些方面？要比较准确地把它找出来，然后来探讨它跟我们国家提高国民素质的关系。根据我们的初步研究，认为传统文化的核心就是一个价值观的问题。我们讲的世界观、人生观、价值观这三种观念，价值观是根本的，也就是说世界观、人生观最后要体现在价值观上。价值可以从不同的层面去分析，我们认为从哲学层面来看价值，就是作为一个主体有什么优长，理想怎么实现？这是从哲学层面讲价值的含义。价值观当中最根本的是人生价值观，人生价值最重要的就是一个人的智慧、理想、才能的体现，为国家、为人民、为民族作出的贡献，这是真正的人生价值。人生价值观就是关于人生价值的一些观点、观念、学说。

国民素质的问题是一个国家的大事，可以说人才资源、人力资源、国民素质这些都是相近的概念，我们大家都很清楚，这是国与国之间竞争的一个根本性的、实质性的问题。英国有个经济学家哈比森，他认为人力资源是国民财富的终极基础。资本、资源都是经济当中被动的因素。人力、人才是主动的因素。因此，我们也可以这么说，国民素质的高低标志着一个国家实力的强弱，国民素质在一个国家的发展当中可以说具有决定性的作用。那么国民素质包括哪些内容？传统文化对国民素质的提高是怎样的一种关系？这些都是我们今天要讲的问题。围绕着这个主题，我想分三个问题来讲。

一、中华文化的形成与核心

我们要探讨一个民族、一个国家文化的形成，需要考虑它的自然环境、它的社会状况，以及它的生态情况。我们都知道，大概在公元前 6、前 5 世纪的时候，在东亚，在我们这个土地上就形成了道家、儒家等学说，在南亚印度有佛教，在地中海一带有古希腊、古罗马哲学，这就在世界上形成了不同的文化系统、哲学系统。我们的中华文化是生长在这么一个环境，就是在东亚的大陆，在公元前五六世纪的时候，大体是在一个 300 万平方千米范围内，就是黄河中下游，中原地区。我们的祖先生活的地理环境，东边是海洋，西北、西南都是高山峻岭，它内部的幅员非常纵深、非常宽广。这一带地区气候比较温和，适合农业生产，一年四季比较分明，与印度和其他国家的自然条件、生产条件很不一样。另外，除了黄河流域以外，长江流域土地也是非常肥沃的，气候也很温和。应当说我们国家中原一带是中华文化的一个发源地，当然中华文化的发源地也不是一个，其次就是长江流域，还有其他地区。中国所处的地理、气候条件就决定了农业生产是古代最主要的生产方式，农业生产最初是集体耕作制，到了战国的时候发展为家庭耕作制，以家庭为单位进行生产，这是一个生产方式的根本性的改变。这种环境、这种生产方式对于一个国家、一个民族的文化的形成，提供了一种客观的根据、客观的基础，也可以说自然、社会的环境和生产方式对文化的形成具有基础性的意义。

同时，文化的产生需要有文化人，需要有知识分子。我们可以看到春秋战国的时候，由宗法贵族分化出了各种各样的士，有文士、武士、隐士、方士等，他们在春秋的时候就成为一个独立的阶层，当时很多诸侯国家都引进这些人才来进行变法。大家都知道，商鞅变法就是最突出的一个典型。这些士，也即知识分子，发挥了知识的优势，从事教育，培养弟子。原来在商周时代上学，学校都是官办的，"学在官府"。到了春秋末期，由孔子首创私学，这就是说，打破了官方对教育的垄断，使古代的学校发生了根本性的变化，也就是把教育推向了民间。另外和私学兴起的同时，古代一些君主还创办了许多文化学术中心，聘任各个学派的大师不治而议论，他们不直接参加国家政府的治理工作，只是专门议论、专门思考如何治理国家，如何发展国家。当时像中原这一带，现在的河北、山东、河南地区都有这样的学术中心，特别是像山东的曲阜，还有河北的邯郸都是当时一些很有名的文化学术中心所在地。这样的文化学术中心，大大推动了各地文化学术的繁荣和兴盛。这种兴盛最集中地体现在春秋战国时期，形成了诸子百家，因为诸子最集中的时间是在战国时期，所以也称为战国诸子。这些诸子就天道、人道、社会伦理、礼法制度等进行了探讨，形成了各种各样的学说。当时最重要的有儒家、墨家和道家，在这3家当中，儒家跟墨

家在当时被称为显学，道家也很重要，但是道家是个隐士之学，它没有列到显
学的范围里面。春秋战国，特别是战国时期的百家，西汉的司马谈就把它概括
为 6 家，以后又有人把它概括为 10 家，还有更多的，有的说诸子有一百多家，
如 189 家的说法，但是最重要的就是刚才我们前面讲的 3 家。在这 3 家里面，
我们可以看到，儒家给我们民族提供了一个人本主义的学术系统、人本主义的
文化传统；道家提供了一个自然主义的传统。可以说《周易》，就是《易经》，
它是把人本主义传统跟自然主义传统结合起来，这两个传统可以说奠定了整个
中华古代文化的基本走向，一直到现在，我们都可以感受到这两个传统的影响
和作用。中华文化后来当然是不断发展的，我们现在可以说，它是世界唯一没
有中断过的文化传统，它表现为哲学、伦理、文学等。根据我们学哲学的人的
观点，文化里最根本的东西是哲学，因为哲学讲的是世界观的问题、人生观的
问题、价值观的问题和思维方式的问题，一个民族的价值观念和它的思维方式

清代焦秉贞绘《孔子圣迹图》（局部）

在文化当中具有极为重要的地位。

就文化形态来说，刚才我们提到有儒家、道家。在汉代，大概在西汉末东汉初，印度的佛教传到了中国内地。我们可以看到印度佛教对于中华民族文化来说，是个异质文化。中华民族已经有儒家、道家学说，佛教要进来，当然会遇到很多阻力，有很多障碍。我们也可以看到西方基督教从唐朝就传到了中国，但是它没有融入中国传统文化里面去，佛教是融入了传统文化里面了。后来我们大家都有一个共同的说法，就是儒释道，释就是佛教，儒道佛 3 家是传统文化的三大组成部分。那么，佛教之所以能够融入中国传统文化里来，我们应该看到中国的人本主义传统、自然主义传统虽然符合了中国人的需要，但是它还有缺陷，那就是说对人生的烦恼、痛苦，特别是人的死亡问题，中国的传统文化探讨的很少。大家都知道，人如果没有死亡，人生就没有意义，生与死是相联系、相对应的，没有死亡，就不用探讨人生的理想意义的问题，因为他是一直活下去的。正因为有死亡，我们要探讨在有限的生命里如何来确定自己的理想，如何来实现自己的理想，在这方面，可以说佛教恰恰弥补了中华文化的缺陷，它起到了补充作用，所以我们认为佛教给中国文化提供了一个解脱主义的传统。解脱主义，就是解脱烦恼、痛苦，解脱生死问题，这也是适应中国人民的需要的。所以长期以来我们的传统文化就由儒释道 3 家所组成。

我们可以看到，这 3 家从实质上来说，探讨的就是人的问题，人生的问题。所以，从一定意义上来说，也可以说它是人学。因为就儒家来说，它主要是探讨为人之学，探讨怎么做人。它提倡仁爱，那是讲人与人的关系问题。它主要是要在现实生活当中去提升自己的理想。我们在平时生活当中，在平时的工作当中，就是从平凡的活动当中，怎么能够提升它的意义、它的价值，即实现人生的理想，这是儒家思想。道家讲自然，讲自然主义传统，这个自然，就是要顺其自然的意思，要合乎自然本性。用我们现在的话来说，一定意义上也可以说要合乎自然的规律。道家提出了这么一个传统，这从根本上来说也是个生命哲学，也是讲人的问题。怎么能够实现人生的理想呢？道家认为那就要合乎自然。佛教不同，佛教讲出世，应当说佛教是个宗教，我们刚才讲的道家、儒家，它是人文。所以中国是个人文主义传统的国家，跟印度那个宗教国家不一样。印度是个宗教国家，它的一些宗教领袖比政治家地位要高。中国不是这样，中国是人文的传统。但是我们也可以看到，佛教里面很多内容实际上也是讲做人的问题，特别是传到了中国以后，佛教发生了很大的变化。中国佛教跟印度佛教是有区别的，当然它有共同性，它们都是佛教。中国佛教相对印度佛教来说，最重要的是创造了两个东西，一个是禅宗，实际上禅宗把成佛的理想由彼岸世界移到了内在的主体世界里面，它宣扬即心即佛，你的心、你的思想，与佛不相离，用我们现在的话说，就是思想意识觉悟了，那就是成佛了。我们可以看到，这实际上就是由神转到了人，转到觉悟的人。另外，在我看来，中国佛教的第二个创造，就是现在讲的人间佛教，我们已故的赵朴老就提倡这个。中国台湾地区佛教也是提倡这个，两岸佛教都提倡这个。人间佛教就是认为，通过佛教道德的弘扬以及其他思想的弘扬，能够使人间成为净土。从这里边我们可以看到，中国佛教，当然它有出世的一面，当然它是个宗教，但是实际上它已经受到中国的儒道的影响，带有很大的人文色彩，它也很重视做人的问题。这是从我们的文化的核心，各个学派的思想核心来看，我们可以看出它的确是以人学为中心的。另外从中华文化的发展、历史的发展来看，我们可以看到孔子、墨子，以后的孟子、韩非，以及汉代的董仲舒、王充等都是提倡通过为人，进而能够为家、为国作贡献。中华文化提倡的，实际是一种人生的价值观念。

另外一个方面，文化和民族有不可分割的联系，世界上不同的民族呈现了不同的文化。不同民族文化体系的差异，最主要表现在什么地方呢？我们认为最主要就表现在价值观念上，像我们下面要介绍的中国文化，它就比较重视做人，重视和他人的关系，重视和自然的和谐，这就是它的价值观念。西方就不是这样，印度也不完全是这样。我们一些记者招待会，西方国家元首，包括小布什总统（美国第 43 任总统）在清华的演讲，他们都是要推行西方的价值观念，也就是说，他要推行他们文化的核心内容。所以，今后在一定意义上来说，就是不同民族的价值观念的较量。所以我们东方、东亚地区形成的、我们中国形成的价值观念，它的优势在什么地方？它的内容、内涵是怎么样的？它对我们国家的发展以及世界未来的发展有什么意义？这就是我们下面还要探讨的问题。

二、人生价值观的要义

人生价值观念，是在人生的一些基本矛盾基础上形成的。人类，包括我们每一个人的人生当中，他的最基本性的、普遍性的矛盾是什么呢？我们认为有三个矛盾：第一个矛盾就是人与自我的矛盾。我们每一个人和自己的矛盾，比方我们的现实状况与理想追求，我们的物质生活与精神生活，我们的生命价值跟人格价值、道德价值的关系怎么样，我们要处理好这些矛盾。第二个矛盾就是人和他人的矛盾。因为人都不是孤立存在的，他在社会当中存在，他有家庭关系。在一个单位，他有一个工作关系，有同志关系。再推广就是还有民族的关系和国家的关系，这就是由人与他人的关系当中派生出来的人与民族、与国家的关系，这是我们经常面临的又一类矛盾。第三个矛盾就是人与自然的矛盾，人与自然环境的矛盾。因为人是生存在特定的自然环境当中的，自然环境对人类的影响是很大很大的，自然养育了人类，但是如果我们人类过分地去征服、去破坏自然，自然可能就要报复人类。所以人与自然的矛盾是我们天天可以感觉到的，像遇有沙尘暴，每个人的心情都会不太好的，这是人与自然的关系。三类矛盾当中，我们也可以把人与他人的矛盾展开为人与他人、人与民族、人与国家的矛盾。所谓价值观念，一定意义上也可以说，就是一个人如何处理这些矛盾的问题。通过正确地处理这些矛盾，就形成了正确的价值观念。下面我们就按照刚才所讲的三类矛盾，或者四组矛盾，分四个问题来讲。

（一）人与自我的关系

人与自我的关系归根结底可以说就是一个塑造人格的问题。"人格"是现代的用语，古代没有"人格"两个字，古代叫人品。什么样的叫作具有崇高的人格？怎样能够达到和保持崇高的人格？这是古代思想家经常热心讨论的一个中心性的问题。特别是儒家，也还有道家。在这方面，大家都知道孔子有这样的名言："三军可夺帅也，匹夫不可夺志也。""三军"泛称军队，古代的诸侯大国可以有三个军。"匹夫"就是指的男子汉，男子汉具有独立意志，每一个人都应当有独立意志，独立的人格，这对做人来说是一个极为重要的问题。孟子也说："富贵不能淫，贫贱不能移，威武不能屈，此之谓大丈夫。"大丈夫的人格是怎么样的呢？就是要始终在任何情况下，在富贵情况下、在贫贱情况下、在威武的压力下，都要坚持自己的原则，保持自己的人格。自己的意志不能动摇，这很重要。现实生活当中也表明他这种说法有相当的普遍意义。道家也提倡要有崇高的人格，但是道家是从一种自然主义思想脉络里来讲这个问题，庄子这样说："至人神矣！大泽焚而不能热，河汉冱而不能寒，疾雷破山、飘风振海而不能惊。"所谓至人，道家系统讲的至人，就是思想道德境界很高的人，那很神妙，每个人的境界是不一样的，境界很高的人，很神妙。就是大泽，大的草泽都焚烧了，他都不受影响。河就是黄河，汉就是汉水，冱就是冻了，结冰。黄河汉水冻了，他也不受影响。这是说至人具有不受任何环境影响的独立的精神和自主的精神。庄子还主张提倡追求"天地与我并生，而万物与我为一"，提倡这样的精神境界，这是一种极高的境界，主张人跟万物都是平等的，没有价值的高低区别。这种与天地万物为一的境界，我们可以想象，我们也去体会，那就是说要超越自我，与天地同在，这是极高的一种精神境界。

上面所讲的孔孟庄子他们关于人格价值追求的一些主张，对后来产生了极为深远的影响。人与自我的关系当中的一个问题就是物质生活和精神生活、物质价值和精神价值的关系的问题。我们每天都要吃饭穿衣，但是我们还要过一种精神的生活，物质价值和精神价值的关系怎么样？我们应当怎么来处理？古代思想家认为衣食是礼仪的基础，物质生活是一种基础，这个基础是不能否定的。另一方面又强调精神生活是高于物质生活的。包括后来宋代理学家讲的"存天理，灭人欲"，也不是把人的基本的欲望消灭了，人照样吃饭、穿衣，这个不在"灭人欲"范围内。"灭人欲"指的是一种超越精神生活要求的那种物质生活追求。在人与自我关系当中，我们刚才讲它是一个塑造人格的问题，每一个人都会遇到这样一个问题，那就是要正确地对待生命。人的生命与道德、人格的关系中，生命是很重要的，所以儒家是主张保全生命。道家还主张顺其自然，保全生命。但是在我们的先人看来，人的生命价值如果跟道德价值、人格价值发生矛盾的时候，比较起来，道德价值、人格价值更重要。如果为了国家、人民、民族需要牺牲自己的时候，我们要勇敢地付出自己的生命，来保持自己的人格价值。所以孔子主张"杀身成仁"，孟子主张"舍生取义"，都是这个意思。古人还看到了人的死亡跟"不朽"的关系问题。"不朽"就是人死亡以后怎么样才能够永远存在的问题。因为人都要死亡，那么死亡以后，人是不是还有可以值得以后的人永远敬仰的东西？有没有不朽的东西？这方面《左传》里有这样的记载，认为人虽然有死亡，但是死而不朽，他的精神、他的功业是永恒存在的，所以有"大（太）上有立德，其次有立功，其次有立言"这样的说法，这就叫作"三不朽"，就是要"立德、立功、立言"："立德"就是树立人格道德榜样；"立功"就是建功立业；"立言"就是你有新的思想言论，有助于人民素质的提高、有利于国家的发展。古人认为道德、功业和言论这个价值是很重要的，这叫作"三立"。人要在"三立"方面都有贡献，或者是在某一个方面作出贡献，这样人虽然死亡了，但他又是不朽的。我们现在可以看到像孔子孟子他们都是不朽的，到现在我们都要纪念他们，甚至还要学习他们的某些思想。在人与自我的关系当中，探讨这个问题的时候，我想起了我的老师冯友兰先生，他有人生四境界的学说，每个人不一样的，有四种境界。他说第一种境界叫自然境界，什么叫自然境界呢？自然境界是适应人的生物本性、生理本性的要求，吃饭、穿衣，还有繁衍子孙等，还有适应世俗习惯，这个叫自然境界。第二是功利境界，功利境界是功利性的，

宋代理学代表人物朱熹画像

就是追求个人的私利。有些人做事情首先考虑的是个人的利益，对我有没有利，这是第二境界。第三个境界就是道德境界，它是为社会谋福利的，我做的事情是为了对国家、社会有利。第四是天地境界，天地境界就是人是天的一部分，人是自然的一部分，人归根结底要和天统一起来。这一思想境界，应当说是更高的一个境界，我们想问题、处理事情是从人与整个自然统一的角度来思考。人生有四种境界，应当说后面这两个境界都是很高的境界。

（二）人与他人的关系

人与他人的关系，就是人际关系、人伦关系、群体关系。在这方面，古人认为人和别的动物不一样，人是有义的，是讲道义的，所以人能够组织起来成为一种群体。人的体力可能不如有的动物，但是人能够驾驭动物，能够组织群体，能够组织社会，能够按照职份、按照道义来妥善地处理人与人之间的关系问题。那么人与人有哪些关系呢？最早提出人与人的关系的是孟子，他认为有五类关系，那就是父子关系、君臣关系、夫妇关系、长幼关系、朋友关系，其中长幼关系就包括了兄弟关系。所以后来又演变为"五伦"，就是"父子、君臣、夫妇、兄弟、朋友"这五种关系。这五种关系是由十种角色组成的，所以古人又提倡"十义"，就是十种道德规范，每一个角色都有特定的道德要求、道德规范。根据《礼记·礼运》上的记载，所谓"十义"叫作"父慈、子孝、兄良、弟悌、夫义、妇听、长惠、幼顺、君仁、臣忠"，这是十个不同的角色应当具有的道德规范。这里面，我们可以看像父子之间、兄弟之间、君臣之间都是各有权利和责任的，像"忠"，臣对君要忠，但君一定要"仁"，君是仁的，所以臣要对君尽忠。如果君不"仁"，他不是仁君，那臣就不一定"忠"了。儿子对父亲也不是一种绝对的服从关系，父要慈爱然后子要孝，这个和汉代以来一方绝对地服从另一方又不同，所以"三纲""五常""十义"都有一个演变的过程。

古代学者在关于人与他人关系的准则和规范方面，所提出的准则和规范最重要的有"仁、礼、和、义、信"这几个范畴。现在我们简单介绍一下这几个范畴的意义。

1. "仁"

"仁"字好像是两个人那样，从字的造型里可以看到它是讲人与人的关系的。大家都知道，孔子有个很重要的定义，"仁"就是爱人，就是泛爱众，要爱大众，要爱他人，要相爱，人与人之间要相爱。在孔子看来，爱人的内容有两条根本性的原则，第一条就是"己所不欲，勿施于人"；第二条是"己欲立而立人，己欲达而达人"。第一条是消极性的，你自己不喜欢的不要给别人；第二条是积极的，"立"就是自立，"达"就是显达，你想立的，你自己追求的、要实现的东西，也要帮助别人达到。现在国际上宗教界也在探讨普世伦理，全世界人类能不能有一个基本的伦理规范，有没有？讨论很长时间了。其中有的学者就提出来，孔夫子的这个话可以作为基本伦理的条款，特别是"己所不欲，勿施于人"。孟子也有这样的主张，孟子认为你如果不能够做到爱人，人家也不会爱你，不尊敬你，所以儒家提倡"仁爱"。我们可以想象，一个国家、民族，人与人之间都能这样做，会形成一个什么样的状况？它可能是非常和谐的。还有墨家，墨家提倡"兼爱"，主张"视人之国若视其国，视人之家若视其家，视人之身若视其身"。它主张"兼爱"，这个"兼爱"和儒家有等差的爱、有等级的爱是不太一样的。儒家的爱是由亲近的关系，然后推到更广泛的、其他的人的关系。墨家主张"兼爱"，要求把别人的家庭看作像自己的家庭一样。我们可以看到，"仁爱"跟"兼爱"都是古代人道主义思想的一种体现，但是这两者有一定的区别。儒家的"仁爱"，是有等级性的，墨家是讲广泛的"兼爱"，但是，我们又可以这样考虑，很可能，墨家的"视人之家若视其家"这种观念，和古代社会以家庭为本位的那种社会结构是不太一致的，所以墨家的衰亡也不是偶然的了。

2. "礼"

"礼"是古代的社会规范和道德规范，通常是包含了三个方面的内容，那就是社会政治制度、法律准则、道德规范。古代非常重视"礼"，孔子这样讲，如果一个人"不知礼"就"无以立"，起码的礼都不懂，这个人就不可能自立。所以孔子又把"礼"跟"仁"联系起来，提出"克己复礼为仁"，也就是要约束自己，要符合"礼"，这样来做到"仁"，达到"仁"的境界。"仁"跟"礼"的关系实际上是一个形式跟内容的关系。"礼"是"仁"的表现形式，"仁"是"礼"的实质内容。荀子有一篇文章叫《礼论》，对"礼"作了总结，他对儒家思想又有进一步的发展，他认为，治理国家是"治之经，礼与刑"。治理国家靠两个方面，一个是"礼"，一个是"法"。如何治理好国家呢？一方面要讲"礼"，一方面要讲"法"。我们可以看到中国的这种思想对韩国、日本影响都很深的。本来我们是礼仪之邦，可是现在，学校师生之间的礼都比较淡了，这对我们国家以及政府机关、上下级的关系，都不是好事。我们当然要讲平等，平等是政治上、人格上的平等，但是礼要不要？很可能有"礼"比没有"礼"要好得多。

3. "和"

"和"就是和谐。在这里有个很重要的问题，我们古代探讨两个很重要的范畴，那就是"和"跟"同"，"和"与"同"的关系与区别。古代很早在中国哲学史上就发生了"和同之辩"，辩论"和"跟"同"有什么区别，有什么关系。所谓"同"就是同一、相同。所谓"和"就是不同的东西的平衡。古人认为"和"能够产生不同东西，不相同的东西的平衡、和谐，能产生新的事物。"同"，相同的东西，就是重复，它不能产生新的事物。所以中国古代主张"和而不同"。孔夫子有个名言"君子和而不同，小人同而不和"，把是否追求和谐看作君子区别于小人的根本的思想分野。孔夫子还讲过这样的话："均无贫，和无寡，安无倾。""均无贫"，平均了的话，就无贫；"和无寡"，寡指的是人口很少，就是没有凝聚力，老百姓都不跟着你了，和则人家都会凝聚在你的周围；"安无倾"，安全的话就不会有危险。孔子有个学生叫作有若，他说了这样的话："礼之用，和为贵。"礼的作用是以和为贵，肯定了"和"的价值。根据我们学者的想法，比方说我们跟西方文化的关系，我们主张和而不同。所谓和而不同，就是能够把各种文化的优长综合起来为自己所用。孟子也有重"人和"的名言，大家都很熟知了，就是"天时不如地利，地利不如人和"，这里的"人和"就是齐心协力的意思，齐心协力、团结合作。在孟子看来，这三个因素当中，天时、地利、人和，人和是第一位的，很重要，很可能他讲的是一个真理。如果以和为价值取向的话，我们可以看到对人类社会的发展可能是很有意义的。在现实生活里面，我们可以看到人与人之间、集团与集团之间、社群与社群之间、阶层与阶层之间、阶级与阶级之间都存在着矛盾、对立和斗争，这是不能回避的，是我们要面对的。但是从历史上来看，斗争的结果一般可以说有这么几个结局：一种结局就是两者同归于尽，第二种结局就是一方压倒另外一方，第三种结局就是双方和解而两利。所以"和"作为处理人际关系的一项基本原则，可以用来处理不同的矛盾，对不同的矛盾，采取一个恰当的处理方式。

4. "义"

"义"本来是适宜的意思，适合情况，引申为公正。我们老百姓希望做官的人第一条就是公正，清廉与公正。

5. "信"

"信"就是诚实、守信用，古人认为这是朋友之间应当遵守的一个基本道德规范，实际上在经济生活当中也应当是这样。

这是关于人与他人的关系的看法，是古人的一些生存智慧。

（三）人与民族和国家的关系

我们中国是有这么一个优良传统的，有个爱国主义传统。爱国主义传统的内容是什么呢？就是关心社稷民生、维护民族独立和保卫中华文化。爱国主义的内容是很丰富的，古人很多都是以爱国主义为人生的最高价值，一个人要爱国，要爱民族。孔夫子有这样的话："微管仲，吾其被发左衽矣。""微"是假如没有，管仲是古代很有名的一个政治家，"被"和"披"是一样的，"衽"就是衣服的衣襟，有的少数民族衣襟是往左边开的。孔夫子是说，如果没有管仲，我可能也是衣襟往左边开了。这是表现了这么一种深层的意思，就是孔子主张维护民族尊严、国家独立。至于像屈原、范仲淹，乃至顾炎武，他们都有很多以天下为己任的抱负，那是对我们很有教育意义的言论。大家可能都知道，像"先天下之忧而忧，后天下之乐而乐""天下兴亡，匹夫有责"等，都是很重要的。我们古代都提倡"忠"。"忠"的含义，就是要尽心尽责，但是到了汉代以后这种意义转变为为国君尽忠了，而把尽责又推到绝对服从，这个就不好了。所以，辛亥革命有很大的功劳，就是把君主专制推翻了。但是我们应当说，对民族、祖国、人民，我们还是应当忠的，忠于民族、忠于祖国、忠于人民是每一个公民的崇高的职责。

（四）人与自然的关系

古代一些思想家是怎么样来看待人与自然的关系呢？人处在自然当中，人是自然的一部分，人与自然的关系就叫作"天人之际"。这里我们先要搞清楚古代的"天"的含义。"天"的含义很多，主要是有两条，第一条指的是自然，也可以说这个自然就是自然界，特别是指的天体、天空，或者说是天地，用我们现在的话来说，也就是客观的物质自然。"天"的另外一个意义就是神灵，认为天上有神灵存在。我们现在要探讨的主要是人与自然这个层面上的关系问题，就是要探讨天道跟人道的关系、自然跟人为的关系。在这方面，古代主要有三个学说：

第一个是"天人合一"，就是强调天道跟人道、自然与人为息息相通、和谐统一，这是一个非常重要的概念。例如，孟子就主张"尽心知性知天"。"尽心"，就是发挥我们自己的本心，我们的主体精神充分发挥了，就能够"知性"，就能够知道人的本性，进一步就能够知道自然。这里很重要的一个思维方式就是认为天跟人是个统一体，人心、人性跟天道是一样的，这是中国古人的很重要的一个思考方式。由于能够"尽心知性知天"，因此也认为人能够和天地相通，进到一种天地境界。道家也是主张"天人合一"的，我们刚才已经提到庄子，庄子主张"万物与我为一"，人与天地万物要合一、要统一起来，进一步反对人为地去破坏自然，主张"因顺自然"，顺从自然的规律。庄子的学说，有一种主张回复到原始状态的思想，这种思想当然是一种落后的思想。但是他主张不去毁坏自然，应当承认，这种思想对我们有一种警钟长鸣的意义。

第二个是"与天地参"，就是人要参与自然界的变化，这是在肯定天道、人道既有区别又统一的基础上，认为人不是消极的，不是被动的，人可以参与自然界的变化，这种观点也是很重要的。在这方面像《周易大传》有这样的话，要"裁成天地之道，辅相天地之宜"，"范围天地之化而不过，曲成万物而不遗"，"裁成""范围"都是动词，都是调节的意思，"辅相""曲成"都是辅助的意思。这是说，一方面要承认自然的变化和它的规律，另一方面要通过发挥主体的能动性来调节自然的变化，协助万物达到完满的程度。

第三个就是"天人之分"，认为天和人不一样，是有根本性的区别的，要把天和人加以区分，各有其规律。在"天人之分"这种主张里面，有的主张要"知天命而用之"，就是要控制自然、治理自然。这种主张，就是强调要发挥人类的主观能动性去控制自然。这种主张可以说和前面"与天地参"的主张有联系，但是也有区别。

在这三种主张当中，我们可以这么说，它们之间并不完全是对立的，不是互相排斥的。凡是主张"天人合一"的，都是以"天人之分"为前提，都是在确定了天人之间的区别的基础上形成的。主张天人之分的也不完全否认天人相通、天人之间的联系，有的就主张天的职能和规律是不能违反的。所以在这三种学说之中，"天人合一"是一个基调，是中国古代关于天人关系的一个基本的学说。

三、人生价值观与国民素质提高的关系

刚才我们在探讨这个主题的思路的时候曾经提到，我们要提高国民素质，应当充分运用传统文化的资源。提高国民素质的途径是多方面的，其中利用传统文化的资源是一个重要方面。在探讨利用传统的人生价值观来提高国民素质这个问题的时候，我们首先要来分析一下21世纪国际国内社会的一些新的变化，它的特色。我们认为21世纪国际国内社会最根本性的特征很可能是以下这几个方面：

第一，由于市场经济的日益成熟，国家与国家、地区与地区之间的经济正在走向一体化，又由于通信技术的进步和交通的发达，世界，特别是在经济领域就会越来越全球化。这种情况，不仅会加速推动不同文化的交流和碰撞，而

且会使国与国之间的竞争进一步加剧。

第二，由于科学技术的空前进步，人类在征服自然、改造自然方面取得的成就越来越大，但与此同时，自然也增大了报复人类的力度。所以生态失衡、环境污染、气温升高、人口暴涨、能源危机、食品短缺等问题、难题日益地困扰着人类，人类将地球和大自然作为征服对象的同时要付出巨大的代价，以至于我们现在一些基本的生活需要，像水有的地方都很缺，人类在满足水资源的需要上都出现了问题，这是一个很大的问题。要解决这个问题，一方面是要努力地去寻找、开发新的科学技术，来缓解开发自然所带来的负面作用，另外一方面需要提高人文素质来协调人类跟自然的关系，这可能是未来又一个很重要的特点。

第三，因为物质条件的不断完善和生活方式的更加现代化，丰富的物质生活和相对匮乏的精神生活的反差现象将长期存在。精神生活出了问题，就出现了一种文化精神危机，这种文化精神危机在我们看起来实际上就是价值危机，就是价值观念失衡了。如果人们长期受到追求物质欲望、物质需要这种价值观念的支配，停留在物质享受的层次，就会形成恶性的消费。恶性的消费势必带来恶性的开发，由此又进一步带来国民素质的下降，同时又影响了社会的可持续发展。根据这种情况，未来社会人类能不能觉悟到要把单纯地追求物质，或者着重追求经济的增长，逐步地转到追求人的全面发展上来，是一个很重要的问题。

21世纪显然是国与国之间竞争很激烈的一个世纪，我们要立于世界民族之林，就需要有高素质的人才，国民素质要高。什么叫作素质呢？素质包括了哪些内涵、哪些要点呢？根据我们初步的研究，素质主要包括四种。第一种是文化知识素质。这个又包括两个方面，一个是综合知识素质，一个是专业知识素质。既要有综合的知识，又要有专业的知识。第二种是品德素质。品德，就是人品，包括了道德素质和思想素质。道德和思想也是两个概念。比方说培养家庭美德、职业道德、社会公德是极为重要的，有利于形成和谐美满的家庭关系、人际关系。第三种是心理素质。这也是极为重要的素质。心理素质里包括情感素质、智力素质、意志素质。意志素质，就是我们前面讲的人要有意志、有人格。情感素质，就是在情感问题的处理上，要处理好，不要失足。智力素质，就是培养以创造性思维为核心的素质，这对于一个民族的进步、国家的兴旺发达都具有战略性的意义。创造性的思维，不是墨守成规、保守陈旧的那种思维，要培养创造性思维，这属于心理素质里面的智力素质。最后一个素质就是身体素质，身体也很重要，学校不是讲德智体吗？"体"就包括了体质、体力、体能，身体素质在人的素质结构里的地位是不言而喻的，它是一个前提性、基础性的东西。比如说我们中华民族都要讲健康，这是极为重要的。在我们看来，素质很可能是包括了这四个方面。那么传统文化、传统的人生价值观念对于提高国民素质，是有一定的积极意义的。

根据当前国民素质的一些状况，特别是为了青少年素质的健全发展，我们认为，在当前应当重点弘扬传统人生价值观当中的一些积极的内容。传统人生价值观也会有它的局限性，我们今天讲的是它的积极方面的内容。关于积极方面我们认为最重要的有三个方面：

第一，弘扬为人之道，提高人文素质。上面我们说了，中华传统文化是十分重视阐扬做人的道理的，强调道德、人格的崇高的价值。它在处理物质生活跟精神生活、生命价值跟人格价值这些方面都提出一些积极的思想，这些思想如果用来提高国民的素质，我们认为是有帮助的，特别是对于纠正当前出现的只重视技能、经济、功利、实用而忽视人文、精神、思想、道德这种偏颇、偏差，对于纠正只追求物质生活而忽视精神生活的倾向，应当说是有启迪的意义。

第二，弘扬群体观念和爱国精神，树立社会的责任意识与历史的使命感。在这种经济全球化、国与国之间的交往日益频繁，外来的文化不断地冲击我们本土文化的情况下，我们认为提倡集体主义、爱国主义精神尤为迫切，特别是对青年一代的教育尤为迫切。因为现在国与国之间的观念淡泊了，不同国家的很多年轻人都通婚了，有的都出国定居了。所以我们对那种忽视国家、集体利益的倾向一定要注意。我们认为在处理这个问题的时候，忽视个体的利益、地位、作用，是不对的。我们以往曾经忽视发挥主体的积极性、主动性、创造性，这不利于我们国家的发展，但是我们也认为忽视群体的需要、忽视群体的价值和利益也是片面的。我们是不是可以说，我们应当肯定个人的价值是通过对群体的贡献才能获得真正的体现。中华传统文化对有关群体的关系、公私的关系，以及个人和民族、国家的关系，都有很多很精粹的思想。阐述这些合理的思想和精神，对提高国民素质特别是道德素质与心理素质，增强对人民、对社会、对祖国的奉献精神应该说是有意义的。

第三，弘扬天人协调的思想，提高辩证思维水平。在处理人与自然关系的问题上，我们刚才已经提到以"天人合一"为代表的思想，特别是其中关于天人协调的思想，就是人可以参与天地自然变化的思想，在我们看来很可能就是处理两者关系的一个正确的原则，那就是说主张人与自然的和谐，良性互动。人类与自然一定要良性互动，这对人类的发展是有重要意义的。所以我们认为那种人类要征服自然、把人类与自然对立起来是一种形而上学的思维，人类应当和自然和谐、协调，要保持这种良性互动，要运用这种辩证的思维。把地球有限的资源耗尽，只能是毁灭地球，也毁灭人类本身。

我们认为积极地弘扬中华传统价值的合理思想，对于培养国民的精神品质有极大的好处，对增强国民的智慧有极大的好处。总之有助于中华民族、有助于我们国家的国民求真、行善、崇美这样的人格品质的形成和完善。

（讲座时间　2002 年）

李学勤

追寻中华文明的起源

李学勤

李学勤（1933—2019），北京人。1951年起就读于清华大学哲学系。1952—1953年，在中国科学院考古研究所参加编著《殷墟文字缀合》。1954—2003年，在中国科学院历史研究所（后属中国社会科学院）工作，任研究实习员、助理研究员、研究员，1985—1988年任副所长，1991—1998年任所长。中国社会科学院学术委员会成立后，任第一、二届委员。第九届全国政协委员，第二至四届国务院学位委员会委员，中央文史研究馆馆员。曾任清华大学历史系教授，出土文献研究与保护中心主任，国际汉学研究所所长，中国先秦史学会理事长，楚文化研究会理事长，"夏商周断代工程"专家组组长、首席科学家。曾任英国剑桥大学、美国加州大学（伯克利）等多所外国名校的客座教授及国内多所高校的兼职教授。

主要研究中国先秦史和古文字学，涉及甲骨学、青铜器研究、战国文字研究和简帛学等各方面。从20世纪50年代起，共出版专著20余部，发表学术论文500余篇。

今天我讲的题目是《追寻中华文明的起源》，我讲三个问题：第一个问题想谈一下关于文明起源研究的重要意义；第二个问题想谈一下作为探寻中华文明第一步的"夏商周断代工程"的缘起和成果；第三个问题想谈一下我个人的想法，就是怎么样来探寻中华文明的起源，探寻中华文明发展的道路。

先谈第一个问题，就是关于文明起源研究的重要意义。马克思的著作里面有一句名言：我们只知道一门科学，就是历史，历史可以分为自然史和人类史。

我们体会马克思的意思，就是说自然科学的研究属于自然史的研究，人文社会科学的研究属于人类史的研究，而人类史和自然史是连续的，是整个的宇宙一直到人类的发展过程。现在我们看起来，从宇宙的发展一直到人类的发展，有一系列的起源的问题，比如说，现在科学上大家努力探讨的一个问题就是宇宙的起源问题。在宇宙的起源问题之后，就是地球和地球所在的太阳系以及银河系的起源问题。在这个问题之后，还有在地球上生命的起源问题。在生命的起源问题之后，还有人类的起源问题。这些问题都是科学研究的重大问题。我想我们应该注意到在人类的起源之后还有一个问题，就是人类文明的起源问题。文明的起源问题，应该说是和宇宙的起源、地球的起源、生命的起源、人类的起源一样，是科学研究的重大课题，也是从来为学术界所关注的。

什么是文明起源问题？文明起源问题就是人类在什么时候、什么地点、在怎么样的客观和主观的条件之下，摆脱了自然的动物状态，怎么从自然的动物状态，或者我们叫作野蛮的状态，进入了人类的文明社会。这样的问题对于研究人类历史的发展是极其重要的，而且对于今后人类文明的发展也是非常重要的。正如大家所知道的，马克思主义的经典作家，从马克思到恩格斯都非常关注文明的起源问题。马克思、恩格斯在他们晚年的时候，曾经参考了当时有关的一些研究成果，比如说俄国的科瓦列夫斯基的著作、美国的亨利·摩尔根的著作等。大家知道亨利·摩尔根的名著就是《古代社会》，很早就已经翻译成中文，在中国有不少学者研究介绍。马克思、恩格斯参考了有关学者的研究成果，对人类文明的起源问题，也就是人类从野蛮到文明的变革作过精辟的论述。特别是在马克思逝世以后，恩格斯有一部名著，就是《家庭、私有制和国家的起源》。在这部著作里面，恩格斯专门讨论了从野蛮到文明的问题，而且从这个问题引导出了马克思主义国家学说的一系列重要观点。后来列宁在他的《论国家》等著作中对这个问题作了阐述。恩格斯在他这部经典著作里面举了很多具体的例子。他主要举了三方面的例子，第一个是古代的希腊，第二个是古代的罗马，第三个是古代的日耳曼。他根据对古代希腊、罗马和日耳曼历史的研究，对比了当时一些人类学的研究，然后讨论了怎么样来看待从野蛮到文明这样一个重大变革的问题，提出了很多重要的理论观点。

当时的欧洲，东方学和考古学还没有得到充分的发展，所以马克思和恩格斯在他们的著作里面很少提到现在大家都比较注意的，比如像古代的埃及，古代的两河流域，就是美索不达米亚，还有像古代的印度。他们完全没有提到古代中国，这也是当时的历史条件所决定的。可是到今天这个情况就不同了，今天我们的中小学教科书里面只要谈到世界古代历史，都是讲到世界上四大文明古国。四大文明古国就是刚才说的古代的埃及、古代的两河流域、古代的印度，还有古代的中国。

我们中国是在四大文明古国里面，幅员最大，当时人口也最众多的一个。而且中国不但有着悠久的古代文明，还有一点是和其他的几个文明古国以及与希腊、罗马不一样的，就是中国的古代文明不但历史悠久，而且绵延不绝，它是继续传流下来的。我们知道，在历史上古代埃及固然是文明出现最早的国家之一，可是古代的埃及和今天的埃及之间的关系非常曲折、非常遥远，今天的埃及与古代的埃及不管是在人种、还是在文化上都有很大的距离。古代的两河流域，包括那几个古国，苏美尔、阿卡德、亚述、巴比伦等，这些古国和今天的伊拉克的关系也很少，它们的文明在很早很早以前，可以说在希腊、罗马时代就已经断绝了。就是希腊、罗马这样的文明兴起比较晚的古代国家，它们的文化后来到中世纪也中断了，所以后来才有文艺复兴，它们的文明都没有一直从古代传流到现在。只有我们中国的古代文明是绵延不绝，虽然中国的历史有这么多的风云变幻，有这么多的朝代改变，可是中国的文明是一直传流下来，一直传流到今天的，这个应该说在整个世界人类历史上是很独特的。

另外还有一个特点，正如刚才我们已经介绍过的，就是中国地域广大、人口众多。今天的中国人口占到世界上的五分之一，或者更多一点。在古代世界里面，中国也是一个地域广大、人口相对众多的国家，所以中国在当时的世界上的影响也是非常广泛。因此我们研究人类文明的起源，就不能不研究中国文明的起源。如果把我们中国文明的起源忽略掉，对于研究人类的起源应该说有所欠缺，不够全面地了解和认识。我们研究中华文明的起源，对于整个人类发展的历史也是一个重大的贡献，有助于有关文明起源的一些理论上的问题的探索。

对于我们中国人来说，应该说中华文明的起源问题还有它特殊的意义。正如各位所了解的，中国人，包括在世界上的华侨、华裔，都是以中国文明的历史悠久、它的绵延不绝、它的光辉灿烂而自豪的。我们中国有这么悠久的、这么光辉的文明历史，这一点也是我们中国人以及华侨、华裔凝聚力的重要因素。现在我们去科学地探究、说明、阐述中华文明的起源和它早期的发展过程，对于爱国主义教育，对于加强中华民族的自尊自信有着重要的意义。刚才我们谈到中国人都以中国的文明的历史悠久而自豪，这里面最有代表性的，社会上人人都知道的一句话，就是说我们有五千年的文明史，用另一句话来说，我们是炎黄子孙。这两句话意思差不多，因为我们说是炎黄子孙，就是说我们的文明从炎帝、黄帝那个时代就开始了，而炎帝、黄帝那个时代距今，一般的理解就是将近五千年。所以我们说有五千年的文明史实际上和炎黄子孙这句话有着密切的联系。为什么我们这么说呢？有什么根据？这是有根据的，有着古书上明确的依据。

我们中国的历史书，过去按传统的说法，有正史、别史、杂史、小史，各种各样的史书。中国的史书在全世界是最丰富的，所以外国有学者说中国是一个历史的民族。中国传统叫作正史的，主要就是二十四史，二十四史的第一部，大家都知道是司马迁的《史记》，而《史记》的第一篇是《五帝本纪》，五帝的第一个就是黄帝。在《史记》里面关于黄帝的记载当然和世界上其他古代国家和民族的古史一样，带有很多的神话色彩，古代史书一定是这样的，可是里面也有很多今天看起来还是符合历史事实的记录。根据《史记》的记载，黄帝时期已经有了很多现在我们可以认为是文明的创造，所以现在我们每年祭黄帝陵，里面有一个匾，上面写着"人文初祖"。"人文初祖"这句话，就是说根据我们历史上的传说记载，黄帝时期是我们文明的开始，或者发皇的时代。而黄帝的时间，按中国史书上的传说来说就是5000年前左右。在辛亥革命的时候，那时候推翻清朝的统治，不再用清朝皇帝的纪年了，就曾经用过黄帝的纪

元。当时有不同的看法，有几种
数字，一般都在四千六百多年或
者四千七百多年，所以说黄帝距
今五千年左右，这个是有史书依
据的。当然有史书的依据并不能
得到现在学术界的公认，因为史
书的记载有一些是神话传说，有

汉代画像石拓片《黄帝战蚩尤》

一些经过后人的窜改，不一定都那样可靠。

那么究竟我们中国的文明是从什么时候开始的，这个问题就不能只依靠历史上的文献记载，而是要用现代的科学方法来进行研究。实际上中国现代的学者一直都非常关心这个问题，中国文明究竟是在什么时候、在什么地点、通过怎么样的途径起源的？早在马克思主义传入中国以后不久，就有马克思主义的学者专门写出著作涉及这个问题。比如说在 1929 年的时候，郭沫若同志写了一本书，这本书被推崇为以马克思主义研究中国古史的第一部专著，就是《中国古代社会研究》。在这本书里面，一开头就提出来，说恩格斯所作的《家庭、私有制和国家的起源》是一部非常重要的书，可是这本书里面没有提到中国。郭沫若同志写这本《中国古代社会研究》，就是要以恩格斯的著作作为向导，把恩格斯所没有讲到的中国补充进来，发展马克思主义的历史理论。在郭沫若同志以后，特别是中华人民共和国成立以来，很多学者又在这方面作了探讨。

大家都知道随着我们国家学术事业的发展，最近几十年，我们的考古工作发展得特别迅速，有了一系列的、有些甚至震惊中外的考古发现。我们今天对于研究中国文明的起源，以及我们早期的历史，已经有了过去所不具备的材料积累，与此有关的自然科学和人文社会科学各方面的学科也都有了新的发展。现在我们用新的方法来研究和探讨中华文明的起源，条件可以说已经具备。这也是我们中国的有关学者的一个重要任务，我们有责任进行研究而且达到我们既定的目标。

在这里我想附带说一件事，2002 年 4 月 11 日曾经召开一个会议，这个会议是由中国科学技术协会、中国科学院和中国工程院共同发起的一个国际研讨会，题目叫作"中国近现代科学技术发展的回顾与展望"。在这个会议上，时任中国工程院院长宋健同志有一个开幕词，标题叫作《研究历史，指点未来》。他说研究和借鉴历史，不仅是历史学家的任务，也是科学界、知识界的责任，历史上写着中国人的灵魂，也指示着中国将来的命运。宋健同志说，现在世界上有人不喜欢中国人研究自己的历史，这是没有道理的。他说清朝龚自珍讲过"绝人之才，灭人之国，败人之纲纪，必先取其史"。龚自珍是鸦片战争前的一个著名学者，他提到要想把一个国家彻底毁灭，一定要去掉它的历史，这一点后来梁启超也多有发挥，所以宋健同志引用他的话，说我们和后人都应该小心，不要上当。我个人认为我们中国人应该研究我们自己的历史，科学地、实事求是地来探索我们文明的起源和发展过程，这样对于建设我们国家，建设社会主义精神文明都会有重要意义。这是今天我向大家讲的第一点，关于文明起源研究的意义。

下面我讲第二个问题，"夏商周断代工程"的缘起和它的主要成果。刚才我们谈到探索中国古代文明，它的起源和它的发展，新的条件应该说已经成熟了。我们国家的领导已经注意到这一点，而且我们实际上已经在这方面起步，做了一些工作，用新的方法，用自然科学和人文社会科学相结合的方法，去有计划、有步骤地探索中国古代文明。这样的工作我们在几年以前已经开始做了，这就是作为国家"九五"期间重点科技攻关计划项目的"夏商周断代工程"。

"夏商周断代工程"是在1996年启动的大型科研项目，在它开始设立的时候论证的文件里面就规定了，说"夏商周断代工程"是要为深入研究我国古代文明的起源和发展打下一个良好的基础。工程的目的是确定的，就是要为探索中华文明的起源做一个准备，打下一个良好的基础，所以这个工程可以视为系统探索中华文明起源和发展的起步。

什么是"夏商周断代工程"？我想这里可以用比较简单的话来概括一下，"夏商周断代工程"就是用自然科学和人文社会科学相结合的方式，多学科交叉，来研究中国历史上夏、商、周这三个朝代的年代学问题。大家知道夏、商、周是中国古代重要的三个朝代，当然它的时间距离即刚才说的5000年的黄帝时代还是比较远的，可是这是中国古代文明最繁荣、最发达的时代。研究它的年代学问题，就是要对这个时代的古代文明和历史的研究给出一个时间上的尺度，就是说这些朝代从什么时候到什么时候，要给一个科学的证明。"夏商周断代工程"是从1995年秋天开始提出的，就是我们刚才提到的宋健同志，他邀请了在北京的一批专家学者，包括自然科学的和人文社会科学领域的，开了一个座谈会。他提出来，有没有可能利用我们国家在自然科学方面已经具有的一定的条件和优势，来支持一下人文社会科学方面的研究，特别是中国古代文明的研究。当时各方面的学者汇报了有关学科所进行的情况和条件，最后宋健同志就提出来是不是可以先进行年代学方面的研究，首先弄清楚夏、商、周时期的年代学，设立一个"夏商周断代工程"。经过一段时间的酝酿，在1995年的年末，由当时在国务院负责自然科学技术方面的宋健同志，还有另一位国务委员，就是负责社会科学和文物考古方面的，今天在座的李铁映同志，共同组织召集了一个比较大的会议。这个会议有7个部委级的单位领导，包括当时的国家科委，即今天的科技部，还有国家自然科学基金会、中国科学院、中国社会科学院、当时的国家教委，即现在的教育部，还有国家文物局、中国科协7个单位的领导参加这个会议，邀请有关学科的，包括自然科学和人文社会科学的学者专家，共同讨论决定了这个项目的建立。这个项目被列为"九五"期间的国家重点科技攻关计划项目。到1996年春天，经过反复研究和准备，组成了由21位专家组成的专家组，提出可行性论证报告，最后在1996年5月16日正式宣布启动。

　　"夏商周断代工程"是一个大型的按照系统工程的原则组织的科研项目，这个项目一共设立了9个课题，本来设立了36个专题，后来由于研究工作的需要又滚动增加了一批，最后一共是44个专题。参加的专家学者，包括自然科学和人文社会科学，不同学科的学者一共约有200人参加这个工程。这个项目在党和政府的亲切关怀之下，经过了5年的集体努力，9个课题44个专题陆续结题，达到了预期的目标。2000年9月，"夏商周断代工程"项目通过了由科技部组织的专家验收组的验收。同年10月，由工程的专家组公布了"夏商周断代工程"1996 年到 2000 年的阶段成果报告简本。

"夏商周断代工程"，它的内容就是要研究中国历史上夏、商、周的年代。周实际指西周，东周的年代是清楚的，所以主要是夏代、商代和西周的年代问题。这个问题为什么重要呢？因为这是我们探讨中国古代文明过程之中最关键的问题之一。这个问题也不是现代提出来的，而是在古代就已经提出来了。为什么这样说呢？大家知道我们中国古代的确切年代，或者说年表，只能追溯到公元前 9 世纪的中叶。大家可以设想一下，我们从今年往上推，每一年都可以讲出中国以及国际上发生过的事件，整个的历史都可以一年年排出来。我们中国的历史，按这样往上推，可以推到什么时候？可以推到公元前 841 年，公元前 841 年以前就不行了。为什么这样？原因就是我们刚才讲到的司马迁的《史记》。司马迁是西汉武帝时候的人，他在当时编著的《史记》里面已经做了年表，把他所了解的历史一年年排出来。他的最早的年表叫《十二诸侯年表》。十二诸侯是选取了周以及一些重要的诸侯国，排成一个年表，这在当时是非常重大的创造。他的年表不是从东周开始的，而是从西周晚期，从西周晚期的共和元年开始。大家知道在西周晚期的时候曾经发生一个重大的政治事件，就是周厉王被国人赶走。周厉王是一个很不好的王，对民众的剥削特别厉害，实行暴政，依靠着一批坏人，大肆聚敛，民不聊生。在这种情况之下，发生了"国人起义"，把周厉王从当时他的首都，就是现在西安附近长安区，一直赶到山西去了。他被流放在那里，一直到死。这个时候周朝就没有王了，由两个大臣来执政，一个是周公，一个是召公，由周召二公来联合执政，这就是"共和执政"。"共和"这个词后来就被借用来翻译 Republic 这个词，共和国的共和就是从这里来的。这一事件是有准确的纪年的，按公元来说，就是公元前 841 年。

司马迁为什么不往前编这个年表了呢？在他的书里面是讲得很清楚的，他不是没有看到有关更早时期的历史记载，而是看到很多种。他说他看到很多的书，这些书里面从黄帝以来皆有年数，可是互不相同，有各种不同的记载。司马迁是一个很严谨的人，他觉得既然是有不同，他不能够选定哪一种说法，因此他就存而不论，就不编成年表。这一点非常可惜，因为司马迁所看到的材料，很多是我们今天根本看不到的，他是西汉时候的人，很多他看到的东西今天已经不存在了，可是他的态度还是非常之好的。

有些人会提出一个问题，说中国人有这么悠久的历史，只能确切地上溯到公元前841年，这在世界上是不是很落后的？并不是这样，其实各个古代国家基本都是一样的，它越早的历史就越模糊，是必然的现象。比如说古代埃及的历史，如果确切地一年年往上推，按照历史书的记载，也只能推到公元前七八世纪。希腊的历史也差不多。中国推到公元前841年，就是公元前9世纪的中叶，已经是相当不错了，可是这究竟不能满足研究历史的要求。因此在司马迁死后就有学者要来补充，来解决司马迁没有解决的问题。最早做这个工作的是著名学者刘歆。刘歆是西汉末年的人，他不但是文史方面的学者，还是当时非常有成就的天文历算专家。刘歆是我们现在所知在司马迁之后第一个用当时新的方法来探索中国古代文明年代学的学者，他的结果都记录在《汉书》里。根据他的推算，武王伐纣，就是周朝开始的这一年，是公元前1122年。他的学说是有很广泛的影响的。可是不管是刘歆，还是从汉朝一直到清朝其他学者所做的许许多多的工作，有各种不同的说法，都不能令人满意。什么原因呢？我想各位都可以了解，因为所有这些学者所用的材料都是古书，一般说起来是越来越少，而不是越来越多，只有失传，很难有增加的。这种情况之下，他们要超过司马迁，要得到一个公认的结果，就很难了。所以只凭古书来研究就不能够超过司马迁的记载。当然他们弄清楚了一些问题，这里就不详细来说了。

从清代晚期以后，特别是到了20世纪，由于有了较多的青铜器的铭文，即金文，情况有了不同，特别是1899年发现了殷墟的甲骨文，提供了古书里面所没有的新材料。现代考古学在中国的发展使人们对古代有了不同的认识途径。根据这些材料，又有很多的学者来研究中国古代的年代学问题，取得了许许多多的值得注意的成果，有很多在今天看起来是非常珍贵、非常重要的进步。可是他们的工作仍然不能得到学者的公认，这是为什么呢？这个道理说起来也很简单。因为今天我们了解，对于古代文明的研究，即使像年代学研究这样很具体的问题，实际上不是一个学科的问题，而是需要自然科学和人文社会科学多学科共同研究的问题，涉及的范围非常广泛。任何一个学者专家，即使他在自己学科方面是最权威的、最前沿的，他仍然不可能对所有的这些有关学科都能够占领、都能够掌握，这做不到。过去研究中国古代文明，特别是年代学这样问题的学者专家，不管是中国的还是外国的，一般说起来，他们基本都是以自己的学科来进行研究的，最多也是和他邻近的一些朋友、一些同事，进行交流参考，不可能组织大规模的研究。所以这方面还有很多问题留下来，不能够解决，或者不能得到新的进步。

我们在筹备"夏商周断代工程"的时候，就特别体会到我们当前条件的特殊性，不但是二十多年以来，考古新发现积累了有关中国古代文明的大量的新材料，而且我们有着社会主义的优越条件，可以比较顺利地来组织多学科的、大型的系统工程。这样我们就组织了"夏商周断代工程"。"夏商周断代工程"所涉的学科超过10个，主要有4个门类，一个是历史学，包括历史文献学、历史地理学等。一个是考古学，还有古文字学，就是对甲骨文、金文以及其他古代文字的考释研究。一个是天文学，包括古代历法的研究。还有一个是科技测年，对于"夏商周断代工程"来说，主要的是碳十四年代测定，是用现代科技手段的测定方法。这样就进行了多学科、多角度、多层面的研究。

各位可能会提出这样的问题，你们究竟是采取怎么样的途径来研究？9个课题，44个专题，各自有具体的研究途径，如果一一介绍太烦琐，不太实际。请允许我用不很恰当的方法做一个比喻，使大家了解到我们基本上采取了怎么样的途径。大家是不是可以设想一下，

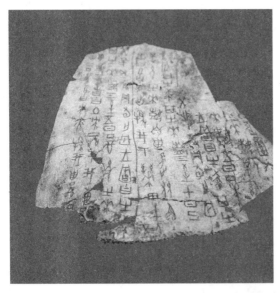

商代甲骨文　　　　　　　　　海峰 / 供图

我们的项目就像一个车间一样，有两条生产流水线，它的目的是要产生古代的年代。大家知道我们要求的是用数字来表示年代，就是说得出的成果不管精确到什么程度，是要用公元前多少年来表示出来。我们说生产线可以生产出这些数字。有什么样的两条生产线呢？

第一条生产线是关于文字记录。文字记录又可分为两大类，第一类是古书里面有关年代的记载。中国的古书传世的特别多，里面有很丰富的记载，当然有不少我们现在可以采用的记录。对于这些文献记录，我们进行普遍搜集，建立了电脑资料库，从里面选择出有意义的一些材料来。对于每一个有意义的材料都要进行历史学、文献学的审查、验证，用我们的话说叫作可信性的研究。要研究这条材料是不是可信，能不能使用，如果能使用的话，能使用到什么程度，对这方面进行文献学的研究。在这样研究以后，这个材料才可以使用。文字记录还有一类，不是在古书里面，就是刚才介绍的出土的材料，比如说青铜器上有青铜器的铭文，殷墟和其他地方的甲骨上面有甲骨文，诸如此类的材料。对于这些材料首先要进行考古学的鉴定，这些材料属于考古学上的什么时期等，要弄清楚。在弄清楚这些问题条件之下，对于上面的文字进行研究考释。换句话说，经过这些过程，搜集了古文字和古书里面有关的，特别是有关天文历法方面的材料，把材料交给天文学家进行研究和计算。大家知道古代很多天文材料可以用现代天文学的方法进行推算，达到很准确的程度，比如说像日食、月食这类推算都非常准确，还有历法的材料也可进行排比推算。经过天文历法推算之后，就得出一系列数字。这条生产线就是这样，经过历史学、文献学、古文字学、考古学、天文学等研究，得出一系列数字。

还有一条生产线，是没有文字的，是对一些典型的考古遗址进行研究。为什么叫典型考古遗址呢？"夏商周断代工程"研究夏、商、周这三个朝代，而这三个朝代根据史书记载，它的都城所在的若干地点我们是知道的。在这些地方，我们发现了一系列的考古遗址，有些遗址很可能就是史书里面的夏、商、周王朝和它们诸侯国的都城。大家知道都城的遗址是最有代表性的，就像现在我们说研究中国现代的文化，很多方面要看我们首都北京的文化，道理一样。

所以选择已经做过考古工作的一系列的典型遗址，对于这些遗址要首先进行考古学分期的研究。有些考古学家已经做过很多工作了，"夏商周断代工程"对这些工作进行核对和补充，还要进行一些必要的补充发掘。实际上我们在"夏商周断代工程"过程中也有不少很重要的发现，就不详细汇报了。对于这些遗址经过了考古学的分期，然后要取一些系列的测年标本，不是一个标本，而是取一系列的标本，进行系统的碳十四测定。我们用的碳十四测定方法是两种，一种是常规的测定方法。对于一些有必要的标本，则用加速器质谱计的方法，对小量的标本来进行测定。不管是用常规的碳十四测定方法，还是用加速器的测定方法，其结果都可以得出一系列的数字。这样的话也是一条生产线，也产生一些数字出来。这第二条生产线也是多学科的，有考古学、有核物理等的方法。把两条生产线得到的数字综合起来进行研究，制定一个年表，这就是我们的基本工作。

"夏商周断代工程"的具体的目标是什么样？这一点我们在制定可行性论证报告的时候已经作了估计。1996年开始工作的时候，我们考虑到按照历史的规律，时代越近的可以研究得比较清楚，时代越古的就比较模糊，就不那么清楚。我们制定了四个目标，从后边往前面说：在西周晚期的共和元年，就是公元前841年以前的各个王，都要提出一个比较准确的年代。大家知道西周时期第一个王是武王，然后是成王、康王、昭王、穆王、共王、懿王、孝王、夷王，然后就是刚才说的厉王，对于每一个王，给一个比较准确的年代，从公元前哪一年到哪一年。我们说比较准确，不能够保证是绝对准确，可是尽可能准确。商朝我们一般把它分成前后两期，商朝中间的时候有一个王是盘庚，他迁都到殷，殷就是今天河南省北部的安阳。盘庚迁殷是商朝的大事，迁殷之后的首都就是现在的殷墟，就在安阳小屯一带。这个遗址已经过七十多年的发掘，发现了十几万片的甲骨。根据甲骨文的材料，加上史书的记载，我们可以研究商代后期的年代。盘庚死后王位传给他弟弟小辛，然后再传给他弟弟小乙，小乙的儿子是武丁。盘庚、小辛、小乙这三个王没有甲骨文可以确定，可是武丁以后都有，武丁然后是祖庚、然后是祖甲、然后是廪辛、然后康丁、然后武乙、然后文丁、

河南安阳殷墟宫殿宗庙遗址

阎建华 / 供图

然后帝乙、帝辛，帝辛就是纣王。对于这些王也要求给出一个比较准确的年代，这个准确就没有西周那么准确，差一点了。至于盘庚以前那就不行了，盘庚以前的商代前期，我们要求给出一个比较详细的年代框架，大概商前期从多少年到多少年，中间给出一系列的考古年代。对于夏代只能给出一个基本的年代框架。

经过五年的努力，"夏商周断代工程"达到了这样的目标，我们编出了一个《年表》，这个年表已经公布，现在已经为新版的《辞海》以及一些书所使用。可能各位会问，你们做出的《年表》究竟可信性怎么样？是不是在这里可以这样估计，根据专家组的验收，我们是达到了刚才讲的这几个目标，可是我们自己知道，我们做的只是在 20 世纪的末叶，我们这 200 个人的努力所能达到的，还有很多地方有不足之处，需要进一步的努力。事实上在我们公布以后，有不少学者，包括国外的学者，给我们提出了很好的批评意见，有利于我们今后的研究。这就是我谈的第二个问题，关于"夏商周断代工程"的缘起和它的基本成果。

下面我谈第三个问题，简要地来探寻一下中华文明起源的研究道路。上面我已经向各位汇报过了，2000 年已经告一段落的"夏商周断代工程"是为深入、系统地研究中国古代文明的起源和发展打下一个基础。所以在 2000 年秋天，在"工程"通过了验收，公布了结果之后，根据领导的指示，我们就筹备组织一个新的项目——"中国古代文明起源及其早期发展"。这个项目预期规模更大，所以需要一定的组织工作。经过请示和研究，我们在"十五"计划里面列入一个叫"中国古代文明起源及其早期发展预研究"的项目。我们准备做三年，想通过一些试点性的研究，为大型的、更多学科的研究做准备，工作已经开展。这个"预研究"和"夏商周断代工程"有类似之处，继续了"夏商周断代工程"的研究途径，仍然以自然科学与人文社会科学相结合，以考古学为它的中心领域，多学科交叉地研究。当然这回就不限于年代学了，所涉及的自然科学以及人文社会科学的学科也更多。

在"预研究"这个阶段里面考查的年代的上限早于夏代。根据"夏商周断代工程"的年表，夏代的开始是在公元前 21 世纪的中间，我们定的一个估计的数字是公元前 2070 年。从考古学来看，夏代不是中华文明的起源。中华文明在这以前还有一段相当长的历史，所以我们想把考查的年代再往前推 1000 年，就是推到公元前 3000 年。这个考查的范围是从两个角度来考虑的，第一个是从现有的考古材料来看，有关的文明因素大约都开始在公元前 3000 年或再晚一点。第二个从我们国家的古书里所记载的传说来说，黄帝时代大约也在公元前 3000 年左右，这刚才已经说过了。可是在"预研究"中，为了集中力量，我们更强调公元前 2500 年到公元前 2000 年这一段，换句话来说，就是公元前第三千纪的后一半，而不是前一半，这一段用历史传说来说大约就是尧舜那个时代。在考察的地区方面，也想集中力量，从夏、商、周的中心地区出发，把重点放在山西的南部到河南的西部。这个地区——晋南豫西，不管从考古上来说，还是从历史文献记载来说，都是中国古代文明的核心地区。当然我们也同时参考其他地区，甚至边远地区的发现。

刚才我们谈从考古学上来看，中国文明的因素，多是在公元前 3000 年左右开始，是根据目前在考古学、历史学界流行的一些理论学说来说的。在 20 世纪 60 年代的后期，在国际上曾经有讨论文明起源、国家起源问题的一个热潮。今天，关于古代文明问题常常要讨论有几个文明因素，也就是说衡量文明起源的标准。比如说我们发现一个考古文化，怎么看它是属于文明，或者不是文明？它是一个文明的社会，还是一个原始的非文明的社会？现在在历史学、考古学上流行的有几个标准：第一个标准是说在这个时代应该有城市，而不是一般的简单的聚落。人类社会很早就出现了聚落，因为人是群居的，就会形成一些聚落。这些聚落有时候只是原始的农村或者是游牧人的聚居地，它还不是城市。城市不一定有城墙，可是要有一定的规模。在目前一般认为居民要达到 5000 人左右，才能算作城市。第二，应该有文字。文字恐怕是衡量古代文明的最重要的标准，虽然不是绝对的，但是最主要的标准，没有文字很难说是文明社会。第三，外国的学者常常提到一个说法，要有大型的礼仪性的建筑。就是说这个建筑物不是为了一般的使用，而是为礼仪性的目的来建筑的，而且规模不能小。宫殿就是这样的一种建筑，因为它不是为了一般的居住，而是为了统治者举行一定的仪式来使用的。宗庙也是，宗庙是为了神、祖先来居住使用的，是祭祀行礼之地，所以也是一种礼仪性建筑。还有比如说埃及的金字塔，它是一种大墓，美洲的金字塔则是一种举行宗教仪式的神坛。这些特殊的建筑物反映了社会的分层和等级的出现。西方的学者对于古代文明一般流行这三个标准，而中国和日本的学者常常还要强调一个标准，就是冶金术，有金属器的存在。古代的金属最早的主要就是铜，即铜器的出现。刚才说的城市、文字、大型的礼仪性建筑，还有冶金术，这是目前考古学、历史学界衡量古代文明的最主要的几个标准、文明的因素。当然只有一种因素，还不能说是文明社会，一般认为要有两个以上的因素，才能算一个文明社会。

这种文明因素的分析，这种理论，最早出现在 20 世纪 60 年代，在美国召开的关于古代两河流域的一个研讨会上，经过英国剑桥大学学者格林·丹尼尔的《最初的文明》传播普及开来，这本书在西方成为考古学生的必读的参考书。

现在我们已经发现不少中国古代的城址，当然对它们的人口的研究还是不够的。可是如果我们按照常识的理解，较大规模的城在什么时候开始出现呢？现在我们知道在仰韶文化的晚期已经开始了。比如在河南郑州有一个西山古城，这个古城属于仰韶文化的大河村类型，它的始建距今已经超过6000年。这个古城继续到龙山时代。在南方也有大溪文化的古城，在湖南。更多的古城，是出现于龙山文化，或相当龙山文化的其他文化，包括内蒙古、山西、山东、河南、湖北、湖南、四川，在四川成都周围发现的龙山时代古城就有六处之多，每一个古城都有很大的规模。所以可以说中国在龙山时代，换句话说在公元前3000年到公元前2000多年的这段时期里面，古城已经很多。有些地方甚至可以说是古城林立，不仅四川，山东尤其如此。武松打虎的景阳冈经过初步探测就是一个古城遗址，这一点还有待于最后证实。所以说，在公元前3000年到公元前2000年这个范围之内，中国古代城市的出现已经是很明显了。

文字也是如此。关于中国古代文字起源当然是有争论的，可能大家还能回忆起在"文化大革命"后期的时候，郭沫若同志曾写过一篇文章，讲仰韶文化的一些刻画符号是中国最早的文字，那些问题还有争论，可是无论如何，像大汶口文化、良渚文化出现的一些符号，如果说跟文字没有关系，恐怕就不好讲了。大汶口文化有符号的陶器，时代大约在公元前2500年左右。良渚文化的陶器和玉器上的符号，时代跨度是在公元前3000年到公元前2300年多一点。各地有关这类符号的发现已经很多了，我们现在的"预研究"已经准备在几个主要的有关的省里面，把已出现的符号，不管是和文字有关或者是关系遥远的，全部搜集起来，提供给大家研究。

中国的礼仪性建筑最主要的应该是大墓。中国的大墓不像埃及金字塔那样一望就可以看见，中国的大墓基本是在地下，可是它发掘出来的规模是非常惊人的。比如刚才我们说的大汶口文化已经有一些大墓，里面随葬大量的陶器、玉器等。这些材料都很清楚地说明了当时社会上等级分化是非常明显的。

我们冶金术的出现也是很早的。现在我们知道的中国最早的一件铜的器物，是在西安附近的临潼姜寨发现的。这个遗址离秦始皇陵很近，近于半坡博物馆。在姜寨这个地方，在一个仰韶文化的房基上面发现了一个半圆形的铜片。经过分析，这个铜片是黄铜，大家知道黄铜是含锌的铜基合金。过去认为黄铜只有到历史时期才有，汉朝时候有人拿黄铜假充黄金。我们的科学家做了实验，证明以含锌的铜矿，用古代土方法就可炼出黄铜。我们最早的一件青铜器发现在甘肃东乡的一个遗址叫林家，属于考古学上的马家窑文化，也是在一个房子遗址里面出土一个小铜刀，这个铜刀相当规整，经过鉴定，证明是用两块范拼起来铸造的，成分是青铜，含锡的铜基合金，它的时代是在公元前3000年上下。现在我们可以有根据地说公元前3000年我们已经开始有了青铜器。到夏代的时候，青铜器就普遍使用了。

这些文明因素的发现，应该说还是不完整、不系统的，因为我们很多的发现，是在这个遗址发现一种，那个遗址发现一种，这个省发现一些，那个省发现一些。由于我们的地区广大，还有我们考古学的历史还不够长，所以很多的材料都有待于将来的发现。可是从现有这些文明因素来看，作为一个综合的论断来说，中国古代文明起源的时间是相当早的，这一点作为一种趋势性的论断应该说是成立的。

我们讲在探索中国文明起源的工作过程之中，对有关的文明因素作深入、系统的探讨，是有必要的。可是这些有关文明起源的学说、观点，主要是西方考古学和历史学研究的成果，我们还需要结合中国考古发现的实际来进行检验、研究、补充和发展。这些方面的工作是很重要的，也是具有理论性的。我们今后探寻中国古代文明起源的一系列问题，总的来说，就是通过以自然科学和人文科学多学科结合的方式，进行系统的研究，包括理论的研究。这个工作一定是长期的，需要投入大量的人力、物力。

最后我还想介绍一位学者的意见，作为我向各位汇报的结束，同时也再回到中华文明起源研究的重要性上来。我想介绍的是一位在美国的华裔学者，就是2001年逝世的张光直教授。张光直教授是中国台湾人，实际上是生在北京的，他的父亲过去在北京大学做日语教授。他在抗战胜利以后回到中国台湾，在中国台湾大学毕业之后到美国留学，后来担任美国哈佛大学人类学系的主任，主持工作多年。他曾经多次回到祖国大陆来，还与中国社会科学院考古研究所联合在河南商丘进行发掘，取得了很多的成果。张光直是美国科学院的院士，也是中国台湾"中央研究院"的院士，担任过中国台湾"中央研究院"的副院长。他认为，从野蛮到文明的变革有不同的道路、不同的形态，而中国的形态与西方的，特别是古代希腊、罗马的形态不一样，"中国文明起源形态很可能是全世界向文明转进的一个主要形态，而西方的形态实在是个例外。因此社会科学里面的自西方经验而来的一般法则不能有普遍的应用性"。张光直的这个论点是不是正确，里面有多大的正确成分，当然需要今后长时间的验证。可是无论如何，这番话表明他认识到了中国文明起源的研究有高度的理论价值。

（讲座时间　2002 年）

汤一介

中国传统文化对当今
人类社会之贡献

汤一介

汤一介（1927—2014），原籍湖北黄梅。1951年毕业于北京大学哲学系。曾任北京大学哲学系教授，中国哲学与文化研究所所长、博士生导师。曾任美国哈佛大学访问学者，美国俄勒冈大学、澳大利亚墨尔本大学等校客座教授，美国纽约州立大学宗教研究院研究员。1990年获加拿大麦克马斯特大学荣誉博士学位。1996年任荷兰莱顿大学汉学院胡适讲座主讲教授，1997年任香港中文大学钱宾四学术文化讲座主讲教授。其他学术兼职有：中国文化书院院长、中国哲学史学会顾问、中华孔子学会副会长、中国东方文化研究会副理事长、中国炎黄文化研究会副会长、国际价值与哲学研究会理事、第19届亚洲与北非研究会顾问委员会委员、国际儒学联合会顾问、国际道学联合会副主席、国际中国哲学会主席（1992—1994年）及该会驻中国代表。曾任南京大学、东南大学、山东大学、兰州大学、首都师范大学、北京理工大学等大学兼职教授。

在讲这个题目之前我想先强调两点：一是"中国传统文化对当今人类社会之贡献"只能是讲它某一方面，不可能全面都讲到。二是中国传统文化不仅对当今人类社会可以有贡献，而且对当今人类社会也有非常大的负面的影响。现在把它分成八个问题来讲。

第一点，经济全球化对世界文化的发展将会产生重大的影响。经济全球化并不一定会消除不同国家、民族之间的冲突，在某些情况下还有可能加剧不同传统文化的国家、民族之间的冲突甚至战争，这个问题已经非常明显。比方说科索沃地区、中东地区，甚至于美国和阿富汗、和伊拉克的种种问题，都和文化有一定的关系。因此关于文化冲突与文化共存的讨论正在世界范围内展开，是增强不同文化之间的互相理解和宽容而引向和平，还是因为文化的隔绝和霸权而导致战争，将影响21世纪人类的命运。

自从第二次世界大战结束以后，由于殖民体系的相继瓦解，文化上的"西方中心论"正受到严重质疑，民族与民族、国家与国家、地域与地域之间的文化上的交往越来越频繁，世界已经成为一个不可分割的整体。我们可以看到，目前世界文化发展出现了两股不同方向的有害的潮流，某些西方国家的理论家从维护自身的利益或者传统习惯出发，企图把反映他们继续统治世界的价值观强加给其他民族，仍然坚持"西方中心论"。例如，1993年美国哈佛大学亨廷顿教授提出来"文明的冲突"理论，就可以看到这一点。他的理论引起了广泛的讨论和批评，他的观点可以说是以美国为中心的一种文化霸权主义的表现。稍微补充一点，就是亨廷顿发表了"文明的冲突"以后，1996年他出版了一本书，是关于文明的冲突和世界文化的，书名叫《文明的冲突与世界秩序的重建》，他对他原来发表的文明冲突的那篇文章有一定程度的修改。他给中文版写了一个序言，承认了世界政治的多极化和文化的多元化，他在这一点上有相当大的改变。但这本书，如果你仔细读的话，可以看到它里面还隐含着对美国的失落非常惋惜，他仍然希望美国将来有一天还会成为世界的领导，他还是这样来考虑问题的。但是，在他那本书里，已经有了一定程度的改变，就是他承认政治的多极化和文化的多元化。

与此同时，某些取得独立和复兴的国家，抱着珍视自身文化的情怀，形成了一种返本寻根、固守本土文化、排斥外来文化的回归传统文化的部落主义，他们无视千百年来各民族之间的文化交往，要求返回或者保存并且发掘没有受到外来影响的、以本土话语阐述的原汁原味的回归民族传统文化的部落主义。

2001年"9·11"事件以后，这两种思潮可以说正在严重违背人类社会的发展和生存的要求，如何使这两股相悖的潮流不至于发展成大规模的对抗，并得以消除，实在是当前需要引起重视的大问题。在这种情况下，我们必须既要反对文化上的霸权主义，又要反对文化上的部落主义。要反对文化上的霸权主义，必须以承认和接受多元文化为前提，必须充分理解和尊重人类各种文明，各个民族、各个群体甚至每个人的多样性和差异性；反对文化上的部落主义，必须是以承认和接受多少世纪以来各个民族之间的文化交往和互相影响是文化发展的里程碑为前提，批判排斥一切外来文化的狭隘心理。因此，人们应该以一种新的视角来观察当前不同文化之间的关系，并建立起一种新型的文化上的多元化的格局。

第二点，关于"新轴心时代"的问题。人们预期着"新轴心时代"的到来。这个"新轴心时代"问题，大概是在不同的地方和不同的国家几乎同时提出来的，大概是1998年到1999年这个时间段里提出"新轴心时代"的观念。在美国，比方说哈佛大学的杜维明教授就在1999年作了一次关于"新轴心时代"的演讲。在欧洲，也有学者提出了"新轴心时代"的观念。在香港有一个《二十一世纪》杂志，一共有3期发表了关于"新轴心时代"问题的讨论。各个国家包括中国的学者都讨论这个问题。我也是在1999年费孝通教授主持的一次会议上，提出这个"新轴心时代"的观念，所以大概都是在1998年到1999年这个时候提出来的问题。

众所周知，"轴心时代"的观念是德国哲学家雅斯贝斯首先提出来的。他认为在公元前500年前后，在世界各地出现了伟大的思想家，比方说在中国出现了老子、孔子这样伟大的思想家，在印度出现了释迦牟尼，在西方当时是犹太教的先知，实际就是现在包含在《圣经》中间的《旧约》那一部分，后来在希腊就出现了苏格拉底、柏拉图这样的大思想家。

这些文化传统经过两千多年的发展已经形成了人类文化主要的财富，而且这些不同地域的文化原来都是独立发展出来的，并没有互相影响。因为当时中国和印度并没有交往，跟欧洲就更没有交往，都是独立发展起来的，而且都是大体上同时发展起来的。雅斯贝斯还有一句话，我觉得非常重要，他讲"人类一直靠轴心时代所产生的思考和创造的一切而生存，每一次新的飞跃都回顾这一个时期并被它重新燃起火焰"，这个论断在历史上已经有多次可以得到证明了。比方说，欧洲的文艺复兴，当时就是把目光投向它的文化源头古希腊，文艺复兴要回归古希腊，因而使得欧洲的文明重新燃起了光辉，对世界产生了重大的影响。中国的宋明理学（也称新儒学），是在印度佛教的冲击之后，再次回归到先秦的孔孟，从而把中国本土的哲学提高到一个新的水平。因此我想，从某种意义上说，当今世界多种文化的发展，正是对两千多年前的"轴心时代"的一次新的飞跃。我们能不能这样看，21世纪或者从20世纪后半叶开始，是对两千多年前"轴心时代"的新的飞跃？我们是不是可以说，当今人类社会的文化正在或者即将进入一个"新的轴心时代"呢？我认为从种种的迹象也许可以这样讲。可以说，人类文化正在进入或者即将进入一个"新的轴心时代"。大概至少有三个理由可以来说明这一点。

一是第二次世界大战以后，由于殖民体系的瓦解，原来的殖民地国家和受压迫民族有一个很迫切的任务，就是要从各个方面确立自己的独立身份，哪个国家独立了，它就要确认它自己国家的独立身份，而民族的独特文化正是确认其独特身份的重要支柱。我们知道，第二次世界大战以后，马来西亚为了强调民族的统一性，坚持以马来语为国语。我碰到马来西亚来的一些朋友，我问他们："你们官方文件是用什么语言，是用英语还是用马来语？"他们说官方文件还是用马来语，民间交流也是用马来语，只是我们华裔人和马来族人交往的时候，除了用马来语以外还用英语，他们还是用马来语，坚持以马来语为国语。以色列建国后，决定把长期以来仅仅应用于宗教仪式的希伯来语重新恢复为日常用语。亨廷顿有一句话说得很对，他说，"任何文化和文明的主要因素都是语言和宗教"。任何文化或者文明的主要因素是什么呢？就是语言和宗教。一些东方国家的领导人和学者为了强调自身文化的特性，提出了以群体为中心的亚洲价值，以区别西方以个体或者个人为中心的所谓世界价值。这个辩论曾经在李光耀和韩国的前任总统金泳三之间发生，前任的韩国总统认为西方价值就是世界价值，李光耀说应该有个东方价值，东方价值是以群体和家族为中心的，西方是以个人为中心的。亨廷顿也认识到了这一点，他认为非西方文明一般正在重新肯定自己的文化价值，就是西方文明也在重新肯定自己的文化价值，这是他在《文明的冲突与世界秩序的重建》这本书中讲的。

　　二是由于经济全球化、科技一体化、信息网络的发展把世界连成一片，各国各民族的发展将不可能像公元前五六百年前那个轴心时代各自独立发展，法国的汉学家于连·弗朗索瓦有一本书叫作《为什么我们西方人研究哲学不能绕过中国》，他说："我们选择出发，也就是选择离开，以创造远景思维的空间。在一切异国情调的最远处，这样的迂回有条不紊。人们这样穿越中国也是为了更好地阅读希腊。尽管有认识上的断层，但由于遗传，我们与希腊思想有某种与生俱来的熟悉，所以了解它，也是为了发展它，我们不得不割断这种熟悉，构成一种外在的观点。"他认为你要想将西方文化看得清楚，看得全面，你就要离开西方，你要到中国看西方，很可能它的特点，优点、缺点都能够看得清楚。其实在我们中国早就有这种思想，比方说苏东坡的那首诗："横看成岭侧成峰，远近高低各不同。不识庐山真面目，只缘身在此山中。"看一个东西你要离开它，才能看得更清楚，你要是仅仅在我们自己文化中看自己的文化，常常有的时候看得不是很清楚，你要是跳出它也许看得更清楚，这就是现代西方所谓的"他者"的观点，我们从第三者的观点来看另外一种文化，可以看得更清楚一些。那么在这种情况下如何保持自己的文化特点，传承自己的文化命脉，无疑是必须认真考虑的问题。我们知道经济可以全球化，科技可以一体化，但是文化不可能单一化。人类社会发展到今天，任何文化不受外来影响是不可能的，也是不可取的，但是只有充分发挥其原有文化的内在精神才可以更好地吸收外来文化，以滋养本土文化。如果能把你自己文化的内在精神发挥得很充分，那么吸收外来文化的力量就越强。正如费孝通先生所说"要吸收西方新的文化而不失故我之认同"，要吸收西方新的文化一定不要失掉对自己的认同，对自身文化的认同。这就是说，在吸收外来文化的时候必须维护我们自身文化的根基。因此 21 世纪影响人类社会的文化发展，必将既是世界的又是民族的，这跟2500 年前很不相同，2500 年前孔孟要解决的问题是中国自己的问题，西方要解决的问题是西方自己的问题，今天中国文化要解决的问题不仅仅是中国的问题，而且要解决世界的问题，所以它一定是既是民族的又是世界的。

　　三是就当前人类文化存在的现实情况看，已经形成了或正在形成在全球意识关照下的文化多元化发展的新格局。我们可以看到也许 21 世纪将由四种大的文化系统来主导，就是欧美文化、东亚文化、南亚文化、中东北非文化（也就是伊斯兰文化）。这四种文化不仅都有着很长的历史文化传统，而且每种文化所影响的人口都在 10 亿以上，当然还有其他文化也会影响 21 世纪人类社会发展的前途，例如拉丁美洲文化、非洲文化等。但就目前情况看，这些文化的影响远远不及上述四种文化来得大。亨廷顿《文明的冲突与世界秩序的重建》这本书中有这样一段话："至少有十二种主要文明，其中七种文明已经不复存在（美索不达米亚文明、埃及文明、克里特文明、古典文明、拜占庭文明、中美洲文明、安第斯文明），五个仍然存在（中国文明、日本文明、印度文明、伊斯兰文明和西方文明）。"比我上面说的四种文明多一个日本文明，因为我的归属还是把它归在东亚文化的范围里面。那么人类社会如果希望走出混乱纷争局面，特别是要批判文化霸权主义和文化部落主义，在文化上不仅要面对这个"新的轴心时代"，而且必须不断地推动在不同文化之间、不同传统文化的国家和民族之间的对话，使每种文化都能够自觉地参与解决当前人类社会所面临的共同问题。

　　第三点，中国传统文化如果希望在解决人类面临的重大问题时发挥积极的作用，必须有文化上的自觉。对自己的文化应该有个自觉，不仅对自己的文化有个自觉，而且应该对世界文化发展的趋势有一个自觉。文化自觉，也不是我提出来的，费孝通教授最早提出文化自觉的问题。他考察了一些少数民族，比方说，北部的鄂温克民族和赫哲民族，这些民族很难保证它的文化继续发展下去，比方有的民族原来是靠打鱼为生，但是现在鱼的资源没有了，打鱼为生就很难继续下去，就不得不改成务农或者是放牧。所以他就提到文化自觉非常重要，跟这个社会的变迁有密切的关系。他先提出这个问题，我觉得非常有意义。那么所谓文化的自觉是指生活在一定文化传统的人群对他自身文化的来历、形成过程以及它的特点和发展的趋势等能作出认真的思考或者反省。反观一个多世纪以来中国文化在西方文化的冲击下，几乎失去对自身文化的认同。比方说它的来源、它的来历、它的形成过程、它的特点和发展的趋势，我们有点茫然，不知道怎么回事，它一直徘徊在如何认识西方文化和如何认识中国文化之中。我们到底怎么来看西方文化，怎么来看中国文化？全盘西化和本位文化的论战不断，这个从 20 世纪初，大概从 1915 年开始吧，这种全盘西化和本位文化的论战就开始了，一直不断，对这一段历史的总结将为我们的文化自觉提供极为丰富、极为宝贵的经验。

应该说现在中华民族正处在一个伟大的民族复兴阶段，因此我们必须给中国传统文化一个恰当的定位，认真发掘我们古老文化的真精神的所在，以便把我们优秀的文化贡献给当今人类社会；认真反思我们自身文化所存在的缺陷，以便我们更好地吸收其他国家和民族的文化的精华，并在适应现代社会发展的总趋势下给中国传统文化以现代的诠释。这样，我们的国家才能真正走出困境，真正走在世界文化发展的前列，与其他各种文化一起共同创造美好的新世界。这就是说我们必须有个文化的自觉，要知道我们的文化的起源、演变、优点、缺点和它将来发展的趋势，那么这样我们才能够真正知道中国文化在世界文化中到底能够起什么作用。文化自觉如上所说包含着多方面的问题，但是其中最重要的问题应该是看看我们的文化传统能否为解决当今人类社会存在的最重大的问题提供有积极意义的资源，以促进人类社会健康和合理地发展。我们知道中国文化是当今人类社会多元文化中的一元，而这个一元实际上又包含着多元，因为我们是个多民族的国家。费孝通教授认为，我们的国家是多元一体。中国文化和其他国家民族的文化一样在历史上曾经对人类社会发生过重大影响，它既能为当今人类社会发展提供积极的有价值的资源，又有不适应甚至阻碍当今人类社会发展的消极的方面，我们不能认为中国传统文化可以是包治百病的万能药方，因此我们对待中国传统文化的态度应该是充分理解其内在精神的同时，在和其他各种文化的交往中取长补短，吸取营养，充实和更新自身，适应当今人类社会发展的要求。人们常常说当今人类社会所面临的重大问题是和平与发展的问题。"9·11"事件以后，美国的所作所为威胁着世界的和平，在南非约翰内斯堡举行的"联合国可持续发展世界首脑会议"说明环境问题已经威胁着人类的生存。这就是说在 21 世纪人类要生存和发展必须实现和平共处，也就是要解决好人与人之间的关系，扩而大之就是要解决好民族与民族、国家与国家、地域与地域之间的关系。我想孔子的仁学和道家自然无为的思想可以为这方面提供某些积极的、有价值的资源。人类要共同持续发展就不仅要解决好人与人之间的关系，而且还要解决好人与自然之间的关系，儒家天人合一的思想和道家崇尚自然的思想可以为解决这方面的问题提供十分有意义的借鉴。

　　第四点，儒家的仁学为协调人与人之间，当然包括民族与民族、国家与国家、地域与地域之间的关系提供了有积极意义的资源。大家都知道1993年在湖北荆门地区出土了一批楚国的竹简，这些楚国的竹简据推断是公元前300年以前的。郭店楚简中有一篇文章叫《性自命出》，《性自命出》中有一句话"道始于情"，这儿的"道"是说的"人道"，不是说的"天道"，因为你从通篇文章看它讲的是"人道"，人与人的关系的原则，或者说社会关系的原则，它和"天道"不同，"天道"是指自然界运行的原则或者宇宙运行的原则。这句话是什么意思呢？它是说人与人的关系是从感情开始建立的，这是孔子仁学的基本的出发点。孔子有个弟子叫樊迟，樊迟问孔子什么叫作"仁"，孔子讲"爱人"。这种"爱人"的思想到底有什么根据？是从什么地方来的呢？《中庸》这篇文章中引用孔子的话说："仁者，人也，亲亲为大。""仁"是什么呢？就是人自身，自身的一种品德。"亲亲为大"，就是爱你自己的亲人是最根本的出发点。仁爱的精神是人自身所具有的，而爱自己的亲人是最根本的。但是"仁"的精神不能停止于此，所以郭店楚简中说"亲而笃之，爱也。爱父，其攸爱人，仁也"。爱你自己的亲人，这只是"爱"，爱自己的父亲，扩而大之爱别人才叫作"仁"。他还有一句话，"孝之

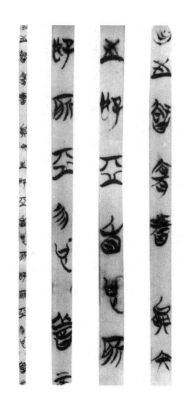

郭店楚简《性自命出》（局部）

放，爱天下之民"，孝的放大，你要爱天下的老百姓，不仅仅是爱你自己的亲人，要爱天下之民，这就是说孔子的仁学是要由"亲亲"——爱自己的亲人，推广到仁民，就是要仁爱老百姓，这就是说要"推己及人"，要"老吾老以及人之老，幼吾幼以及人之幼"，才叫作"仁"。做到"推己及人"并不容易，必须把"己所不欲，勿施于人""己欲立而立人，己欲达而达人"的"忠恕之道"作为为人的准则，达到这个"仁"的准则。朱熹的《四书集注》将"忠"解释为"尽己"，尽己为忠，尽自己的力量去做叫作"忠"；"推己"为"恕"，你把你自己的仁爱之心推广出去，这才叫作"恕"。如果要把"仁"推广到整个社会，这就是孔子说的"克己复礼为仁，一日克己复礼，天下归仁焉。为仁由己，而由人乎哉？"自古以来，把"克己"和"复礼"解释为两个平行的方面，我认为这是不对的。我认为这不是对克己复礼的好的解释。费孝通先生有一种解释，他说："克己才能复礼，复礼是取得进入社会成为一个社会人的必要条件，扬己和克己也许正是东西文化差别的一个关键。""扬己"就是表扬自己，只说自己如何如何好，"扬己"和"克己"也许正是东西文化的差异的一个关键。因此照我想，所谓"克己复礼为仁"，应该是说你只有在克制自己的基础上的复礼才能叫作"仁"。这就是说，要克服自己的私欲以便合乎礼仪制度、规范。为什么呢？因为"仁"是人自身的内在的品德，所以儒家讲"爱生于性"，爱是产生于人的本性的，"礼"是规范人的行为的外在礼仪制度，它的作用是为了调节人与人之间的关系，使得人和谐相处，所以《论语》中讲"礼之用，和为贵"。叫人们遵守礼仪制度必须是自觉的，必须是出乎内在的爱人之心的，这才符合"礼"，才符合"仁"的要求。所以孔子说"为仁由己，而由人乎哉？"做到仁爱，是靠你自己，靠你自己的内在精神的发挥，哪里是别人强加给你的？对"仁"和"礼"的关系孔子有非常明确的说法，他说："人而不仁如礼何？人而不仁如乐何？"没有仁爱精神的礼乐是虚伪的，是骗人的。所以孔子认为有了追求"仁"的自觉的要求，并把这种仁爱之心按照一定的规范实现于日常社会之中，这样社会就会安宁了。所以他讲"一日克己复礼，天下归仁焉"，大家都能够克己复礼的话，那么天下就可以互相仁爱了。这种把追求"仁"的要求作为基础的思想，把它实践于实际生活之中，就是《中庸》所讲的"极高明而道中庸"。所谓"极高明"就是要求我们追求哲学上的最高原则，就是仁爱的仁，你要追求哲学上的最高的要求，你就必须有仁的品德。"道中庸"是要求我们按照一定的规则把这种仁爱之心实现于日常社会之中。而"极高明"和"道中庸"是不能分成两截的，你有了很高的仁爱的精神，你必须把它实现在社会生活中间，这两者是不能分开的，这就是中国传统文化中所讲的最高的理想"内圣外王之道"。所谓"内圣"就是你要有最高的道德修养，然后你要把它实现来治国平天下。中国传统认为只有有道德、人格最高尚的人，才是"内圣"，最适合做王。而道德人格高尚的人不能只是独善其身，还必须是兼济天下，所以《大学》中把"修身、齐家、治国、平天下"连成一个系列。修身是为了什么？是为了齐家、为了治国、为了平天下。我认为孔子和儒家所讲的对于一个国家的治国者，对于现在世界上的那些发达国家特别是美国的统治集团不能说没有积极的意义。治国平天下就应该行仁政，行王道，不应该行霸道。如果说孔子的仁学充分讨论了人与人的关系，那么孟子进一步讨论了人与天的关系。在中国古代"天"这个概念非常复杂，最早产生于商、周时代。"天"有上帝的意思，比方说"皇天上帝""受天有大命"等。到了孔孟的时代这种意思逐渐淡化了，但是并不是说完全没有了，"天"还带有目的性、能动性、有机性。但是无论如何，"天"已经包含有自然界的意思了，孟子说："尽其心者，知其性也；知其性，则知天也。"就是发挥人的内在的恻隐之心等，那么你就可以知道人的本性是善的，知道人的本性之善就可以知道天是生生不息的，它有使人、物生长养育的功能，所以《周易》讲"天行健，君子以自强不息"，天是一个刚健的大流行，这样君子就应该自强不息。朱熹说得更明白，他说"仁"是什么呢？"在天地则盎然生物之心，在人则温然爱人利物之心"，从天讲，"仁"表现在什么方面呢？它表现为有生物之心，它生养万物，因此人就应该爱人利物，不应该违背这个天的道理。"天心"就是说，自然界的要求本来是仁爱的，是生生不息的，人心也不能不仁，人心和天心是贯通的，就是说儒家的这套仁学作为一种哲学学说实际上是一种道德的形而上学，这个形而上学不是和辩证法相对的那种形而上学,而是传统的形而上学,就是讲超越的,所以《中庸》讲:"诚者,天之道也;思诚者,人之道也。"天道,作为超越"人事"的宇宙的运行规律,是真实无妄的,本来如此的,因此人道,就是人与人的关系也应该是真实无妄的、信实无欺的,自觉地按照天道的要求来做事。所以儒家认为,人不仅仅不应该欺人,也不应该欺天,就是说不应该违背天的规律。而现在的统治者,特别是推行霸权主义的美国统治集团的领导者,不仅欺人,而且欺天,按照中国传统思想来看,这样的统治者不仅要受到人的惩罚,而且要受到天谴。孔子这套仁学的理论虽然不能解决当今人类社会存在的人与人的关系的全部问题,但是作为一种建立在道德形而上学基础上的律己的道德要求,作为调节人与人之间关系的一条准则,使人们和谐相处,无疑仍然有现实意义。要使人与人之间的关系和谐相处并不是一件容易的事,为此孔子提出来"君子和而不同,小人同而不和"的主张,他认为以"和为贵"而行仁政的有道德有学问的君子应该能够做到在不同中间求得和谐相处;而不讲道德、没有学问的人往往强迫别人接受他的主张而不能和谐相处。这就是说,孔子把"和而不同"看成在人与人之间出现分歧的时候,处理事情的一条原则,这一条原则对于解决不同国家与民族之间的纠纷应该是非常有意义的。特别是不同国家与民族之间因为文化上的不同,例如宗教信仰不同、价值观念不同等引起的矛盾冲突,把"和而不同"作为解决纷争的原则应该是非常重要的。

第五点,老子的自然无为思想是防止人与人之间矛盾冲突的一种智慧的学说。如果我们说孔子是一个仁者,那么老子应该是一个智者,他是非常有智慧的。老子《道德经》一书中,"道"是他基本的概念,而"自然无为"是道的基本特性。王充在《论衡·初禀》中说"自然无为,天之道也"。"自然无为"是什么?就是天的道理。今天人类社会之所以存在种种纷争,无疑是由于贪婪地追求权力和金钱所引起的,那些强国为了私利,扩张自己的势力,掠夺弱国的资源,实行强权政治,正是世界混乱无序的根源。某些掌握了权力的领导者、统治者利用手中的权力进行权钱交易,贪污腐化,使国家政治混乱,社会风气败坏。老子提倡"自然无为"就是说不要做违背老百姓自然之性的事,这样社

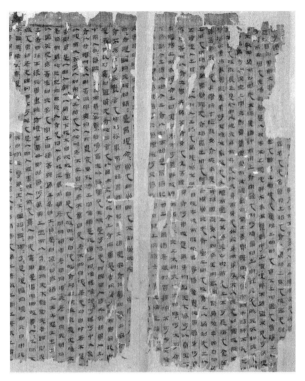

帛书《道德经》

会才会安宁、天下才会太平。因此"自然无为"的基本内容，老子认为是"少私寡欲"，少一点自私自利之心，少一点欲望。老子认为治理国家主要应该让老百姓安居乐业，休养生息，他说"治大国若烹小鲜"，你治理一个大国就像烤小鱼一样，如果你老去翻腾它，那个小鱼就翻坏了，翻烂了，所以不能老去折腾老百姓。《汉书》有所谓"文景之治"，为什么会出现"文景之治"呢？因为汉文帝、汉景帝实行清静无为、与民休息的政策，让老百姓自己来管自己，因此生产发展了，社会安定了，所以老子讲"为无为，则无不治"，用无为的办法来治理国家，那就无不治，就能把国家治理好。他还引用了古人的一句话说："我无为而民自化，我好静而民自正，我无事而民自富，我无欲而民自朴。"就是说统治者按照无为的原则来做事，那么老百姓就会自己教化自己；统治者能做到不折腾老百姓，那么老百姓就会自己走上正轨；统治者如果不多方压榨老百姓，那么老百姓就会自己富足起来；统治者如果能没有私欲，那么老百姓自身也就会要求朴素。如果我们给它以现代的诠释也许有一点意义，这样就不仅对一个国家内部的安定，而且对世界各国之间的和平共处无疑有一定价值。我想我们可以这样来给它一个新的诠释，就是说：在一个国家中间，对老百姓干涉得越多，社会越难安定；在国与国之间，对别国干涉得越多，世界必然越加混乱。在一个国家中，统治者越要控制老百姓的言行，社会越难走上正轨；大国和强国，动辄使用武力或以武力相威胁，世界就越是动荡不安和无序。在一个国家中，统治者没完没了地折腾老百姓，老百姓的生活就更加困难和穷苦；大国、强国以帮助弱国、小国的名义而行掠夺之实，弱国和小国就越来越贫困。一个国家中统治者贪得无厌的欲望越大，贪污腐化就大为盛行，社会风气就越加败坏；发达国家以越来越大的欲望争夺世界的财富和统治权，世界就一定会成为一个不道德的世界。据此，我认为"无为"也许是对一个国家内部的统治者和对世界各国的领导者的一副清凉剂，它是可以使人类社会能够自化、自正、自富、自朴的较好的治世原则。在《道德经》中，这类无为而治的思想很多很多，比方说它认为圣人应该像"道"一样"生之畜之，生而不有，为而不恃，长而不宰，是谓玄德"。也就是说，圣人应该像道的自然无为一样，让万物自己生长，自己繁殖，生养了万物，不据为自有，推动万物发展而不以为自己尽了力，领导万物而不对它宰割，那么这样是最高的德行。圣人怎样才能做到无为而治呢？老子讲"圣人无常心，以百姓心为心"，理想的统治者没有自己固定不变的愿望，而应该以老百姓的意愿作为自己的意愿。这说明老子比较懂得使社会安定必须是顺民情，顺乎老百姓的要求。顺民情也就是要顺老百姓的自然之性，所以老子又说：圣人"以辅万物之自然而不敢为"，圣人只是辅助万物自然而然地生长发展，他不敢做什么违背万物自然发展的事。如果能这样，统治者虽然处在统治者的地位，老百姓却不会感到压力，即使走在老百姓前面，老百姓也不会感到有什么妨碍，这样老百姓就会拥护他。老子说："是以圣人处上而民不重，处前而民不害，是以天下乐推而不厌。"老百姓之所以遭受饥饿，往往是由于统治者收税太重，老百姓之所以难以治理，往往是由于统治者干涉太多，老百姓之所以会用生命冒险，往往是由于统治者对老百姓搜刮得太厉害。这就是老子所讲的"民之饥，以其上食税之多，民之难治，以其上之有为，民之轻死，以其求生之厚，是以轻死"。统治者要想把国家治理好，要老百姓安居乐业，就必须少私寡欲，少一点自私，少一点欲望，他应该做到不要去夺取那些不应该属于他的东西，不要为满足自己的欲望而损害他人。因此老子认为罪过没有比诱人的贪欲更大的了，祸患没有过于不知道满足的了，罪恶没有过于贪得无厌的了，知道满足的人永远满足，这就是他讲的"罪莫大于可欲，祸莫大于不知足，咎莫大于欲得，知足之足，恒足矣"。老子还讲："天之道，其犹张弓欤？高者抑之，下者举之；有余者损之，不足者补之。天之道，损有余而补不足。人之道，则不然，损不足而奉有余。""天道"，自然的规律就像拉弓一样，高了一点你把它压下一点，低了一点你把它抬上一点，就可以命中靶子了。治天下应该是有余的你让它减少一点，不足的你给它补足一点，这个是天的要求；可是人恰恰相反，人常常是损不足来奉有余，本来就很少了，你还更多地拿走它来给有余的，那就不好了。老子这种思想不能说没有意义。当然，两千多年前的老子思想不可能解决当今社会存在的种种问题，但是它的智慧之光对我们应该有重要的启示，我们应该做的事就是如何把他的思想中的精华加以发掘，给它以现代的解释，使之有利于人们从古代思想文化的宝库中得到某些经验教训。

第六点，儒家的"天人合一"的思想为解决人与自然的关系提供了一个有意义的思路。西方的文化在近三五百年之间曾经对人类社会的发展产生了巨大的影响，使人类社会有了长足的前进。但是，时至今日，我们已经看到由于人类对自然的无量开发和无情掠夺造成了资源的浪费，臭氧层变薄，海洋毒化，环境污染，生态平衡的破坏等，这些可怕的现象已经严重地威胁着人类自身生存的条件。所以1992年，世界1575名科学家发表了一个宣言，叫作《世界科学家对人类的警告》，宣言开头就说："人类和自然正走上一条相互抵触的道路。"造成这种情况不能不说和西方哲学"天人二分"的思想有一定的关系。罗素在他的《西方哲学史》中讲道："笛卡尔哲学……他完成了或者说接近完成了由柏拉图开端而主要因为宗教上的理由经基督教哲学发展起来的精神、物质二元论……笛卡尔体系提出来精神世界和物质世界是两个平行而彼此独立的世界，研究其中之一能够不牵涉另一个。"就是说你研究物质可以不研究人，研究人可以不研究物质，或者你研究天可以不研究人，研究人可以不研究天。这就是说，西方哲学曾经长期把精神和物质看成各自独立的、互不相干的，因此它的哲学是以人和自然的外在关系立论，人和自然是一种外在的关系，没有内在联系，或者说，它的思维模式是心物为两个独立的二元。然而中国哲学在思维方式上与它有根本的不同，中国儒家认为研究天、天道或者自然的规律不能不牵涉到人，研究人也不能不牵涉到天。早在先秦已经讨论了这个问题，因为我们发现《郭店楚简·语丛一》已经讲，"《易》所以会天道人道也"，我觉得这句话非常重要。我们现在认为《易经》是中国哲学或中国文化的一个源头，它是非常重要的，这句话说《易》这本书是讲会通天道和人道所以然的道理的书。在对《易经》作哲学解释的《系辞》中就明确地讲："《易》之为书也，广大悉备，有天道焉，有人道焉，有地道焉。"就是说《易》这本书是广大无所不包的，它包含天的道理、人的道理、地的道理。《易传》还有一篇叫作《说卦》，《说卦》里讲："昔者圣人之作易也，将以顺性命之理。是以立天之道曰阴与阳；立地之道曰刚与柔；立人之道曰仁与义。兼三才而两之。"《易经》是顺乎性命的道理，所以用阴阳来说明天道，用刚柔来说明地道，用仁义来说明人道，把天、地、人统一起来看，表现为乾坤。因为《易经》实际上就是两画，一画是不断的，另一画是断的，实际上它是用这两画来作为代表的，所以到了宋朝，张载说："三才两之，莫不有乾坤之道。"所谓"三才"实际上就是表示乾坤，刚柔也是表示乾坤的，阴阳也是表示乾坤的，仁义也是表示乾坤的。而且他说："《易》一物而合三才，天人一。"《易》讲的是一回事，把三才合在一起，"天人一也"，天人是统一的，这是一种"天人合一"的思想。"天人合一"的思想到宋朝就更明确了，程颐曾说："安有知人道而不知天道者乎？道一也。岂人道自是一道，天道自是一道？"照儒家看，不能把天和人分成两截，更不能把天、人看成是一种外在的对立关系，不能研究一个而不牵涉另外一个，所以朱熹讲："天即人，人即天。人之始生，得于天也；既生此人，则天又在人矣。"这个"即"是离不开的意思，天离不开人，人也离不开天。"人之始生，得于天也"，人开始产生的时候是从天来的，是从自然中间产生人。有了人怎么样呢？天又在人，只有人能够体证天的道理，也就是说天的道理要由人来彰显，如果没有人，如何体现天的活泼泼的气象？王夫之的《正蒙注》讲："抑考君子之道，自汉以后，皆涉猎故迹，而不知圣学为人道之本。然濂溪周子首为《太极图说》，以究天人合一之原，所以明夫人之生也，皆天命流行之实，而以其神化之粹精为性，乃以为日用事物当然之理，无非阴阳变化自然之秩叙，而不可违。"他的意思是说，我们考察学者的学说，从汉朝开始，他们只是抓住了先秦学说的一些外在的表现，他们没有能够得到圣学的人道的根本，不知道《易经》是人道的根本，只是到了宋朝初年的时候，周敦颐开始提出了《太极图说》，他探讨了天人合一的道理，阐明了人开始产生的时候是天道变化所产生的结果，在天道变化中，把它的精粹部分给了人，使得人成了有人性的，所以人道的"日用事物当然之理"，就是天道"阴阳变化自然之秩叙"，就是说人道的道理和天道的道理是一致的，是统一的，不能随便违背的。王夫之的这段话是对儒家天人合一思想，也是对《易经》所说的"所以会天道人道者也"比较好的解释。因为人道本于天道，人是天的一部分，讨论人道不能离开天道，同样讨论天道也必须考虑到人道，这是因为天人合一既是人道的日用事物当然之理，也是天道的阴阳变化的秩序。张载在解释《易经》的时候说："儒者则因明致诚，因诚致明，故天人合一。"他用儒家的"诚明合一"来解释"天人合一"应该说很高明，"诚"是"天之实理"（自然界的实实在在的道理），"明"是人性中最有智慧的能力，因此天人是合一的。我们讨论天人合一是把它作为一种思维模式来讨论的。西方的思维模式是天人二分的，他们研究一个方面可以不研究另外一个方面，我们的思维模式是研究一个方面必须研究另外一个方面。我们今天研究天人合一是把它作为一种思维模式来研究的，是要说明人和自然存在着一种内在的统一关系，我们必须把人和自然的关系统一起来考虑，不能只考虑一个方面而不考虑另外一个方面，因此，我们说天人合一作为一种思维模式对今天解决人和自然的关系应该说有它正面的积极意义。我们对古代思想的研究并不是说古代的一些哲人的思想可以直接解决现代社会存在的问题，但是他们的思考方式和某些命题，比方说天人合一作为一个命题，可以对我们有所启发，我们可以沿着他们思考的路子去针对今天社会存在的问题发展他们的思想，使之对今天人类社会作出重要的贡献。

第七点，道家崇尚自然的思想对当今保护自然有着十分重要的积极意义。1983 年夏天在加拿大蒙特利尔召开了"第十七届世界哲学会议"。这次大会有一个非常大的特点，过去世界哲学大会都没有中国哲学讨论组，从这次大会开始有了一个中国哲学讨论组，这样就引起世界各国很大的兴趣，因为过去讨论中国哲学都是在东方组里面讨论，没有单独的讨论组，这次我们组成了一个单独的讨论组，所以像大会的主席，还有很多西方哲学家都参加了这个组的讨论。在这个会上，国际现象学会的会长、女哲学家田缅尼卡有一个发言，她讲："西方哲学常常在不知不觉中受惠于东方，像莱布尼兹之重视普遍和谐的观念就是一例。"我对莱布尼兹没有太多的研究，我查了好多书，像哲学史的书，没有直接找到他关于普遍和谐的观念受到中国的影响的记载，但他确实有普遍和谐的观念，因为他的学说是叫作"单子说"，他认为每一个单子都是一个和谐的整体，它跟宇宙的和谐是一体的，不分开的，他是这样来讲的。这个思想我没有找到它是来源于中国的直接的证据，但是中国这个思想早就有了。从佛教讲，佛教有"一即是多，多即是一"，它的例子就是月映万川，在江、河、湖、海中映出来的都是一个完整的月亮，而不是一个分割的月亮。月映万川的思想到了宋儒就变成了"理一分殊"的思想，理是同一个道理，它表现在各个事物中不同，人有人的理，物有物的理，但是理是一个。"理一分殊"的思想是不是对莱布尼兹有影响，我不知道，但是理是一个。莱布尼兹确实有普遍和谐的思想，中国也有这种思想，甚至于田缅尼卡也有。田缅尼卡认为：当前中国哲学比西方哲学幸运，没有走上西方哲学分崩离析的道路。她提出，当前西方哲学至少有三点可以向东方学习：第一，崇尚自然；第二，体证生生；第三，德性实践。我想这是她的亲身体会，因为我们今天看西方哲学，它确实是一个分崩离析的局面，就是说它的学派很多，我们很难找出来西方哪一个学派今天成为西方主流学派。19世纪末20世纪初，尼采哲学"上帝死了"兴盛了一段时间。后来很快"实用主义"出来了，"实用主义"出来以后就是"新实在论"出来，"新实在论"以后就是"存在主义""结构主义"，"结构主义"以后又有"解构主义"，"解构主义"以后是现在的"后现代主义"和"超后现代主义"等，它是不断地在更替。所以人们常常开玩笑说西方哲学是各领风骚三五年，没有很长的时间，都是很快就过去了。所以他们体会，当前西方哲学没有中国哲学幸运，因为西方哲学已经走上分崩离析的道路，找不出一个主流哲学的思潮来。所以田缅尼卡说当前西方至少有三点可以向东方学习。"崇尚自然"哪儿来的？主要是老子的思想；"体证生生"哪儿来的？是我们《易经》的思想，《易经》讲"生生之谓易"，这个宇宙的变化是不断发展着的；"德性实践"，西方的道德哲学、伦理学有一个非常大的问题，就是西方的道德哲学、伦理学是理论，它并不一定要实践，中国完全不一样，它的理论一定要实践，修身一定要齐家、治国、平天下，这是一系列的。中国讲知行合一，知就必须行，知而没有行的话，就不是真知。王阳明讲："知是行的主意，行是知的功夫，知是行之始，行是知之成。"它们是统一的，德性一定要实践，德性不能不实践，这是中国的传统。崇尚自然是老子道家的思想，老子从对宇宙自身的和谐认识出发，提出"人法地，地法天，天法道，道法自然"的理论，可以说他揭示了一种应该遵循的规律，人应该效法地，地应该效法天，天应该效法道，道的特性是自然而然的，或者说道以自然为法则，也就是说人归根结底要效法道的自然，应该顺应自然，以自然为法则，所以老子说："圣人以辅万物之自然而不敢为"，圣人只能辅助万物的自然之性而不敢做更多的事情。为什么要效法道的自然而然呢？这是因为老子认为人为和自然是相对的，人常常违背自然，破坏道的自然规律，人违背自然，人就会受到惩罚，所以老子说："道之尊，德之贵，夫莫之命而常自然。"道之所以受到尊重，德之所以受到重视（所谓德是什么意思呢？就是道所具有的本质，也就是说自然无为，道有这样一种性质，道的性质是自然无为），就在于它们对万物不命令它们做什么，只是顺应它们的自然之性。所以照老子看，人就更加不要去破坏自然，人之所以不应该破坏自然，是基于道法自然这一个基本思想。比老子更晚一点的道家的代表人物庄子，提出了一个观念，叫作"太和万物"，意思是说天地万物本来存在着最完满的和谐关系，因此，人应该"顺之以天理，行之以五德，应之以自然"，就是说人应该顺应天的规律，按照五德来规范自己的行为，以适应自然的要求。为此，《庄子》这一部书特别强调人应该顺应自然，比如他讲"顺物之自然""应物之自然"。他认为最高明的统治者，也就是圣人，应该是通情达理而顺应自然，他说："圣也者，达于情而遂于命也。"他还有一段话讲:"天有六极五常,帝王顺之则治,逆之则凶。九洛之事,治成德备,监照下土,天下戴之,此谓上皇。"就是天有东、西、南、北、上、下六合,五常即五行,就是金、木、水、火、土,帝王顺着它就能治理好,违背它的道理就会发生混乱。九洛就是九州的意思,当时所谓九州就是天下。天下的事情就能够成功德备,监照人间,天下就会拥护他,这样做是皇帝统治的最高境界。照庄子看,远古的时代人和自然本来是和谐的,"古之人……莫之为而常自然"。古时候那些人他们不做什么,经常是顺应自然的。在《庄子》的《应帝王》里有一个故事,我觉得很有意思,它讲:"南海之帝为儵,北海之帝为忽,中央之帝为浑沌,儵与忽相与遇

明代张路绘《老子出关图》

于浑沌之地,浑沌待之甚善,儵与忽谋报浑沌之德,曰:'人皆有七窍以视听食息,此独无有,尝试凿之。'日凿一窍,七日而浑沌死。"就是说南海的帝和北海的帝去拜访中央之帝,中央之帝叫浑沌,浑成一团了,浑沌对他们很好,他们要走的时候,觉得对浑沌应有所报答,怎么报答他呢?他们就想人都有七窍,眼、耳、口、鼻……七窍可以视、听,可以吃饭等,浑沌没有七窍,我们不如给他凿开七窍。"日凿一窍,七日浑沌死",我觉得这是两千多年前庄子对人类发出的警告。地球本来是个很完整的东西,如果你要无量地开发它,今天凿一下,明天凿一下,最后把它凿成一个死寂的东西,人就没法生活。这个故事看来极端了一点,但是表现的思想无疑是非常深刻的,就是说你对地球不能无量地开发,无序地开发,这是非常重要的。因此,当今人类社会应该从老庄的道家思想吸取智慧。崇尚自然实际上也是表达了一种人与自然的关系,从思维模

式上说，它和天人合一有共同点，就是人跟自然是一体的，是不能分开的。就这点说，可以说天人合一，崇尚自然，是中国传统文化的一种同一的思维模式，它表现了与西方把人和自然看成对立的很不相同的思想，把人和自然看成"相即不离"，它是不能离开的，它是从人与自然有一种内在的联系的角度来考虑问题的。

第八点，对古人的思想必须取其精华而去其糟粕，这是毛泽东讲的，当然非常对，但是精华与糟粕也不是那么容易分辨的。曾经有一个时期我们把孔孟、老庄的思想都看成是糟粕，现在我们从他们的思想中间发现有不少仍然对今天人类社会有积极意义。这是由于当时我们认识上的偏差，这在人类思想史上往往也是不可避免的。但是在社会的发展中，这种偏差总是应该纠正过来。现在我们已经不会那么简单、片面地看问题了。即使是古代思想中的精华部分也必须给它以现代的诠释，使它适应现代社会生活的需要，做到古为今用。从历史上看，孔子的《论语》，对它的注解一共有三千多种，这是日本学者林泰辅的统计。据元朝道士杜道坚的统计，对老子的《道德经》的注释也有三千多种，虽然今天很多已经散失了，但是几百种还是有的。各朝各代的注释都有所不同，这是为什么呢？这就是受到社会变迁的影响，特别是哲学思潮变化往往更是随时代而变迁。我可以举个例子来说明这个问题，就是注释常常是不同的，一代一代都不大一样。如汉朝，由于儒家经典成为国家考试的科目，因此有章句之学的兴起，一章一句都要做注解，每一句话都要做注解。由于章句之学的兴起，所以当时我们的训诂学、文字学、音韵学就发展起来了。汉朝章句之学非常烦琐，据《汉书·儒林传》记载，"五经"每一个经典的注解常常达到百余万言，经书都是几万字，他一注就是几百万字，太多，一个儒家的经师注释《尧典》就注释十万言，《尧典》注释十万言干什么？没有必要。可是到魏晋时候，风气有了非常大的变化，因为清谈的风气兴盛了，当时有一种说法"通人恶烦，羞学章句"，就是通达的人讨厌烦琐，把章句之学看成一个很羞耻的事。当时对经典的注解，如对《周易》《老子》的注解都是简单而有很高哲理性的。魏晋人注释经典多半都是非常简明的，他们提倡"得意忘言""辨名析理"这样一些思辨的方法。每一代对经典的注释都在变化。我们今天就应该适应我们这个时代来对古代的经典做新的诠释，不能老是按照他们的诠释来做。从古到今，我们就有"六经注我"和"我注六经"这两种诠释经典的方法，汉朝实际上是"我注六经"，完全根据六经的字句来注六经，可是到了魏晋往往是用"六经注我"，用六经来解释自己的思想，所以大慧禅师就说，人家读郭象《庄子》的注，都说是郭象注《庄子》，实际上是《庄子》注郭象，郭象用《庄子》来注他自己。这些古代思想家的哲学思想不仅包含着不适应现代社会生活变迁的要求的东西，实事求是地说都包含着某些错误的东西。其实不仅古代哲学家如此，可以说任何哲学家、任何哲学体系都包含着哲学上的内在矛盾，不会是非常圆满的。罗素在《西方哲学史》中有一段话我觉得说得不错，他说："不能自圆其说的哲学决不会完全正确，但是自圆其说的哲学满可以全盘错误。最富有结果的各派哲学向来包含着显眼的自相矛盾，但正是为了这个缘故才部分正确。"正因为这样，思想才会进步。比方说，从西方看休谟的问题没有解决，谁解决？康德帮他解决，康德没有解决，黑格尔帮他解决，黑格尔留下矛盾，马克思又给他解决一点。马克思其实也有很多矛盾，翻开马克思的《共产党宣言》看，他自己就有矛盾，他有一句话非常不切实际，他说："要和传统的所有制彻底决裂，和传统的思想彻底决裂。"怎么能彻底决裂呢？你不能彻底决裂，应该像毛泽东说的"取其精华，去其糟粕"，你要彻底决裂就等于把人类原来的东西全都要抛弃掉了，根本不可能的。我非常欣赏恩格斯在他的《反杜林论》一书的附录中讲的一段话，他说："黑格尔以后，体系说不可再有了。十分明显，世界构成一个统一的体系，即有联系的整体。但是对这个体系的认识是以对整个自然界和历史的认识为前提的，而这一点是人们永远也达不到的，因而，谁想要建立体系，谁就得用自己的虚构来填补无数的空白，即是说，进行不合理的幻想，而成为一个观念论者。"我觉得这个看法非常重要，你想构成一个完满的无所不包的体系是不可能的，因为自然界和人类社会都是发展的，很多问题你没有碰到，你怎么能都给它解决呢？没有所谓放之四海而皆准的绝对真理，那么怎么办呢？有些哲学家想构成一个完整的体系，就一定要用自己的虚构来填补空白，就是说要进行很多不合理的想象，而成为一个观念论者，观念论者实际上就是唯心论者。无论孔子的儒家思想还是老子的道家学说都包含着不适应现代人类社会要求的内容，也存在着其内在自相矛盾的地方，包含着若干错误。我们讲它有好的东西，可以经过我们来分析它，给它以现代的诠释，对我们现代有用，不是说它就没有问题，而我们要继承的并且给以现代诠释的主要是那些可以对我们今天仍然有价值的部分，我们要继承并且必须给它以现代的诠释才能对我们今天有用。

　　儒家的仁学和道家的道论可以说形成了一种互补的形式，儒家注重的是积极治世，因为它要修身、齐家、治国、平天下，要求用它的道德理想来治国、平天下，因此它对人的心性作了充分的分析讨论，它是讲人的问题的。道家注重的是消极的应世，要求人应该以顺应自然、少私寡欲的超世理想来应世，因此它对人类在自然中应占的地位作了比较充分的讨论，人只是自然的一部分，你不要夸大，把人看成什么都能干的，那是不行的。从以上分析看，我们也许可以说儒家思想是一种建立在修德、敬业基础上的人本主义，它是要修自己的道德，它要敬业，它要做事，建立在这个基础上的人本主义，可以在提高人的内在品德方面贡献于社会；道家思想是一种建立在减损欲望基础上的自然主义，减损人的欲望，它可以对人们顺应自然、回归自然本性方面贡献于人类社会。儒家的仁论和道家的道论以及他们的天人合一和崇尚自然、与自然融为一体的思维模式，同样会对今天人类社会有着重要的启发意义。中国传统文化不仅在调整人与人之间的关系和人与自然的关系上都起着不可忽视的作用，而且其哲学的思维方式也会对 21 世纪的哲学发展有重要意义。其实，现在西方哲学有着非常大的变化，至少从现象学开始，它已经讲心物不能二分，主观和客观不能二分，认识任何事物的时候都是主客交融的，总是主观来看客观，而且主体从不同的侧面看客体的话，就可以有不同的结果，所以离开了主体对客体就无从讲认识。当然，我们看我们自己的文化，也得"一分为二"，如果夸大儒家思想的意义，它的人本主义将会走向泛道德主义，这是很麻烦的。儒家讲修身、齐家、治国、平天下，当然，修身是应该齐家、治国、平天下，但是底下一句话非常有问题，儒家讲"自天子以至庶人，壹是皆以修身为本"，所有的事情都靠修身这是不行的，因为一个社会绝对不是靠修身就完全能够解决问题的，也就是说不能只靠道德完全解决问题，还要靠法制，还有经济问题，都靠修身能够齐家、治国、平天下吗？显然是不够的。所以它底下那句话是不对的，夸大它的人本主义思想可以走向泛道德主义，认为一切都是道德可以解决的，那是绝对不行的。我去的西方国家也不是特别多，不过也到了一些地方，像北欧有些国家比较平稳，社会比较稳定，它至少有两点非常重要：一点是基督教，另一点是政治法律制度。基督教是管理道德方面，是社会的功能，尽管有些人不进教堂，但是基督教确实是在生活中有非常大的影响。国家有一套比较完善的政治法律制度。政治法律制度和教会的这一套配合起来，才能使社会比较稳定，不是说光靠道德就能解决一切问题。所以如果把儒家思想夸大了，它就可以走向泛道德主义。如果夸大了道家的崇尚自然的思想、顺应自然的思想，它的自然主义将会走向无所作为。我们不能无量开发自然，故意地破坏自然，但是不能不利用自然，如果你不利用自然，人怎么前进，怎么进步呢？所以要完全按照道家自然主义的话，夸大自然主义，就会走到无所作为的地步。同样，如果中国哲学家不认真吸取西方哲学重知识系统、重逻辑分析的精神，从西方哲学那个他者来反观自己的哲学问题，那么就难以克服一定程度上的直观性，也很难开拓出一个更高的层面。比方说"天人合一"这个学说，今天看起来天人不能分开是很好的，但是这种思维方式也会妨碍中国科学的进步，老从天人不能分开来考虑，因此就没有去对客体作具体的分析，就缺乏把客体作为一个认识的对象来进行研究，所以中国的认识论和逻辑学不发达。实际上是应该先把天人分开来研究、分开来考虑之后再把它们合起来，看出两者之间的统一关系，那才是比较理想的。今天我们已经认识到这个问题了，我们把它合在一起，从思维模式上讲是不错的，但是并没有首先把客体作为一个对象来进行研究，所以我们的科学不能发展起来。所以向西方学习是必要的，但是我们要立足于我们自己的传统，因此我们必须给儒家和道家思想一个适当的定位、一个新的解释，使它成为具有现代意义的哲学。但是我们应该清醒地看到中国传统文化只能对当今人类社会存在的某些问题起一定的作用，它不可能解决人类当今社会存在的一切问题，而且我们甚至于可以说任何哲学都是有它的局限性的，都不可能解决人类当今社会存在的一切问题。中国文化要想在 21 世纪走在人类社会的前列，就必须充分发挥其自身内在的活力，排除自身文化中过了时的、可以引向错误的方面，在和其他民族的对话中，大力吸取其他各种文化的先进因素，使我们的文化"日日新，又日新"而不断适应现代社会的要求，在解决"和平与发展"问题和世界哲学发展的问题上作出贡献，迎接中华民族的伟大复兴，这才是中华民族真正的福祉。

（讲座时间　2002 年）

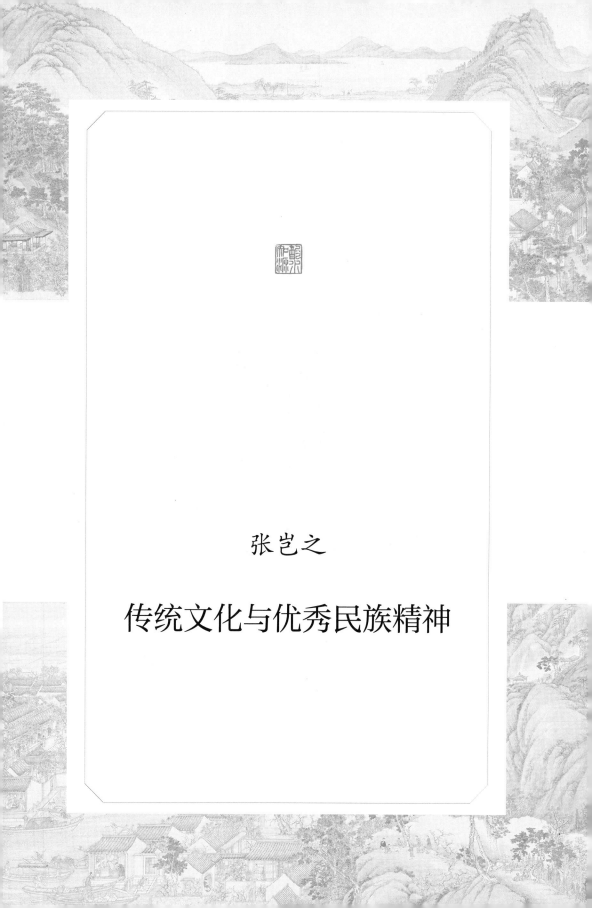

张岂之

传统文化与优秀民族精神

张岂之

张岂之，1927 年生，江苏南通人。1946—1950 年就读于北京大学哲学系，主攻中国哲学和中国思想史。1950 年进入清华大学文学院读研究生，主攻中国近代思想文化。1988 年获国家级"有突出贡献专家"称号。1994 年为清华大学、西北大学双聘教授、博士生导师。曾任西北大学历史系主任、副校长、校长、名誉校长、中国思想文化研究所所长，清华大学思想文化研究所教授。曾兼任中国历史学会副会长，中国孔子基金会副会长，中国社会科学院历史研究所、南京大学中国思想家研究中心等院校兼职研究员或教授，陕西省政协常委，全国政协委员等。

长期从事中国哲学和中国思想史的研究。专著和主编有《儒学·理学·实学·新学》《近代伦理思想的变迁》《中国传统文化》《中华人文精神》《中国思想史》等。发表学术论文近百篇。

一、中国传统文化的主题

有关"中国传统文化的主题"，表述的文字不能多，几百字描述一个主题，就不称其为主题了。而且涵盖面要宽，确实能够把传统文化的方方面面，用这个主题包涵进去，基本上没例外，这样才能站得住脚。还要力求符合历史实际，不是用今天的理解加到古代文化上去。经过了若干年的研究，我得出这样的看法，如果要用文字语言来表示的话，这个主题很简单，就是探讨天道和人道的关系，这就是我们中国传统文化的主题。什么是天道？就是讨论天地的来源和自然的法则。还有人道，人道就是人自身的和人类社会的道理。朋友们也许会提出这样的问题：探讨天道和人道的关系，那你为什么不提一下就是"天人合一"呢？我的看法是，"天人合一"只是天道和人道关系的一种看法，一种很有价值的看法，但不能用"天人合一"来代替中国传统文化的大主题，因为还有其他方面。例如，古代除了讲"天人合一"以外还有"天人相分"，天和人既相分又统一。这种观点也有很深刻的理论思维的意义。我不赞成用"天人合一"作为中国传统文化的主题，"天人合一"只是这个问题中的一种答案，还有其他的答案，如"天人相分"等，还因为历史上"天人合一"多种多样。在座的朋友们都很熟悉，西汉时期，董仲舒适应当时大一统的国家的需要，提出天人感应说。我的老师侯外庐先生一直都认为这是神学的命题，它也是"天人合一"中的一种观点，一种理论体系。不去区别"天人合一"这一理论里的不同情况，认为这就是中国传统文化的主题，我觉得有些不妥当，也有些不全面，所以我的看法是天道和人道的关系是传统文化的主题。政治文化、制度文化、观念文化等都和这个主题有关系，它的涵盖面很宽，把传统文化的各个方面都可以概括进来。紧接着提一个问题，为什么是这样一个主题，而不是其他的主题。和古希腊比较起来，它就不是这样一个主题，它的主题很可能就是恩格斯所讲的存在和思维的关系主题。存在和思维的关系的主题套用在中国文化上就有点套不进去了。要从各自民族的具体的历史实际出发，这是由中国的历史所决定的，而且是由中国历史跨进文明社会的特点所决定的。中国由原始社会走向文明社会，我们这条路的走法，它的特点和希腊的不一样，有我们自己的特点，这个特点，我想稍微列举一两条。一个特点，中国有很长的农耕的历史。现在考古学里有一个分支，叫作农业考古，农业考古告诉我们，距离今天7000年，在江南某些地区就有稻米了。农业考古不是凭想象的，要看地下发现的东西，要看有没有稻米、稻谷的种子。实际的东西，是历史的直接见证人。在今天的浙江省余姚市，有一个河姆渡村，在河姆渡村的东北发现了一个遗址，1973年开始发掘，后来考古学家给了一个名字，就叫河姆渡文化。在考古学上是一种新石器时期的文化，实际上也属于仰韶文化。考古学家认为，在河姆渡发现的遗址距离现在 7000 年左右，已经发现这里适合种植稻子。在座的同志估计都到过古城西安，到西安以后，有一个地方大家是必须要看的，就是半坡遗址，距离今天西安城东面不是很远。半坡遗址整个的规模、当时我们的先民住的什么房子、用的什么陶器，大家看得一清二楚，距离今天 6000 年。遗址中发现了几斗谷子，我们北方人叫谷子，谷子磨过以后，把谷子的皮去掉，就成了我们今天的小米。我们还可以看到，半坡遗址的很多土颜色发黑，为什么发黑呢？考古学家研究，当时种小米用烧荒的办法，烧荒以后土壤比较松软，便于种谷子。例子不止以上两个。考古学得出一个结论，距离今天 6000 年到 7000 年，南稻北粟的农业基本格局已经基本形成。原始农业靠天吃饭，因此要解决一个天和人的关系，要研究天道和人道的关系。天道和人道成为传统文化的主题不是偶然的，是由中华民族具有悠久的农耕历史所决定的。历史就是这样，历史唯物论就是这样，有人现在觉得历史唯物论不吃香了，我觉得历史唯物论是我们解决若干历史问题的一把最好的钥匙。

中国究竟什么时候进入文明社会？距今已有五千多年。司马迁《史记》中写有《五帝本纪》，即黄帝、颛顼、帝喾、尧、舜，一开始就写黄帝，并说黄帝死后葬于桥山，但没有说桥山在哪里。历代都到今陕西省黄陵县的桥山去祭祀黄帝，认为黄帝死后就葬在这里。黄帝和炎帝被称为"人文初祖"，中华儿女称为"炎黄子孙"。这些和弘扬民族精神有密切关系。在《周易》这部古籍里这样说：君子必须懂得两门学问，一门学问是

《史记》书影   刘军／供图

天文，了解时间的变化、季节的变化，把农业生产搞好。与此相称的，还要了解人文。"人文"这个词并不是从西方翻译过来的，首先出现在《周易》这本书里。懂得人文，"以化成天下"，是说懂得社会制度、懂得做人的基本准则。做一个文明的人，就必须懂得人文，提得很好。我们的祖先很早就主张学天文，这和农业生产有关；学人文，人自身的道理、社会制度的道理，这两方面缺一不可。中国古代最辉煌的时期是春秋战国时期。春秋时期是公元前770年到公元前476年，战国是公元前475年到公元前221年，是中国历史上思想文化最活跃的时期，也叫作"百家争鸣"的时期。究竟有多少个学派？司马迁的父亲司马谈说有六家，而班固的《汉书·艺文志》里讲有十家，这两者不矛盾。儒家，孔子开创的；墨家，墨子开创的；道家，老子开创的；阴阳家，以邹衍为代表；还有法家，我稍微说一句，法家并不是讲"在法律面前人人平等"，那是近代意识，法家主要是讲君主如何实行统治之术；还有名家、小说家、纵横家、杂家、农家，共十家，非常丰富。这十家相互辩论、相互学习、相互驳难、相互吸收，它们都为中国的文明作出了贡献。《尚书·尧典》里就有"文明"一词。文明指什么呢？文明就是指治国者的道德品质、才能就像太阳一样光芒四射，叫作"文明"。文明是和野蛮对称的，文明多一分，野蛮就少一分，文明进一尺，野蛮就少一寸。在春秋时期，有一个大的论争，论争"文野之分"，要把文明和野蛮区别开来，当时的先进人物都打着文明的旗号来反对野蛮。荀子说："不敬文，谓之野；不敬文，谓之瘠，君子贱野而羞瘠。"（《荀子·礼论》）什么是历史？我想给历史做这样一个界说，恐怕大家是赞同的。今天我们所了解的历史，就是人类创造文明的历程。中国的历史，就是中华民族创造文明的漫长历程。五千多年的文明史是中华民族，各个民族共同创造的历史。人们在历史的过程中创造文明的经验和教训就叫作文化。人们在历史过程中要创造文明、建立文明、推进文明，在这个方面积累的经验我们就叫文化，这是正面的。但是文化里也有糟粕，也有教训，那种神秘主义，那种和时代不协调的东西，如迷信、愚昧等，就是文化中的糟粕。所以文化离开文明这个总的目标就说不清楚了。理解今天的国际事务，必须要有文化、政治、经济相互交融的观点，分析问题才能看得清楚，这很有启发意义。总之，我觉得中国传统文化的主题可以这样去表述：讨论天道和人道的关系。

附带提一下，中国的文化和中国的地理环境可能有关系。打开中华人民共和国的地图一看，在北方，有辽阔的蒙古高原，大沙漠戈壁，还有阴山，把辽阔的蒙古高原分成了两部分，一部分叫内蒙古，内蒙古就称为漠南，清朝历史上的漠南就指这个，此外还有漠北。东北有兴安岭和蒙古草原相隔，东边就是太平洋，北边东西向就有外兴安岭，把我国辽阔的东北和千里冰封的西伯利亚分隔成两个区域。再看看西北，西北古代称为西域，今天的新疆和巴尔喀什湖以东、以南的中亚地区就称为西域。再看西南边界，西南边界有青藏高原和云贵高原。东南一万余千米的海岸线，古人一走到东南，到海岸线旁边就认为陆地到此就走到尽头了，没有陆地了，都是滔滔海水了，当时的地理知识也还不是很多的。这样一个地理环境究竟说明了什么？这样一个地理环境用三个字来表示：内聚性，不是向外扩张的。再看一下希腊的地图，和希腊作一下比较，希腊临海，推动商业就要向外面寻找自己的出路，开拓自己的事业。但是中国的地理环境是内聚的，在中原四边的少数民族，他们各种重大的政治、经济和军事等活动，都是向着中原的方向，即向黄河与长江中下游流域发展。这种地理环境因素，产生了中华民族几千年来不断内聚的总体趋势。我重申一下我的观点，中国传统文化的主题可以用这样的文字表述，天道和人道的关系，"天人合一"只是里面的一种观点，不能代替中华民族传统文化的全部内容，因此我们需要把这个问题再展开一下。

二、传统文化的几个理论模式

我想下面的四个模式大体上可以把中国文化的理论模式都概括进去了：

第一种理论模式，就叫作"天道自然，人道无为"的理论模式。这就谈到道家的一个基本观点，给予中国传统文化深刻影响的，就在这八个字上。在中国历史上，道家的创始者老子是春秋末期人，距今两千五百多年，已被渲染成为半神半人。实际上，他是中华民族的真正具有智慧的人，真正具有理论思维的哲人。老子姓李，名耳，楚国苦县人，即今河南鹿邑人。他长期给东周王室管理图书，当时的图书是竹简，纸张还没有发明，他有机会阅读大量的竹简，文化修养很高，对自然的研究很深刻。表现他的思想的有一部书，究竟是他本人写的，还是后世学者写的，看法不一样，我们可以存而不论，不必在考证方面耽误大家的时间，他的书叫作《老子》或《道德经》。《道德经》有很多学者研究，不是成书于春秋末期，而是成书于战国时期，韵文体，就 5000 字。它中心的思想是什么？我想用这样的文字来表述是比较适当的：人道应该向天道学。现在利用这个机会，我向在座的朋友们介绍《道德经》这本书，大家在工余之暇要读读。原因是它可以提高自己的文化品位，而且帮助我们开阔自己的

元代赵孟𫖯绘《老子像》

胸怀，如果大家不信的话，可以试验一下。注本很多，究竟读哪一个注本呢？我想就读国家图书馆馆长任继愈先生（1987—2005 年任国家图书馆馆长）的译本就可以了，他把老子的《道德经》翻译成现代汉语，叫作《老子今译》，附有原文，我们主要看原文，某些地方不懂的话，适当地参照一下译文。读《道德经》不能够陷在这个公式里去：它是唯物还是唯心，不探讨这个问题。中国哲学、理论思维不探讨这个问题，它的主题不是存在和思维，它的主题就是天道和人道，你看它如何解决这个问题，解决得怎么样。老子对天道的分析有深刻的理论思维，他对

天道用了一个主要范畴，这个范畴就叫作"道"。在老子五千言里，直接谈到道的地方很多，一共出现了74次。为了说明道，老子用了两个范畴、两个概念，一个叫作"有"，一个叫作"无"，"有"和"无"构成了道。什么是道？古代原来的意思是道路，但是后来把它哲学化了，道是有和无，有和无结合起来就是道。有和无又是什么含义？"无"不是什么都没有，"无"指的是整个的空间，老子称它为"无"。古人特别是在农业生产中，就要观察空间，看天，天距离地就是空间，空间怎么表述呢？就叫作"无"。"无"还有一个含义，还不能少，用今天的概念来表述它，就叫作不确定性。大家看看空间有什么东西，多长，多短，什么颜色，体积有多大，那是不确定的，空茫茫一片。所以《道德经》里的"无"有两个含义，一个是空间，还有一个是不确定性。什么叫"有"？"有"就指万物的最初的形态。"有"究竟是怎么产生的？我们的祖先，在2500年以前就敢于探讨这个大问题，自然怎么形成的？世界怎么形成的？敢于探讨，而且敢于回答，用老子的观点看，就叫作"无中生有"。无中生有，有是万物的最初形态，是从空间产生的，是从不确定性中产生的，从不确定性中产生的一些有具体形态的东西。老子观察非常深入，用最简短的文字表现最深刻的道理。究竟自然产生的过程怎么样？老子这本书里有这样的话"道生一"，最简单的东西；"一生二"，有对立物了；"二生三，三生万物"，就这么生长出来的。2500年前，老子提出的万物生成论到今天还站得住脚，后人，包括西方的科学家只能在这个框架内增加一些实证科学的具体内容，推翻不了。"道生一，一生二，二生三，三生万物"，那怎么产生呢？你能把产生的具体过程来说一下吗？老子说可以，老子书里有四个字，"道法自然"，道产生万物是自然而然地产生的。老子书里的自然和我们今天讲的这个名词，整个自然界，是不同的，是个形容词：自然而然。"道生一，一生二，二生三，三生万物"，万物是自然而然地形成。这种理论思维在2500年以前，成为一个理论，而且用文字表述出来，我是研究历史和历史文化的，我以此为骄傲。中华民族是一个具有深刻理论思维的民族，决不像西方人讲的，中国没有哲学。中国是没有像西方那样的思辨哲学，但是中国有和农业生产密切结合的自己的哲学体系、自己哲学的特殊的用语、自己特殊的理论思维。要让我们的年轻人慢慢懂得这些，而且爱好我们的文化。万物就是这样生成的，"一生二，二生三，三生万物"，"道法自然"，深刻，简洁。天道有什么特点，老子又归纳为天道无言，自然而然地，太阳把温暖送给万物，它不讲你看我多了不起，我多伟大，我把所有的温暖都给你们了，离开了我的温暖，没有一个东西能够存活。天不这么讲话，天道无言，天道不和其他东西去争的，不需要，每天晚上太阳落山了，进入黑夜，第二天太阳又从东方升起，普照大地，时而又下雨了，润湿大地，这就是天道。天道广大无边，囊括一切，所以老子书里有八个字"天网恢恢，疏而不失"，囊括了一切，这就是天道，自然而然。所以书的中心思想是人道应该学习天道，人道应该以天道为本，老子敢于提出一个老大难的问题，天道是运行的，古人都这样看。天道如何运行？老子书里用五个字解释，"反者道之动"。反，向相反的方面运动，这就是天道运动的实际情况，老是向相反的方面去运动，因此就导引出物极必反，任何东西发展到顶点必然向相反的方向去运动。2500年前，物极必反这么大的一个命题就摆在中华民族子孙的面前，发现物极必反的规律在人类文明史上的贡献是非常卓越的。面对物极必反的情况，人应当怎样做？老子说"弱者道之用"。人就应当脱离事物现象，深入到本质方面去看问题。怎么深入？老子提出一个问题，世界上什么东西是最强大的？有人回答几个人都抱不住的大树是最厉害的、最强大的。老子说其实不然，一阵大风来了以后，很可能把树就吹倒了，它不是最强大的。世界上唯一的一个最强大的东西，要看本质的，而不是表面现象，老子说那是什么呢，就叫作"水"。水有什么特点呢？老是从西向东流，我们两条母亲河——长江和黄河，老是日日夜夜从西向东流，母亲河的水使我们古代哲人产生了很多灵感，有很多鲜明的论题。孔子和老子生活在同一个时期，春秋末期，他看到水以后感叹道"逝者如斯夫，不舍昼夜"，你看水的生命力真强，不断地流动，白天流，夜里也流，生命力旺盛，孔子已经感悟到了。在老子看来，水是最坚强的，何以最坚强，他就比喻了，是自甘于卑下的地位，水不想到高处去，水到了高处以后没有办法流动了，它认为处于一个卑下的地位对它保持旺盛的生命力最有效。由此就引申出来，怎么来治国？治国就像水一样，甘于卑下的地位，"圣人以百姓之心为心"，就能立于不败之地，如果不是这样，"圣人"自高自大，水就断流了，自己的生命力也就结束了。甘于卑下，表面是弱者，和百姓在一起，其实是强者，这就是老子所说的"反者道之动，弱者道之用"的本意所在。这种性格，老子给了个名字，就叫作"无为"，表面看起来好像不做什么，也不和人争什么，但是它实质上最坚强，"无为而无不为"，它能够永远立于不败之地。这用在治国上，就是老子所倡导的：让老百姓安静地生活、生产，不要干扰他们，不要折腾他们。我们看老子的书，很受他的感染，这就是我们中国的哲学，中国的理论思维。人道向天道学，就是人做任何事情的时候都自然而然的，不要去勉强，水到渠成就是人道学习天道的最好办法。老子说治国有三宝，第一宝要有爱心，叫慈爱心，天下大众都有慈爱之心，这样才产生勇气，有了爱以后产生勇气；第二宝，个人要节俭，节俭以后天下的财富才能够聚集起来，不至于浪费掉；第三宝，就叫作不敢为天下先，我不认为自己的一切都比别人的好，就叫作不敢为天下先。为什么不能自认为一切比别人好呢？因为只有这样，才能得天下之英才而用之，人家才会跟着你做事情，如果你认为自己就是一切天下先了，是最完美的人，用人怎么用啊？人家就离你而去了。道家的思想，小而言之，对调节个人心态、克服人生道路上的烦恼等都有很大用处。

对于老子这一套理论思维，他的门徒——战国中期的庄子，提出疑问了，人道向天道学，说起来容易，做起来很难，甚至于做不到。《庄子》这本书的内容就比较多了，要读起来很难，里面充满了具有深刻人生意味的寓言故事。陈鼓应教授有一本书叫《庄子今注今译》，把很多注解汇集起来，而且翻译成现代白话，中华书局出版的，朋友们可做参考。我想举《庄子》中的三个寓言故事，我觉得很有趣味。我们中华民族是一个思维很开阔的民族，不是一个很拘束的、思想不活泼的民族。庄子说人道向天道学很难，难在哪里呢？人老想去改造自然，老是以自己的意愿、自己的面目去改造自然。庄子讲，中央之帝叫"浑沌"，没有七窍，南帝和北帝商量说，"浑沌"平时对我们很不错的，有恩于我们，我们应该报答他。"浑沌"没有耳朵，听不到美妙的乐曲，没有眼睛，看不到美好的世界，他又没有嘴巴，品尝不了美味佳肴，太痛苦了，我们要报恩，怎么样报法？他们决定每天在"浑沌"的身上打一个洞，结果是"七日浑沌死"。人老是想按照自己的面目去任意地改造自然，最后把"浑沌"、把大自然也搞坏了，那怎么办呢，这问题提出来怎么办？到战国时期，荀子就回答了，人改造自然是必要的，但要节制一些。什么时候打鱼，要有个季节；老百姓不能随便到山里面去砍伐森林，要变成法令；而且什么时候种庄稼，什么时候收获，什么时候冬藏，都按季节来办事，就是有条件地、和谐地来改造自然。庄子所担心的不是就解决了吗？这也很有道理。《庄子》里还有一个故事，在《齐物论》里说有个老头，叫狙公，养了一大群猴子，猴子不劳而获，狙公这个老者要给它们喂吃的，喂橡子，怎么喂呢？"朝三暮四"，早上喂三升，晚上喂四升，猴子很愤怒，不够吃，吃不饱，狙公说好办，现在我们改变一下，"朝四暮三"，早上给你四升，晚上给你三升，满意啦？猴子听了高兴得不得了。下面庄子话锋一转，庄子讲，"名实未亏"，"名"是数量，"实"是橡子，"未亏"，没有改变，朝三暮四是七升，朝四暮三也是七升，没有任何改善，在这种情况下，"喜怒为用"，一会儿罢食，一会儿又欢呼雀跃，猴子多么可笑呀！它一点理性都没有。我们看这个，要掩卷而思了，庄子究竟想说什么？他说的是，有一些人，实际上离开了理性的轨道，和猴子一样愚昧。战国中期，他看到人世间很多愚昧的事情，有感而发，所以庄子还是很强调理性的，用理性来观察一切，也许就不会像猴子那样。庄子更为深刻的地方就在于，他从哲学上感受到了人这个主体在另外的条件下就变成客体了。他在《齐物论》里说了一个故事，他说庄生睡着了，梦见自己成了一只蝴蝶，在花丛中间飞来飞去，十分自由和快乐，一会儿就醒了，不知道是庄生梦蝴蝶，还是蝴蝶梦庄生，搞不清了。我们看完以后，又掩卷而思了。这个故事，有很深刻的哲学道理，"我"是一个认识的主体，时而"我"又是一个被认识的客体，这就叫作"角色转换"。人在一生的过程中间要有许多角色的转换、转化，而且在角色转换的过程中要做得很好，才能够符合自然规律，生活才能够有它自己的质量。

　　第二种理论模式，就叫作"知性知天"的理论模式，知道了人性就知道天性了，儒家基本上是这样认为的。战国中期，孔子的第四代门徒孟子说，什么是人性？人性就是人特有的素质。他把人性提到很高的地位，没有人性，他用了四个字，叫作"衣冠禽兽"。我们看《孟子》这本书，文字犀利，辩论性很强。何以见得人性就是善的，他把人性归纳成为四种：第一种，恻隐之心，爱心，人如果没有爱心，没有一些同情之心，不能算人。第二种，人有羞恶之心，羞耻之心。第三种，辞让之心，谦让之心。第四种，是非之心。这"四心"对不对？我们后人不加评论，他认为这是先天的，把先天的好的素质要发挥出来。怎么发挥呢？要实践，要经历生活的磨难。因此，战国中期的孟子把他以前的历史作了一个归纳，归纳成八个字："生于忧患，死于安乐。"从夏、商、周三代，一直到战国中期，凡是做大事情、有成绩的人都和这八个字有关系，这是人生哲学最完整的八个字。忧患使人生机勃勃，造就人，使人有创造性，忧患并不可怕。安乐使人意志消沉，使人不求进步，使人醉生梦死。"生于忧患，死于安乐"八个字，历代相传不衰。2003 年 3 月份，温家宝同志当选国务院总理，紧接着举行记者招待会，大家可能都看了实况转播，外国记者问他，"你有什么特点？""欣赏哪些话？"他两次提到"生于忧患，死于安乐"。温家宝同志是天津南开中学毕业的，他在六年的中学阶段对语文很有兴趣，读了不少的名著，把孟子的"生于忧患，死于安乐"和自己的实践联系起来，和马克思主义理论联系起来用于自己的工作中。还要提一下，很有成就的一些大家，例如诺贝尔奖得主杨振宁，他给清华的青年老师讲，中学时期，他的父亲让他读《孟子》，这本书对他做人、进行科学研究、创造发明大有好处。还有杨振宁先生的好友，我国"两弹"元勋邓稼先同志，读北京崇德中学的时候，后来在西南联大的时候，也有人文修养。杨振宁曾经写过一篇很感人的文章，名《邓稼先》，文章中说，他曾问邓稼先：中国原子弹的制造，听说没有外国人参加，是不是这样？邓稼先这样回答，我还需要调查一下，等我调查周全以后把结果再告诉你。后来，杨振宁从北京到上海，有人在锦江饭店宴请他，一个服务员给他送了一封信，打开一看，是邓稼先给他的信。杨振宁在自己的文章里讲，信上话不多，就是这样几句话：经过调查研究，中国原子弹的制造确实没有外国人参加，这个消息是准确无误的。看了以后，杨振宁控制不住地眼泪直流，究竟什么原因呢？是为中华民族自豪而流泪，还是老朋友实事求是的作风使他感动？我想，各种感情都有。杨振宁说中国优秀的文化培育了邓稼先这样一个像农民一样朴素的、真诚的科学家。我们看了以后非常受感动。中国的优秀文化，刚才提到孟子的生于忧患而死于安乐，确实对很多人都有很大的教育意义。中国传统文化有个特点，表述方法没有那么多的理论前提、逻辑分析等，简明的几句，把人生哲理、自然哲理给勾画出来了。例如刚才讲的孟子"生于忧患，死于安乐"，只要人类历史存在，这八个字永远不会衰竭，永葆青春。什么是"天"？孟子讲知道人性就知道天性，现在我们比较一下孟子讲的天道和人道，是把人道作为主题，人道推上去就知道天道是什么，就是知性知天，他是这样一个理论模式。宋代那些大儒，发表自己的思想见解大体都是这种模式，这种模式我觉得也有很多好处。这种模式的好处在我们中国传统文化、在我们中华民族的民族精神里面就体现了这一点：个人不是单个的个人，个人的得失、是非是和天地相呼应的，一下子责任很重大了，顶天立地，因此，我必须要善待我自己的一切，所以孟子讲"养天地之正气"，做一个顶天立地的人，就在这里。它不是单个从人的本身来说，这又是一种理论模式。

荀子画像

第三种理论模式，"天道有常，人道有本"的理论模式。这种模式以荀子作为代表。在战国末期，荀子写过一篇文章，叫作《天论》，专门谈天，很有勇气。战国时候楚国的大诗人屈原写了一首长诗，叫作《天问》，什么是天？有多少柱子把天举着？使天塌不下来？等等，气魄很大。提出好多和天有关系的问题，没有人敢回答，也回答不了。一直到唐朝，大思想家、文学家柳宗元，写了一篇文章《天对》，"对"就是回答。朋友们如果有兴趣，假期有休息的时间，可以把屈原的《天问》和柳宗元的《天对》两个本子一起看。看了以后，我们也是感慨万千。荀子不是写《天对》，而是写《天论》，究竟什么是天？四个字，"天行有常"，天地运行有常规，天地自然运行有它的规律，有它的法则，就是四个字，概括得非常深刻。"不为尧存"，天地运行的法则不以人的意志为转移，尧是五帝里的一帝，不会因为尧的仁慈而改变它的运行规律。"不为桀亡"，夏桀，残暴的君主，也不因为他坏，天地运行的法则就改变了，天行有它自身的法则。"天行有常"这四个字有千斤重的分量。人怎么办呢？他不是简单谈人道要学习天道，他也不是简单地谈知道人性就知道天性，他是说根据天行有常的法则，人应该参加到自然的变化中间去，利用自然的变化为人类服务。怎么来服务呢？要把农业生产搞好，还要节约，在这种情况下，天不能使人吃不上饭，要善待自然，利用自然的法则来为人类服务。人不是自然的附属物，人只要把农业的根本抓住，而且又很积极，那么天不能使人贫困，便可人人都有饭吃，《天论》的中心思想就这么一个。在 2000 年前提出有什么意义呢？哲学上有很大的意义，他认识到了，不管是清楚的还是模糊的，人不仅仅是自然界中的一个物，而是从自然界分离出去和自然界相对立的一个认识的主体，他有着认识主体的思想，这在中华民族理论思维的发展史上是一个很大的进步。人可以认识规律，可以在规律法则允许的范围之内为人类服务，所以人和自然是不能够画等号的，人道完全向天道学是不行的，完全由人性推出天性也不行。所以他的观点是"天行有常，人行有本"，在理论思维方面又深入一步。我们后来把他的理论也概括为天人相分，天是天，人是人，不能说成一个东西，光讲"天人合一"，而不把荀子的天人相分也给予足够的估计和评价，恐怕是不行的，所以我不大用"天人合一"。天人相分最后的目的是天和自然、人和自然和谐发展。但和谐发展必须通过人的实践才能达到，没有实践就做不到"天人合一"，"天人合一"不是自然而然地合一的，更加深刻。荀子还有一点东西是非常好的，就是《荀子》里的《劝学篇》提出的概念，今天来讲，仍然有非常重要的科学意义，就是"积"的概念。很多土积累起来，"山"就形成了，很多水积累起来，变成了海，把很多好事情积累起来就成为道德。通过什么过程来积累呢？通过行的过程、实践的过程来积累，这样就把普通人变成了圣贤，圣贤不是天生的，而是在实践中逐步形成的。荀子在我们中国传统文化的历史上也占有很高的地位，这是第三种。

第四种理论模式，叫作"天道变化，人道自强"的理论模式。天道是变化的，人道要适应天道的变化就要自强不息的理论模式。这也表现了我们中华民族的精神。把自强不息作为中华民族的精神很有必要，非常恰当。这里我们不能不讲《周易》了，尽管它的主调我们不赞成，而且占卜这一类东西和理论思维也是有很大距离的。但是它认为自然界有八种自然现象，八种自然现象是天、地、雷、风、水、火、山、泽，基本上把自然现象都概括进去了。相对八种自然现象的有八卦，乾、坤、震、巽、坎、离、艮、兑八卦，这是一个发明创造，八种自然现象配合成八种卦式，以二进位数，八卦，八八六十四卦。德国人莱布尼茨讲，中国的八卦，就是八八六十四卦，哪一卦都有说明，中国人运用二进位制是最拿手的，现在我们计算机计算的基础就是二进位制。这里体现人生的真理是什么？战国时期很多读书人研究，八八六十四卦里最基本的东西是什么？抛开占卜的方面，人生在这里应当吸取什么？当时很多儒者写了论文，进行研究并编了一本书《易传》，也叫作《易大传》，解释了《周易》里面的一些道理。已经过世的学者高亨先生对这个很有研究，他把《易传》里面的一些思想观点加以注解，叫作《周易大传今注》，已经出版了，朋友们有兴趣的话可以翻一翻。另外，《易大传》里有十传，十传里有系辞，讲八卦的最重要的含义在哪里，把《系辞》翻一翻，对《周易》大致上就了解了。《周易》值得我们注意的地方，是把世界上所有纷纭复杂的现象归结为两个东西，一个叫阴，一个叫阳，而阴阳最初的形态，在中国文化里，就是天道。在农业生产过程中，向阳的那一面就叫作阳，背阳的那一面叫阴。所以一座山，向阳的那一面，农业生产搞得好，背阴的那一面没有阳光照射，生产就搞得不好。《易传》的贡献就在于把世界上所有纷繁复杂的现象归结为阴、阳两个基本因素，这两个基本因素对中国人的影响很大，所有的东西、所有的运行、所有的表现都是阴阳交错而产生的，后来中医就立足在这个基础上。这个世界是怎么从阴阳产生的，有一个公式，这个公式我们不探讨了。但这个公式提出来，对后来中国的自然科学发展恐怕有限制性，老局限于这个公式里，就缺少实证科学的基础。这个公式怎么讲呢？天地还没有分以前，天还没有高高在上，地还不是低低在下，这时的自然界称为"太极"；太极产生了两仪，什么是两仪呢？就是天地，也就是阴阳；两仪又生了四象：老阳、老阴、少阳、少阴；四象又生了八卦：乾、坤、震、巽、坎、离、艮、兑；八卦又产生了凶吉，了解了凶吉以后，哪些事情该做，哪些事情不该做，一目了然，就引出了宏伟的事业。太极生两仪，两仪生四象，四象生八卦，八卦生凶吉，凶吉引出人类的宏伟事业，这样一个公式。这个公式有个很大的缺点在哪里呢？我们一定要客观地评价我们的前人，这种公式用中国古代的名词来讲，叫"象数学"。象数有很多迷信的东西，象数脱离实证科学，不需要实证，只需纳入这个公式，太极生两仪，两仪生四象，什么东西都能理解，过于公式化，阻碍了中国古代探讨自然现象及自然科学的发展，没有实证科学作为基础是它的弱点。但是另外一面，这个公式里面所讲的都是二进位数，因此用这个公式套用人世、自然就提出新的问题。二进位数里，从阴阳，然后到四象，然后到八卦，就说明中国古代辩证思维相当丰富，看问题不是单一的，而是从正反方面，从阴阳方面，从兴衰方面去看。所以《易传》给我们留下的这个公式一直影响我们中国人的头脑。宋代象数学得到很大的发展，它的两重性，一方面使得我们离开实证科学，另一方面使我们的辩证思维得到发展，辩证思维非常深刻。例如《易传》里面往往用一句话来解释深刻的道理，例如乾卦，乾卦那么多的经文，究竟讲的什么道理？《易传》里面回答这个问题，例如对什么是乾卦，《易传》曰"天行健"，天运行，健，永不停息，就三个字把乾卦的整个内容都概括起来了。这是我们两千多年前一批儒者，研究乾卦，得出的集体智慧的结晶，接着说"君子以自强不息"，君子以天道作为榜样，自强不息，这就是我们中华民族的精神。天道和人道统一起来，天就是不停地运行，人就应该自强不息，不要怕失败，不要怕挫折，要不断地开拓创新。什么是坤卦？三个字："地势坤"，坤卦讲的是大地，用大地作为坤卦的一个表现来说明，大地的形势就是坤卦。有什么特点呢？朋友们看，所有东西都在大地上，庄稼在大地身上，房屋在大地身上，万物都在大地身上，大地包容量很大。厚，有一个很厚实的东西，我们人生活在上面，这就是坤卦。相应地，人应该怎么做？"君子以厚德载物"，我们就应该像大地一样，我们的道德、能力、知识就应当像大地一样把许多事物都包容下，中华文明正是这样。《易传》的解释很深刻。1921年，梁启超先生应邀到清华学堂做学术报告。他说，我今天给清华的莘莘学子讲《易传》里的两句话，一句话是"自强不息"，一句话是"厚德载物"，大家就以这两句话来自勉自立，来开拓创新，发展我们自己的事业。这两句话成为清华的校训。这个校训既反映了民族精神，又反映了个人的奋斗进取精神，既表现了继承祖国优秀文化，又要开拓创新，而且没有停顿，不断地积累知识，不断地丰富积累，心胸很广大，前进力度越来越大。

四种理论模式都是先秦时期的。公元前221年，秦统一六国，根据司马迁《史记·秦始皇本纪》的记载，他是第一位统一国家的皇帝，所以叫作始皇帝，他设想秦朝后面的二世、三世、四世乃至千世、万世而无穷。封建社会是中国的政治历史又一个特点，我们不回避封建专制主义，和春秋战国时期是不大一样的。在封建专制主义的政体之下，对这四种模式，又要利用，又要改造，要纳入封建主义的框子里去。例如到了清朝，乾隆时期修《四库全书》，为适合清朝统治者的需要，对所辑书籍大加删改。而乾隆时期的文字狱更令人可怕。某些方面可以说是盛世，有些方面恐怕也不能说是盛世。但是，在封建专制主义的政体之下，我们还有一些民族的精英，用鲁迅先生的话来说，就叫作"民族的脊梁"，他们继承了先秦时期的四种理论模式，加以发展。因此到这里我们就需要归纳一下。第一个特点，中国优秀的传统文化，不是神学。中国优秀传统文化有个特点，叫作"人学"，就谈"人"，四个理论模式都是谈的"人"，不是谈的神，而且把神排斥了。例如老子所谈的是什么人呢？是懂得自然而然道理的人；孟子所谈的是顶天立地的讲道德的人、有浩然之气的人；荀子所讲的是有实践经验的人;《易传》里面讲的是发展的人、自强不息的人。第二，中国文化中，在人的问题上没有原罪性的东西。什么叫原罪？生下来就带有罪恶降临人世了，再怎么样锻炼也不能进入美好的世界。中国文化里有没有原罪性呢？老子没有说哪个人有原罪就不能成为懂得自然之理的人，哪怕是小孩子，老子很欣赏小孩子，小孩子最纯真，他最喜欢，如果纯真得像孩子一样，则天下大治。儒家，例如孟子，他说有没有原罪？没有，人们发了善性，可成为圣贤。荀子认为人性恶，经过学习，去恶从善，也可以成为圣贤。儒家有四个字，"圣人调情"，不健康的感情要调整过来就行了，不是等于没有感情；"君子制情"，君子要克制自己不健康的感情，使感情能够符合道德的约束和要求；"小人纵情"，小人放纵自己的感情，那就不行了。对这三类，提倡第一类、第二类。这是第二个特点，我们没有原罪性的一些东西。第三，优秀传统文化里，在天道、人道的主题上面，各种理论模式都承认人应该是有信念的，人应该有信仰，人应该有精神支柱，用今天的话来说，人应该有价值取向，不能浑浑噩噩。这个信念是多种多样的，老子就讲，人道学天道就是信念，这是人的最高境界。孔、孟、荀也提倡人要有信念。这个信念到了宋代，范仲淹表述得很好："居庙堂之高则忧其民，处江湖之远则忧其君，是进亦忧，退亦忧。然则何时而乐耶？其必曰：先天下之忧而忧，后天下之乐而乐乎。"这是民本主义，老百姓为本，虽然还不是近代的民主思想，但在封建专制主义下也有这样的思想，被民族的脊梁所继承、所发展。后来在封建社会的发展进程中，各种理论模式观点都离不开这四种最基本的理论形态。外来的宗教传到中国，例如佛教从印度传入中国，和中国本土文化融合起来，成为中国佛学，这是很有趣的。

三、民族复兴与优秀传统文化

关于这个问题，我分三个问题来讲：

第一个问题，民族的伟大复兴与优秀传统文化。孙中山先生作为民主革命的先行者讲的是"振兴中华"，民族复兴和这个一脉相承。民族复兴，大致有三种含义：第一，是我们国家要振兴，要现代化。对于中华民族来讲，提民族振兴，非常自然、非常符合逻辑、非常符合历史实际。被外国侵略者压迫了一百多年，我们为什么就不能提出民族复兴、民族振兴呢？这是共同愿望，现在具体道路已经找到，民族复兴正在逐步地实现，所以提出民族复兴这个口号有深厚的历史根源，又有重大的现实意义，也是团结海内外中华儿女的最合理、最有力的一个战略口号。第二，中华民族要自立于世界民族之林，和世界其他民族处于平等地位，中华民族历史上曾有一百多年与世界其他国家没有平等地位，老是屈辱的，所以 1949 年第一次政治协商会议开幕词里，毛泽东讲中国人从此站起来了，意义重大，很重要。第三，要为人类文明多作贡献。有的报刊上讲，什么是民族复兴呢？就是要恢复汉、唐雄风。汉代，中华民族的文明处在世界最前列，唐代也是如此。但是，今天我们的文化复兴，我觉得不是一个恢复汉、唐雄风的问题，把汉朝那些文化全部搬到今天来也不行，搬不来；唐朝那一套文明全都搬来，也不能。所以文化复兴包含这样几个意思：一方面我们要宣传优秀的民族文化，对我们的民族文化不能全盘否定，但是它的不足、它的糟粕，我们也不去宣传它。要发展的，如果不发展、不继承，我们国家要有文化复兴是不可能的，这是基础。第二个方面，我们要向全人类优秀文化学习，对我们有用的，对我们有借鉴意义的，全人类的优秀文明都要学习。怎么学习呢？就在先进文化指导下学习，很明确。先进文化是社会主义建设过程中，我们的建设经验、实践经验的一种理化结晶。民族的文化没有发展、没有创新，光抓住我们自己优秀传统文化那么一点，或西方优秀传统文化那么一点，恐怕不够。这一方面有待于努力，创造出和我们时代完全相符的，我们时代的先进文化，这个任务已经提出来了。

第二个问题，就是科学技术的发展与优秀传统文化。这个问题今天很突出。21 世纪，信息科学、生命科学、材料科学的发展给人类的生活带来巨大的变化，引起观念上有哪些变化，很难预料。我们从少年身上都已经看到，上网为学习提供了很多方便的条件，但是有个担忧，如果引导不好的话，小孩子迷恋于网上游戏、聊天，就有可能被引到邪路上去。这个问题究竟怎么解决？ 2000年 8 月，江泽民同志在北戴河请了几位世界上著名的科学家谈话，谈话的主题就是讲信息科学和生命科学的发展，提出了很多问题。诸如人自身的尊严问题，克隆人的问题，健康的遗传问题，生态的平衡问题，还有环境的保护问题，还有隐私问题等。江泽民同志在那次座谈会上就讲，如何区别网上哪些信息是真实的，哪些信息是歪曲的，科技本身难以做到这一点。在科学技术迅猛发展的今天，究竟和传统文化的关系怎样，值得讨论，不光是价值观念的问题。在西方，20世纪有很多新的伦理学产生了，比如科技伦理、环境伦理、法律伦理，这些都是过去没有的新兴的科学，还没有完全移植过来。这样的情况，我们就不得不联想到，如果青少年对优秀传统文化，特别在做人方面，记住一些内容，记住一些名言，懂得里面一些深刻的道理，上网以后，痴迷的程度就会减少，而且他把做人放在第一位，就会减免网上被欺骗、引诱的危险性。我们中学教材里优秀传统文化的分量很小，有些中学生到外国去读中学，据媒体披露效果并不好。所以面对新的科学技术，我们也要学习，而且力争走在世界前列，其中有一个不可少的东西，我们已经有了几千年在做人方面、研究社会和自然方面已成型的东西，我们为什么不拿来对青少年进行教育，让他们多一些理论的武器，更准确地学习世界的先进科学技术？我们做得还不够。在21世纪初，谈我们民族精神和优秀文化，不能不谈到科学技术的迅猛发展以及和优秀传统文化的关系问题，值得研究。

第三个问题，经济全球化与民族优秀传统文化。报刊上对此问题研究的文章比较多，我国已经加入了世界贸易组织，西方的出版物、电影大片等越来越多。我作为一个教育工作者，有这样的看法：一方面，西方大众文化进来了，不要太担心，凭这些东西把中国的青年人完全西化，不大可能，其中有健康的东西，还可以吸收进来，消化成为我们自己文化的内容。20世纪80年代开始的时候，大家也担心开放以后，外面进来一些东西，对我们本土文化冲击很大，那怎么办？经过20年的考验，看来担心是不需要的，另外一种文化完全代替我们中国自己的文化看来是不可能的。到2003年，学界很多朋友在很多座谈会上都有这样一个体会，对世界文化，包含西方文化，我们了解得并不多，对西方，比如美国的政治、经济、哲学了解得还是比较少的。对人类文化了解得越多，有了比较，对本国的民族文化会更加珍惜，在借鉴和研究上会更有深度，更有感情。另外一方面，对本国的主体文化研究得越深，对西方文化越有鉴别力，哪些是健康的，哪些是不健康的，哪些取，哪些舍，越有鉴别力，越能准确地吸收它的优点，弥补自身某些方面的不足。必须要有这个根基，没有祖国优秀传统文化的根基，完全向外面学，缺少鉴别力，就可能走一些弯路。在这个问题上，从理论上概括出以上两句话，可能是我们当前搞历史文化的一些学者的共识。21世纪初，我们遇到的这些问题都是过去没有遇到过的。党中央提醒我们要与时俱进，就是说在新的问题、新的情况下怎么看祖国的优秀文化。只有正确对待传统文化，扬长避短，才能真正实现中华民族的伟大复兴。

（讲座时间　2003年）

刘梦溪

中国传统文化如何在
今天发用

刘梦溪

刘梦溪，1941 年生。思想文化史学者。中国艺术研究院终身研究员，中国文化研究所所长，中央文史研究馆馆员，中国文化史和学术思想史方向博士生导师，《中国文化》杂志创办人兼主编。

研究方向为思想文化史、明清文学思潮和近现代学术思想。主要著作有：《学术思想与人物》《红楼梦与百年中国》《论国学》《中国现代学术要略》《中国文化的狂者精神》《陈宝箴和湖南新政》《陈寅恪的学说》等。曾编纂《中国现代学术经典》。

一、开题引言

各位上午好！甲午的春节、上元节（元宵节）刚过，这么多的朋友就能够一起来探讨学术问题，很是难得。今年（2014）是甲午年，西方史学有一个理论，这个理论很重视历史时刻，就是在历史上有一些事件发生在什么时候，跟这个历史时刻是有关系的。如果用这个理论来看，对中国而言，这个甲午年是一个比较特殊的年份。

　　在这次甲午的双甲子之前，1894 年发生了中日甲午战争。那不是一场寻常的战争，是一个称为老大的"中华帝国"败在了当时中国人都不大容易看得起的，所谓"蕞尔小国"的日本的手下，而且败得很惨，北洋水师全军覆没，陆上一开始也在朝鲜半岛打了败仗。这件事情对中国的刺激非常大，在中国近代史上，这几乎是一个改变的前夜。正是由于1894 年的甲午战争，1895 年签订《马关条约》，从 1895 年开始，全国掀起了变法维新、力图改革的浪潮。这个浪潮持续三年，一直到 1898 年，光绪皇帝发表《明定国是诏》，决心全面改革，但是引发了光绪皇帝跟慈禧太后的矛盾。慈禧太后在 1898 年（戊戌年）的八月初六发动政变，把改革派的第一流的人物统统打了下去，谭嗣同等"戊戌六君子"被杀害，通缉改革派的思想领军康有为、梁启超，康、梁跑到海外，躲过劫难。但包括陈寅恪的祖父陈宝箴在内的大批变法维新人士，受到惩处以及杀戮，一场轰轰烈烈的改革失败了。当然改革失败后，历史还有后续的情况，我在这里不讲。总之就双甲子之前发生的中日甲午战争来讲，它在中国历史上是一个重大的转折点。

　　我已经是第三次在这里和各位探讨历史文化问题了。第一次是 2003 年，我讲的题目是"百年中国：文化传统的流失与重建"，讲中国从传统走向现代的过程。当时我提出一个问题，我说在中国近现代史上，一共有过三次现代化的努力。第一次是晚清政府以李鸿章为代表的洋务派所推动的，当时主要想建立现代的工厂，发展工业，购买洋枪、洋炮，使中国能够在和西方相比落后的情况下强大起来。那是一次近现代历史上改革的初步尝试，这个尝试也有成果，从1860 年到 1890 年，经过 30 年的努力，国家的状况发生了很大变化，一批最初的现代工业开始建立起来，特别是李鸿章建立了规模相当可观的北洋水师。但是这次现代化的努力，由于 1894 年到 1895 年的中日甲午战争，被日本人打断了，而且败得很惨。

　　中国近现代史上的第二次现代化努力，是在国民政府时期，即 1927 年到1937 年的这十年，当然，这期间还有另外的国内的状况，我且不说。这十年对国民政府来讲，是比较稳定的十年，中国现代工业的规模和基础有重大发展，文教的成绩更为突出，国际影响力也在提升，很多历史材料可以作为证据。但是 1937 年，日本发动全面侵华战争，使国民政府的第二次现代化努力被打断了，而且这个打断的时间非常之长，一直持续到 1945 年。如果从 1931 年日本人占领东北算起，前后经过了 14 年。这是一次世界性的战争，当然以日本战败而告终，但是它后续的遗留问题依然很多。第一次中国现代化努力被打断，甲午战争的战败，中国的损失非常惨重，向日本赔偿白银两亿两，实际的数字是23150 万两。更令人痛心的是，中国的第一宝岛台湾割让给了日本，直到 1945年日本战败，台湾才回到中国的怀抱。

中国近现代历史上的第三次现代化努力，是中国共产党领导的现代化的进程。这个努力如果从 1979 年开始，到现在已过了三十多年，大家也看到了这次现代化的进程所结出的丰硕果实，每个中国人都享受到了实惠。中国成为世界第二大经济体，引起全世界的瞩目，世界无法再轻看中国。但是这次中国的现代化进程，并没有完成，还是进行时。十年前（2004）我提出的中国这次的现代化进程，是否还会被打断的问题，仍然是值得继续思考的问题。当时我还补充了一句：这次现代化进程还会被日本人打断吗？

历史有时候甚至有点宿命，为什么前两次现代化努力，都是日本人打断了我们的进程？按照我个人的看法，这次中日之间的对立、矛盾、分歧，我们中国一方具有相当的主动权。而这些问题的解决，不仅在经济实力，不仅在国力，也不仅在军力，比这些更重要的是智慧。我们能不能处理好这次跟日本的纷争，关乎中国未来的命运。但是我观察到，在这个问题上，我们国内的各种思想分歧很大，没有形成统一的指向。几乎全国各个电视台都有军事节目，每天都在讲这个问题。我认为一些电视台的军事节目，随便发表言论，非常不负责任，有炒作的嫌疑。这是关乎国家核心利益的重大问题，有的军事节目却变成了娱乐大众的节目。如果用句古语，这无异于"以军为戏"。我很关注这个问题，十年前（2004）就提出过这个问题，现在这个问题更加迫切地摆在我们面前了。用什么样的对策来应对、来解决、来化解，需要极高的智慧。

中日之间的问题，不仅仅只有一个钓鱼岛问题，而是一个全面的经济的、政治的、文化的、外交的互动的问题。我们年龄大一点的人，曾经亲眼看到从20世纪50年代开始，老一辈领导人为了中日建立友好的关系，简直是苦心孤诣。大家会想起周总理，在20世纪60年代初，在我们经济困难的时候，就邀请日本的年轻人来访问中国。还有陈毅、廖承志等很多做这方面工作的人，他们不知道做了多少努力。我想他们一定看得很深，知道日本对于中国的未来有多么重要。

这个问题不是我今天要讲的重点内容，由于我们正处在甲午年的开始，正值上元节，如果我们关心国家利益，不能不想到这个问题。今天在座的各位领导朋友，如果对这方面问题有兴趣，不妨互相有些讨论。不能听任一些军事节目"以军为戏"。"以军为戏"就是以国家最重要的利益为戏。我们最不愿意看到的结果，就是给日本人一个"梯子"，使它积累某种"理由"，似乎"不得已"地走上全面军事化的道路。它的宪法不允许它这样做，但是它现在说受到了中国的"威胁"，以此获取民意的支持。这背后还有很多复杂的因素，需要研究国际关系问题的专家仔细斟酌。需要有大的智慧来处理这些问题，一会儿讲中国传统文化的一些基本价值，会涉及"和同"的理念，这是传统文化当中很重要的价值，跟我现在所关注的问题有所关联。

二、文化和文化传统

我在这个场合的第二次演讲中，讲的是历史跟当代文化之间互动的问题，探讨它们之间能够发生一些什么样的关联。我在那次演讲中曾提出：经济的问题在文化，文化的问题在教育。当代的文化建构，教育是最根本的问题。教育是需要从小来做起的，涉及全体民众，实际上是一个国家的普遍性的国民教育问题，所以非常重要。这个问题，当我们研究中国传统文化的价值理念如何在今天发用的时候，必然要涉及。我当时还曾提出，经济强国的建立，不能以牺牲文化的基本价值为条件。中国是一个"文明体"国家，积累了五千年的文明，有文字可考的历史有三千年。这样一个文化积层超厚的国家，一个有自己独自传统的国家，她的文化、她的传统，能够和今天没有关联吗？我们的古人创造的文明业绩，仅仅是过去的辉煌吗？其实在中国当代文化的建构当中，文化传统的因素一点不会失去作用，尤其是传之千年的文化价值理念，是当代文化建构的思想和精神的根脉与源泉。传统是割不断的，今天我们仍然站在传统的延长线上。

讲文化问题，需要有一个划分，就是文化传统和传统文化是两个不同的概念。传统文化是指传统社会的文化，包括那些汗牛充栋的文本典籍，包括地上地下无穷无尽的文明的遗存物，这是一个丰厚辉煌的文化存在。还有一个概念是文化传统。文化传统是指传统文化背后的精神连接的链条。传统文化可视可见，可触可摸，那些经典文本至今我们还在阅读，是取之不尽的民族的精神粮仓。文化传统则是看不见的，主要指传统文化构成的那些规则、理念和价值信仰。还有两个概念是"大传统"和"小传统"。文化的"大传统"是指传统社会占据主流文化位置的思想形态，譬如儒家思想，从公元前一百多年的汉武帝时期开始，直到清朝末年最后一个皇帝退位，前后两千多年的时间，基本上是儒家思想占据社会的主流位置。这就是文化的"大传统"。"小传统"是指民间文化、民间习俗和民间信仰。我们在不同的地域环境出生、成长，可以说每个人首先是在"小传统"里边浸泡过来的。所以文化的小传统包括生活的习惯和习俗，是惰性力更强的传统，根深蒂固，不容易改变。大传统倒是由于经常被检讨而发生扩充与变迁。中国的东汉魏晋时期、隋唐时期，虽然儒家思想的地位没有遭遇根本动摇，但佛教的传入，本土宗教道教的产生，使之呈现出三教并立的局面。当然由于儒家思想的包容

明代素胎漆金三教合一像

性，最终形成了"三教合一"的思想传统。而宋代的文化传统，则是出现了前
所未有的思想大汇流。宋明理学吸收了佛教特别是禅宗的思想，也吸收了道教
和道家的思想，是三家思想汇流的产物。这是文化史上一个国家的文化大传统
整合、充实、变迁的显例。

历史发展和文化变迁的过程中，也会发生文化振荡。比如晚清的时候，西
方的文化思想大规模进来，我们这边准备不足，面对强势文化，未免有文化失
重的感觉，起而反思自己的历史文化，便觉得全无是处了。这种情况就是文化
失重。当时学习西方是必然的趋势，意识到自己的落后，是文化的觉悟和觉醒。
但本民族的历史地位不应忘记。后来又长时期地试图跟传统"彻底决裂"，这个
损失是太大了。当然历史的曲折，总是事出有因，有时甚至是无法避免的。是
非经久而论定，终于找到了正确的文化重建之路。现在不是这样了，改革开放
这三十多年以来，随着经济的发展，社会文化也在重构。而且当代的文化重构
是从"小传统"的重建开始的，最早是长江三角洲、珠江三角洲的经济先发区
域，民间文化、民间信仰开始恢复与重建。最近十年（2004—2014），随着传统
文化热、国学热，反思与整合"大传统"的学术思想活动受到学术界的重视。
儒家思想的地位被重估，传统文化和文化传统在重新认识。历史不能割断、世
界不能脱离的观念，为越来越多的人所认同。我今天要讲的，就是在此背景下，
我们如何认识和理解中国传统文化的一些价值理念，以及这些价值理念在今天
是否能够继续发用。

我主要想探讨，在中国几千年的文化传统当中，有没有一些稳定的、恒定
的、具有永久意义的价值理念。所谓具有永久意义的价值理念，就是指这些价
值理念不仅适用于一个时期、一个朝代、一段历史，而且适用于所有的历史时
间段；既适用于传统社会，也适用于当今的社会。不仅适用于北京人，而且适
用于广东人、河南人；不仅适用于中国人，其实也适用于全世界的人。因为凡
是具有永恒意义的精神价值，都必然具有普世的意义。全世界各个文明国家，
都有自己的具有永恒意义的价值理念，但在表述上、概念的使用上，不一定相
同。也就是"化迹"的不同。唯其不同，才需要对话交流，通过互相阐释，达

到理解和沟通。

下面，我从中国古代的典籍中，特别是最高经典"六经"里面，包括《易经》《礼记》《孝经》，以及孔子、孟子的著作中，梳理出一些价值理念，它们是几千年来一直传下来的，可以称之为永恒的价值理念，也可以说它们是具有普世价值的理念。我简单对它们作一些抽样的解释和说明。

三、诚信的意义

中国传统文化当中，有一些价值理念我觉得在今天尤其值得我们重视，比如"诚信"。诚信是中国传统文化里面非常重要的理念，孔子讲，"民无信不立""人而无信，不知其可也"。孟子也说，"朋友有信"。我们在《论语》和《孟子》里面可以看到，"信"被放在非常高的位置。

"诚"的概念，除了《论语》《孟子》讲过，《中庸》《大学》讲得更集中。《中庸》和《大学》是《礼记》里的两篇文字，相传《中庸》是孔子的孙子子思所作，《大学》是孔子的高足曾子所作，所以两书大量引用孔子的原话。《中庸》认为，诚是"天之道"，是"物之终始，不诚无物"。而想要做到"诚"，即"诚之者"，则是"人之道"。显然已经把"诚"视为天道和人道的核心问题。《大学》提出，修身、齐家、治国、平天下，必须从"正心诚意"开始，"故君子必诚其意""心诚求之，虽不中不远矣"。而且作为一个人，内有诚，外面才有信，"诚信"是连在一起的。《周易·乾卦·文言》也说："忠信所以进德也。"一个人的道德品性的提升，忠信是前提。"忠"是和"诚信"并提的价值理念，也可以说，有"诚"才有"信"，有了"诚信"，才能做到"忠"。

"诚信"也是具有普世价值的理念，全世界的人都不能不讲诚信。其实一个国家的对外交往，也需要以诚信来立基，并不是对外交往就互相搞欺骗，那也容易被人识破。

四、"敬"所代表的自性的庄严

还有一个我近年研究比较多的理念，也是中国传统文化里面非常重要的价值理念，就是"敬"。"敬"的意思，当然包括尊敬他人、尊敬师长、尊敬长辈，是为"敬"。但是"敬"的真正的内涵，并不是对他人而言，而是指一个人作为生命个体的"自性的庄严"，指人的内在性格、性体、本性，是一个人的内在性体的庄严，叫作"敬"。这个"敬"义，是人之为人的最核心的精神旨归，它体现的是人的自尊、自重，自我的人性庄严。

中国文化的一些重要的价值理念，仔细追寻会发现，它的价值的内核原来很多都与"敬"有关，譬如"孝"。有一次，孔子的学生问到底什么是"孝"，孔子说，现在人们以为"能养"就是"孝"，如果"能养"就是"孝"，那么犬马也"能养"，怎么解释呢？然后他说："不敬，何以别乎？"如果没有敬的话，人的所谓"能养"，跟犬马就没有区别了。在孔子看来，人的"孝"是以"敬"为旨归的，犬马则不是。所以长期以来，人们把对老人的"孝"称作孝敬，叫敬老，的确如此。

中国传统社会是以家庭为本位的社会，讲"三纲五伦"。"三纲"当中，有两纲都聚合在家庭。"三纲"即所谓"君为臣纲，父为子纲，夫为妻纲"。"三纲"在今天是不是还有用，这是一个值得讨论的问题，看在哪个意义上讨论。很多学者觉得，总不能在今天还提倡"君为臣纲，父为子纲，夫为妻纲"吧。但是，作为历史思想的研究来讲，"三纲"当中父子、夫妻这两"纲"都体现在家庭，则是历史事实。传统社会对官员的察选标准之一就是孝敬，如果一个人不孝敬父母，就没有资格做官。所以有一句老话说，"忠臣出孝子"。一个忠敬、诚信的人，一定孝敬父母；反之，能孝敬父母的人，才能成为忠于职守、仁爱天下的人。对父母的孝敬，作为一个人的品德来讲，是品德之本、品德之基，如果对自己的父母都不能善待，这个人就不可用。

传统社会有很多礼仪，包括家庭礼仪和朝廷的礼仪，最大的礼仪有两个，一个是拜天，一个是祭祖。拜天、祭祖都不是信仰，而是崇拜，崇拜和信仰是

不同的概念。拜天是为了表达对未知的敬畏，祭祖是为了表达对血统由来的追
怀和爱敬。孔子有一句著名的话，叫"祭神如神在"，意思是说，在祭祀的时
候，你要相信神是存在的，相信神是在场的。如果你在祭祀的时候还在想：神
存在不存在呢？就不会有诚敬之心，就是对神的不敬了。我们读《论语》可以
发现，孔子对超自然的力量不愿意多说，《论语》里有很多相关的记述，比如
"子不语怪力乱神""敬鬼神而远之""未能事人，焉能事鬼"等。有一次，弟子
的话题涉及生死的问题，孔子说："未知生，焉知死。"显得很不耐烦。显然对
生死问题，他不愿意多加探讨。但对于祭祀活动，孔子从不轻视。而祭祀活动
第一需要的，是一定要秉持"诚敬"的心态。这也就是《礼记·祭统》所讲的：
"诚信之谓尽，尽之谓敬，敬尽然后可以事神明，此祭之道也。""事神明"的
"祭之道"，关键是一个"敬"字。

    礼仪不仅存在于祭祀活动中，举凡社会的所有文明举措，都有一个礼仪的

北京天坛是明、清两代帝王祭祀皇天、祈五谷丰登的场所。图为北京天坛祈年殿

问题。礼仪其实是文明的指标，文明与不文明的重要区分，在于文明需要讲礼仪。孔子说："居上不宽，为礼不敬，临丧不哀，吾何以观之哉。"一切礼仪，如果没有"敬"，就不值得看了。所以礼仪的精神内核，也是一个"敬"字。我们在一些场合，需要穿合乎礼仪的服装，因此服装的作用，并不简单是为了避寒、保暖，它还是礼仪的一个标志。

我讲的"敬"这个价值理念，是非常内在的，是人的性体的一部分，属于自性的一种庄严。孔子在《论语》里讲："三军可夺帅也，匹夫不可夺志也。"战争当中军队的统帅被人家抓起来，或者被斩首，这个情况当然是有的。但作为一个普通人，他的"志"是不可以被"夺"的。"匹夫"指一个平民身份的男子，不管有没有文化，地位多么普通，他的精神世界的"志"，绝不能也不应该被他人夺去。过去对"志"这个字，有的解释为志愿、选择、理想、追求等，其实不是。人的志愿选择是可以改变的，大家知道鲁迅早年学医，后来变成文学家；郭沫若也是学医的，后来成为诗人、作家等。人的志愿或者工作方向的选择，是可以改变的。因此孔子讲的"不可夺"的"志"，必另有所指，指的是一个人的精神世界不可变异的东西。

20世纪的一位了不起的大儒，我称之为"儒之圣者"，叫马一浮，浙江绍兴人。他读书之多、学问造诣之深，当时很少有人能达到他的境界。当然他学问的根基不是史学，而是儒学和佛学。马先生对孔子讲的"匹夫不可夺志"的解释与众不同。他说，什么是"志"？"志"就是"敬"。这是他的一个独到的解释，这个解释启发了我。"敬"的本义，是自我性体的庄严、庄敬，也可以称作"自性的庄严"，当然不可以被夺走。这个人的内在的精神固性，是不可以夺的。

20世纪的史学大师陈寅恪先生，一生秉持"独立之精神，自由之思想"，这就是他的"志"，不可夺。1929年，清华大学要给王国维建纪念碑，碑铭是陈寅恪撰写的。陈寅恪认为，王国维的死是为了守持自己的独立的意志，使内心的庄严不被"夺"。所以碑铭里面讲，王国维的这种"独立之精神，自由之思想"，将传之永久。他的著作将来可能有不同的说法，"惟此独立之精神，自由之思想"，将"历千万祀，与天壤而同久，共三光而永光"。这种精神也就是"敬"，就是"自性的庄严"。

中国自古以来就有不吃"嗟来之食"及"不为五斗米折腰"的文化传统。孟子讲的"富贵不能淫，贫贱不能移，威武不能屈"的"大丈夫"精神，也是内在的庄严、内心的诚敬不可动摇。这就是"敬"，就是一个人的尊严和庄严。"敬"可以使个体生命的精神高昂地立起来。这个价值理念即使在今天也无比重要。有多少人在金钱面前，低下自己的头颅！以为钱可以带来一切。是这样吗？钱能使人幸福吗？有几个真正钱多的人是幸福的？钱能带来爱情吗？钱可以买来美色，但美色是不能长久的。色衰爱弛，色是暂时的，而真正的爱情是永恒的。钱能带来尊严吗？钱常常使人失去尊严。钱有那么重要吗？现在的人把钱看得太重，不择手段地敛取。最后呢？最后的结果大家都看到了。

我讲的"敬"，在中国古代是非常神圣的价值理念，孔子讲，孟子讲，"六经"里面讲，到宋代，程、朱等大儒讲得更多更系统。而且宋儒提出了"主敬"的概念。可是在当代社会，很少看到这种庄敬和庄严了。这在中国人的文化性格当中，是一个极大的问题。中国人的精神世界，那种庄严，那种不可夺的"志"，那种不可动摇性，那种千钧之力，有时候很少看到。到底是尊严重要，还是屈辱性的获得重要？绝对不是说只有有文化的人，才能保持内心的"敬"，所有的人都可以做到，所以才叫"自性的庄严"。是自性，本来就有的，不是外加的。人人都有自性，人人都可以保持内在的庄严。

《红楼梦》里面有很多丫鬟，她们没有文化，甚至不识字，但是她们很懂得礼貌。其实王熙凤也不识字，王熙凤胡作非为的事情很多，有劣迹，有命案，但贾母喜欢她，说凤丫头知"礼"，也就是懂得大家族的"礼"。当然她违背"礼"的地方也不少。而那些有个性的丫鬟，也懂得维护自己的尊严。一次贾赦看上了贾母的丫鬟鸳鸯，想娶她为妾，鸳鸯坚决不同意，采取了很多极端行为，表示抗拒，甚至当着贾母的面剪自己的头发。后来贾母制止了这件事，使贾赦的想法没有实现，这就是鸳鸯这个普通姑娘内心不可夺的"志"，也是她的"敬"，她的庄严。

我顺便再讲《红楼梦》里面另外一个丫鬟平儿，她是王熙凤的丫头。王熙凤虽然劣迹多端，但是她的所有的劣迹，都跟平儿没有关系。仔细研究《红楼梦》会发现，平儿是绝对忠实于王熙凤的，绝对站在王熙凤一边。但是王熙凤所有的劣迹，都跟平儿没有关系，这个做人的方略，以及内在的尊严非常了不起。有句成语叫作"同恶相济"，我们经常也会看到这种情况，但是平儿跟王熙凤的关系，是"相济而不同恶"。可惜《红楼梦》后面的故事没写到。我们可以设想，如果王熙凤犯事，涉及法律问题，我相信大观园里所有的人都会站出来说，凤丫头的事跟平儿没关系，都会给她作证。她一个这样位置的人，怎么能把跟主子的关系处理得这么恰当？我忠实于你，绝对地帮助你，不损害你的利益，但是你所有的坏事，都跟我一点关系没有，我还想办法把你做坏了的事情变得好一点，这种事例书里有很多。《红楼梦》写人物，我举的鸳鸯、平儿只是抽样而已，很多女孩儿为了自己的尊严，有的是为了爱情，做到了用生命去换得美善的精神价值。而为了换取精神的价值目标而敢于牺牲生命，这种对精神价值的追求其实就是信仰。

所以"敬"这个价值理念，可以说进入了中华文化的信仰之维。而且"敬"是跟"诚信"连着的。无诚则不"敬"；同样没有"敬"，也就没有诚，也就没有信。所以要讲中国传统文化的价值理念，以"敬"为带领的"敬诚信"，应该是中国传统文化当中最重要的价值理念。

五、"行己有耻"是立身之本

还有一个价值理念，也需要在今天提出来，就是"知耻"。《中庸》里面引用孔子的话说："好学近乎知，力行近乎仁，知耻近乎勇。"并且说，"知斯三者，则知所以修身"。这三句话是中国传统文化的"修身"要诀。它的措辞非常有趣：要成为一个智（知）者，一个聪明的人，需要好学，你是不是达到了智（知），我们先不管，只要你好学，就已经往智（知）的道路上走了，就是"近乎知（智）"；"力行近乎仁"，因为中国传统的思想主张知行合一，如果你光懂得理论而不去践行，这跟"仁"没有关系，"仁"需要实践，在行动上见出来；"知耻近乎勇"，一个人勇敢不勇敢，就自身而言，耻感非常重要，如果一个人不知耻的话，就谈不上勇敢了，如果懂得羞耻，已经接近勇敢。

"耻"的概念，其实是人作为人的一个文明指标。人的文明的表现之一是有羞耻心。"耻"字原来的写法是"恥"，左边是"耳"，右边是"心"。"耻"是一个人的一种生理和心理的现象，当耻感发生的时候，心里会不安，而表现在面孔上，由于血液冲涨，人会变得面红耳赤。耻感一生出来，面孔就会发生变化，所谓"满面羞惭"。

"知耻"就是孟子讲的"羞恶之心"。孟子说："无恻隐之心，非人也；无羞恶之心，非人也；无辞让之心，非人也；无是非之心，非人也。"他将羞耻心称为"羞恶之心"。如果我们读《论语》和《孟子》，可以发现孔子与孟子两个人的不同，孔子非常和蔼，像一位老人缓慢地在那里说话。他也有性格，也发脾气，但是他整个的论道、论理，是化作日用常行，用很容易被大家理解的语言来表达，会举很多例子，有很多比喻。但是孟子不同，孟子急切，禁不住要跟人辩论。他说："予岂好辩哉？予不得已也。"没有羞恶之心，就不是人，这个话只有孟子讲得出来。恻隐之心就是同情心，亦即不忍。而羞恶之心，就是知耻。孟子把这四个方面，叫作"四端"。"端"的意思，是指做人的开始。如果没有这四端，说明还不够一个"人"字。但孟子讲的"四端"，我们今天已经不容易看到了，人和人之间的同情心变成了稀罕物。见死不救仅仅是怕法律误判吗？我认为主要是缺少是非之心，缺少正义感，缺少同情心。一个人高马大的男子可以当众侮辱一个女性，大家围观，而无一人阻止，是非之心、恻隐之心哪里去了？羞恶之心哪里去了？

一个人本然地需要有羞耻之心，特别是有文化的知识人士，更需要"知耻"。所以孔子讲"士行"的时候，使用了"行己有耻"的概念。如果是一个有官位的士人，就更需要有羞恶之心，需要"知耻"，需要"行己有耻"。因为只有"知耻"，才能做到廉洁。知耻而又廉洁，简称为廉耻。明代的大学者顾炎武把廉耻视为立身之本，他说"士大夫之无耻，是谓国耻"。所以中国社会要讲价值伦理，"廉耻"是个最基本的价值理念。顾炎武说，如果无耻的话，将无所不为，耻没有了，什么事都敢做；如果不廉的话，将无所不取，什么都敢拿。廉耻这个中国传统社会的价值理念，在今天不仅没有过时，反而显得尤为重要。要讲当代社会的共同价值，我觉得"礼义廉耻"是最基本的。"礼义"前面讲"敬"的时候讲过了，"无敬不成礼"。在孟子那里就是"四端"中的"辞让之心"和"是非之心"。

"礼义廉耻"四个字，最早出自《管子》，管子是战国时期齐国的政治家，他说礼义廉耻是"国之四维"。"礼"其实是文明秩序，"义"是社会的正义公平，"廉"是节俭廉洁，"耻"是自我的道德自律。"礼义廉耻"是需要直接践行的价值伦理，所以孔子以"行己有耻"概括之。过去有句话叫"廉耻道尽"，没有了廉耻，这个社会就不好治理了。

六、"恕道"的异量之美

"恕道"是孔子的思想。一次孔子的弟子子贡提出一个问题："有一言而可以终身行之者乎？"有没有一个观念一个人一生都应该践行？孔子说有，这个观念就是"恕"，宽恕的恕。它的含义孔子也有解释，就是"己所不欲，勿施于人"。"恕""己所不欲，勿施于人"，可以看作中国文化的至高的价值理念。这个价值理念规范的是人与人的关系。其实就是人与人相处，应该设身处地，将心比心，换位思考，自己不喜欢、不希望的东西，就不要强加于人。

宋代的思想家程颢、程颐，对"恕"的解释有一些很好的比喻。为了做到恕，甚至可以"易子而抱"，就是把别人的孩子当作自己的孩子来养，来培养自己"恕"这种道德理念。"恕"这个价值理念，是中国文化的博大胸怀的体现，证明在中国文化里面，有一种异量之美，能够同情他人，尊重他人，宽恕他人。西方对孔子的"恕"的思想评价很高，认为"己所不欲，勿施于人"应该是属于全世界的道德金律。

七、论"和同"

　　还有"和同"的价值理念，在中国文化里面同样非常重要。中国文化倾向于不把人与人之间的关系弄得那么紧张，那么不可调和。"和而不同"是中国人面对这个世界的总原则。不同，也可以共处于一个统一体中。人与人的差异，中国人和外国人的差异，真的有那么大吗？从学理上来分析，我认为差异是第二位的，相同之处是第一位的。

　　我在 20 世纪末，1999 年，有一段时间在美国哈佛大学做研究。我和哈佛大学的很多教授都有对话，其中有一个对话，后来我整理出来发表过，是一篇两万多字的文章。我对话的对象是哈佛大学费正清中心的史华慈教授，他是一个法裔犹太人，懂七八种文字，早年研究日本，后来研究中国，学问做得非常好。他研究的主要课题是"跨文化沟通"，主张人和人之间，不同的文化之间，不同的族群之间是可以沟通的，这是他追寻的一个最重要的文化理念。他也觉得这个世界不需要那么对立，大家有什么不可以沟通的？他跟我谈话当中提出一个理论，他说语言对于思维的作用，并不像人们想象的那么大。这个过去我从没有听说过，因为语言是思维的工具，没有语言还能思维吗？当然我们也了解，小孩子画图画也是一种思维。史华慈教授为了倡导跨文化沟通，试图在理论上有新的建构，他的这个理论想证明一个问题，甚至语言不通也不是人们交流的一个完全的障碍。当时我能够给他提供的一个例证，是语言不通也可以发生爱情。

　　不同的文化可以沟通，不一定那样对立，这是中国文化一向的主张。宋代思想家张载，一个非常了不起的大学者，关中人，他有名的四句教是："为天地立心，为生民立命，为往圣继绝学，为万世开太平。"这四句话气象大得不得了。试想，"为天地立心""为生民立命"，这是何等怀抱！大家知道中国文化当中有民本思想的传统，关注生民的利益，是每个知识人士、每个为官的人必须做的。所以过去的县官叫作"父母官"，民之父母，他当然要关心民的利益。张载讲的"为生民立命"，来源于孟子的思想，因为孟子讲过"正命"，即正常地生，正常地活，正常地死。不要让民众过不正常的生活。"为生民立命"的意思在此。最后的指向，是"为万世开太平"。这是张载很有名的四句教，叫"横渠四句教"。但是大家不会太留意，张载还有另外的四句话，我叫它"哲学四句教"。这四句话是：

　　有象斯有对，

　　对必反其为，

　　有反斯有仇，

　　仇必和而解。

　　这四句话讲的是哲学，是一种宇宙观，是对整个宇宙世界发为言说。这个世界上，有无穷无尽的一个个的生命个体，可以称作"象"，这些"象"，有动物的，有植物的，每个象都不同，真是万象纷呈。"有象斯有对"，说的就是各个"象"的不同。即使是美丽的女性，也有不同的美。所以古人有一种说法，叫作"佳人不同体，美人不同面"。西方也讲世界上没有完全相同的两个生命个体。

　　"对必反其为"，是说一个一个的"象"不是静止的，而是流动的，由于不同，其运行、流动的方向也不相同，甚至有时候运行的方向会相反，所以会出现"有反斯有仇"，发生互相间的纠结。这个"仇"字，古代的写法是"雔"，左边一个"隹"，右边一个"隹"，中间是个言论的"言"。"隹"是一种尾巴很短的鸟，"雠"字的本义是两只短尾巴鸟在叽叽喳喳地讨论、争论、辩论。这个"雠"字，也就是"校雠"的"雠"。我们都有过校书的经历，真是很难的事情，所谓无错不成书，很难一个字都不错。古人的"校雠"更是一件大事，古人刻书很认真，一点一点地校，你拿这个本子，我拿那个本子，互相讨论。"雠"则是对校对中发生的问题，互相讨论，互相辩驳。但两只短尾巴鸟互相辩驳的结果，并不是这只鸟把那只鸟吃掉，而是达成共识，或达成妥协，求同存异，走向"仇必和而解"。这是中国文化对世界的最基本的看法。这个世界有差异，但是差异不必然发展为冲突，冲突不必然变成你死我活，而是可以和而解的。用这个思想来看待世界，不是可以减少很多麻烦吗？当然，不是一方面的问题，而是彼此双方的问题，所以需要沟通对话。"有反斯有仇"，就是沟通对话、互相校正的过程。

对话需要智慧。2005 年学术界去世的一位长辈，人类学家、社会学家费孝通先生，他在晚年也有过四句话：

各美其美，

美人之美，

美美与共，

天下大同。

他讲的是文化问题，意思是说，世界上的各种文化都有它的长处，"各美其美"，是指首先要看到自己文化的长处，不自卑，不失重，不妄自菲薄；"美人之美"是说光看到自己文化的长处还不够，还要看到别人文化的长处；各种文化的优长互相吸收，众美相合，就是"美美与共"；如此的结果，将是期待的"天下大同"。这四句话的关键是头两句，既要"各美其美"，也要"美人之美"。看到自己的长处容易，难的是也看到别人的长处。中华文化当然有自己的长处，这些长处我们慢慢地会把它发掘出来，叫它们在现代社会里发用。但是，美国文化也有它的长处，美国的历史虽然短，但是美国文化的影响力我们不能轻看。欧洲、日本、韩国的文化，也都有自己的长处。欧洲不用说，日本文化的长处也是明显的，它是世界上最讲卫生的民族，也是一个长寿的民族。所以，我们学习文化史也好，学习文化学理论也好，费老的这四句话非常重要，这是老一辈文化学者对这个世界的期待。

这个世界能走向和解吗？ 21 世纪已经过去十几年了，20 世纪是纷争的世纪，发生了两次世界大战。21 世纪人类还要被这些灾难吞噬吗？人类不可以用自己的理智和智慧使这个世界走向和解吗？中国文化里面"和同"的思想，就是要你正确认识这个世界的生存状态，认识人类自己，以寻找解决之道。当然也不是一味跟人家讲"和"，人家欺负到门上来了，中国人也有勇气和智慧战胜那些残暴的势力，这个已经为历史所证明。但是，我们主张这个世界应该更好些，应该更和谐，应该有话好好说。

我国另一位了不起的大学者钱锺书先生，早年写了一部著作叫《谈艺录》。1948 年该书出版的时候，他在序言中写下这样两句点题的话：

东海西海，心理攸同；

南学北学，道术未裂。

在钱锺书先生看来，东、西方文化虽有所不同，但不论东方人还是西方人，其心理的指向常常是相同的。比如说人类都不喜欢灾难，都喜欢美丽的东西，喜欢蓝天、白云，不喜欢雾霾，不喜欢恶的东西，喜欢善的东西，人其实都是这样。所以中国文化的"和而不同"的价值理念，今天需要用大智慧把它弘扬开来。

八、中华文化的包容和清代的"闭关锁国"

中华文化本身是一个多元共生的系统，它的最大特点是具有包容精神。中华文化的伟大，中华民族的伟大，在于她的无所不包容。中国只是在近现代落后了，落后的原因，一言难尽。

唐代为什么那样强大？唐代是一种多元开放的格局，它有博大的胸怀，西域人、胡人可以到朝廷来做官。唐朝长安的街上，到处奇装异服，没有人限制。女性打扮得非常漂亮，有一段时间，女性把自己的面孔都涂成黄土一般的颜色，所谓"赭色"，眉毛和眼睛也都画得很夸张。当然也有一些学人和诗人担心中华文化受到"胡风"的冲击，例如元稹、白居易写诗表示过担忧。当时有一本笔记叫《东城老父传》，笔记的后面一段担心地说："长安少年有胡心矣。"说明中亚和西域的文化对中华文化产生的影响是巨大的，但它带来的是唐代的开放、开明、繁荣、强大。

中国落后的根子在清代，清代有很多可圈可点之处，在国家版图的确定方面贡献巨大，但是清代中叶，在经济发展壮大的时候，却对外关上了国门。清代中叶的经济规模在当时的世界是一流的，但是他关闭了跟西方的通道。1793 年，英国的特使马嘎尔尼以给乾隆皇帝祝寿的名义，带了很多礼品，想拜见乾隆皇帝。但在以何种礼仪拜见的问题上发生了争论，争持了很长时间，差不多有一个月。清朝一方要求施以跪拜之礼，英国人不同意，说他们对女王也仅是屈一膝，跪拜之礼无法接受。最后乾隆在避暑山庄接见了马嘎尔尼，到底施行的什么礼仪，记载不一致。有的说是屈一膝，有的说龙威庄严，英使一见就下跪了。说法不同，变成一个八卦了。但礼物是收下了，大约值 1700 英镑的礼品，数额不算少。清廷还礼送给马嘎尔尼一个玉如意，这个玉如意在今天就不是 1700 英镑可能买来的了。英使来的目的，并不是为了跟中国闹纠纷，而是希望建立稳定的长期的商务关系，方式是签一个正式的协议。结果没有谈成，一无所获地回去了。

现在马嘎尔尼的日记已经翻译出版，他在里面讲，在他们看来，是清政府犯了一个很大的错误。直到后来人家打上门来了，中国的大门才不得不打开，不是自己主动打开，是被人家的坚船利炮撬开的。然后就是不断地割地、赔款，不断地签订受欺负的条约。以我对清代历史的看法，清中叶以后的闭关锁国，罪莫大焉。就一个国家而言，"落后就要挨打"这句话，可谓经典名言，而挨打的显例，则是清朝。

九、国学和国民教育

中国百年以来文化上走过的曲折道路，我前两次演讲中讲过了。最近几年出现的"传统文化热""国学热"，一定程度上是对历史发展中文化遗漏的补课。现在主张现代化跟传统文化没有关系的人，是越来越少了。但是传统文化如何在今天发用，是我们当下需要深入探讨的问题。我讲的传统文化中有那么多美好的价值理念，怎样使它们变成当代文化建设和价值重构的有效资源？这是一个长期的思想精神建构的过程，不会立竿见影。这是一个大战略，不是小技巧。此事涉及中国人做人和立国的基本道德构成问题，得一点一点地做起，短期内不可能一下子建立起来。

我在这方面的一个主张，是认为小学、中学和大学的一二年级，应该开设国学课。我的理解，国学的主要内涵应该是"经学"和"小学"。"经学"就是《诗》《书》《礼》《易》《乐》《春秋》"六经"，《乐经》不传，保留下来的是"五经"。"小学"包括文字学、训诂学、音韵学。文字学，就是读书识字；训诂学，是解释字义，懂得内容；音韵学，是要求对每一个字有正确的读音，念得准，明四声，知韵律。"小学"就包括这些内容。按清儒的说法，小学是进入经学的必要途径。而中国历来的充满智慧的那些价值理念，主要的都在"六经"里面。

孔子和孟子讲的思想，追其根源是从"六经"里来的。"六经"的文本经过了孔子的整理和删订。《诗经》原来有一千多篇，孔子整理删订为三百零五篇，简称为"诗三百"。而《春秋》相传为孔子所作，或者鲁国原来有一部记载鲁国历史的《春秋》史稿，孔子最后修改增补定稿。《易》究竟是谁作的？按孔颖达的说法，是伏羲画卦，文王演易。即卦辞、爻辞是文王所作。孔子作的是十翼。"彖辞""象辞""文言""系辞"等属于"十翼"。《易经》实际上应该居于"五经"或者"六经"之首，它最高地集中了中国文化的精神层面的东西，仔细地追寻，它里面确有很多最高智慧的结晶，如果我们不是仅仅把它当成"卜筮之学"，而是当作中国价值伦理最早的渊薮的话，我们能够从中学到很多宝贵的东西。《礼》是三代之礼的集成，里面记载了西周时期的许多规仪和范式。《荀子》的"礼论篇"说"礼"就是上事天，下事地，尊先祖，隆君师，大体不误。礼的功能主要是维护社会秩序，以求治体的长治久安。《礼》有三礼，一为《周礼》，一为《仪礼》，一为《礼记》。就阅读的方便而言要推《礼记》。《礼记》又分"大戴礼"和"小戴礼"两个版本，篇数不同。"大戴"是戴德所传，"小戴"是戴胜所传，他们都是汉代的学者。后来作为"三礼"之一的《礼记》，版本为"小戴礼"。当然"大戴礼"学者也经常引用。《书》指《尚书》，是夏、商、周三代的文献汇编，文字最艰涩难读。

"六经"有多么重要？按中国的一些大学者的看法，我刚才讲到马一浮，他当然是这个主张了。还有一位跟他齐名的大学者熊十力，当然还有梁漱溟，梁、熊、马被称为新儒学的"三圣"。熊十力先生在《论六经》中说，"六经"是中国人立国和做人的基本依据，我非常服膺他这句话。按马一浮先生讲，所谓

"国学"实际上就是"六艺"之学。"六艺"这个概念，就文本来讲，指的就是"六经"，作为施教来讲，可以叫"六艺"。马先生认为，国学就是"六艺"之学。为什么这么说？只有把国学理解为"六艺"之学，才能跟全体民众发生关系。我们过去长时间认为，国学就是中国固有学术，固有学术就是先秦的诸子百家之学、汉代的经学、魏晋南北朝的玄学、隋唐的佛学、宋代的理学、明代的心学、清代中叶的朴学等。这是中国学术史的流程。如果中国学术史就是国学，这是非常专业的领域，一般的民众不可能进入，也不一定需要进入。但是如果把"六经"，把孔子和孟子的思想视作国学的主体的话，就跟每一个民众都会发生关系了。

中国文化里面最核心的价值理念，都在《论语》《孟子》和"六经"里面。所以，我早期提出，在小学应该开国学课。后来香港中文大学原校长、国际上有名的文化社会学家金耀基先生，他在给我的信里说：你提出了重要的问题，你是试图在现代的知识教育之外补充上价值教育。但是他进一步说，何必只是小学呢？他说在他看来，中学和大学也许更重要。他这么一讲，把我的看法提升了一步，我接受了他的观点。我在后来的论述当中，主张国学课不仅小学要开，初中，高中，大学一、二年级都要开。而且要有文言文的初步的写作练习。文言文的练习有什么好处呢？它可以保持文本的庄严。如果有文化的中国人都能写一点文言，尤其是某种职务的要求，比如说要写外交文告或者国家的重要文告，有一点文言的进入，就会增加文本的庄严。

国学教育如果以"六经"为主，而且从《论语》和《孟子》开始，把这样的教育变成国民教育的一部分，就是最需要的和最基本的价值教育。这样持以时日，慢慢地就可以改变、补充上现代教育只重知识的缺陷。现代教育的建立，最大的缺失就是丢开了价值教育。大家读过韩愈的《师说》："师者，所以传道、授业、解惑也。""传道"就是价值教育，"授业"是专业知识的传授，"解惑"是讨论回答问题。现代教育基本上是知识的教育，当然有它的好处，但"传道"这一块没有了。有人说西方不传道，这是误解。其实西方也传道，只是传道有另外的系统，通过教会来完成。中国的传道，过去是通过书院，通过家庭，通过官员的为政来进行。中国古代的各级官员，也是教民之官，他们都是文化水平很高的人。但在现代社会，传道即价值教育这部分缺失了，这是我们今天亟待补充的教育内容。当然，我们的价值缺失，不仅包括传统价值的缺失，也还有现代文明的理念、文明的方式的缺失，这是另外的问题，涉及不同文化系统的对话、交流和吸收，如何到达文明不仅共存而且共享。今天讲到这里，不对之处请各位指教。

（讲座时间　2014 年）

唐翼明

魏晋人文精神

唐翼明

唐翼明，1942 年生，湖南衡阳人。知名学者、作家、书法家。1982 年进入美国哥伦比亚大学东亚语言文化系，师从国际著名学者夏志清先生，获硕士学位（1985）、博士学位（1991）。1990 年赴台湾，任教于"中国文化大学""台湾政治大学"，是赴台湾开讲大陆当代文学的第一人。2008 年从"台湾政治大学"退休，定居武汉。现任华中师范大学特聘教授、国学院院长、长江书法研究院院长，武汉大学国学院兼职教授，江汉大学人文学院讲座教授，武汉市文史研究馆馆员。

著有 *The Voices of Wei-Jin Scholars: A Study of Qingtan* 及《古典今论》《魏晋清谈》《魏晋文学与玄学》《唐翼明解读〈颜氏家训〉》《大陆新时期文学（1977—1989）：理论与批评》《大陆"新写实小说"》《大陆当代小说散论》《大陆现代小说小史》，回忆性散文集《宁作我》《时代与命运》等多部作品。

一、魏晋南北朝时期在中华文明发展史上的意义

魏晋南北朝时期指的是从汉末三国起，到隋朝统一中国为止的一段长约400年（220—589）的历史时期。第一段是三国，大约50年；第二段是西晋，也大约50年；第三段是东晋，大约100年；第四段是南北朝，大约170年。从东晋开始，长江以北就成了少数民族的天下，先是建立了若干小国，历史上叫作"十六国"，后来则有北魏、东魏、西魏、北齐、北周等朝代。魏晋南北朝当

中，真正最有活力、最有创造力的就是前 100 年，所以我们常常把魏晋南北朝简称为魏晋。

中国人认为，人间的社会伦理是参照天地而塑造的，所以上有天文，下有地文，中间有人文。中国早期典籍《周易》里面就有"观乎人文，以化成天下"的话。但是"人文精神"一词却是结合了西方的思想观念，于近代提出来的。所谓"人文精神"就是以人为本，重视个体的价值。儒家思想当中就有浓厚的人文精神，我们今天读《论语》都可以感受到。

魏晋时期，中国的人文精神得到空前的发展。但是长久以来，在学术界，乃至普通人心里，都认为魏晋南北朝政权更替频繁，是一个不太重要、不太光彩的时期，甚至误以为这段时期没有多少贡献，所以对魏晋南北朝我们听到的往往是负面的评价多于正面的评价。这个看法其实很错误，事情往往是辩证的，混乱不见得没有贡献，稳定也不一定就有贡献。事情常常是两面的，英国文豪狄更斯有一本著名的小说叫《双城记》，开头就说："这是一个最好的时代，也是一个最坏的时代（It was the best of times，it was the worst of times）。"我觉得用这两句话来形容魏晋南北朝真是再恰当不过，一方面这的确是一个混乱的时代；但另一方面，这也是一个相对自由的、民族创造力蓬勃发展的时代。

几十年前，著名学者宗白华曾经说过：这是一个很热烈的时代，充满艺术气氛的时代，令人想起欧洲的文艺复兴。章太炎先生也很重视魏晋南北朝。他认为魏晋南北朝的学术最发达，魏晋人的文章也写得最好。鲁迅先生也非常欣赏魏晋时代，他特别推崇嵇康。他在没有投入新文化运动以前，曾经有十几年在教育部做事，利用业余时间搜集、订正、编辑出版了近代最完备的一本《嵇康集》。

魏晋南北朝时期在中华民族整个文明的发展中有极其重要的地位，尤其在民族和文化的融合上、精神的更新和创造上，是一个贡献很大的时代，对中华民族后来的发展影响极其深远，任何忽略和贬低魏晋南北朝时期的观点都是完全错误的。

关于魏晋南北朝时期的重要意义，我们可以放在中华民族文明发展的纵向坐标上看，也可以放在全世界各大主要文明发展的横向坐标上加以比较。从纵向坐标上看，魏晋南北朝时期是中国思想史上、精神文明发展史上最关键的三个时期之一。这三个时期分别是战国时代、魏晋时代和清末民初一直延续到现在的这个时代（或称"五四时代"）。战国时代是中国文明的奠基时代，或如冯天瑜先生所讲的，是中华文化元典产生的时代；魏晋时代则是中华文明的进一步扩大和转折的时代；而清末民初则是中华文明由传统转入现代的过渡时代。

从横向坐标看，战国时代相当于西方学者所说的"轴心时代"（The Axial Age），而魏晋则相当于西方学者说的"文艺复兴"（The Renaissance），"五四"就是"现代化运动"（The Modernization Movement）了。

德国思想家卡尔·雅斯贝斯在《论历史的起源与目标》一书中第一次把公元前500年前后同时出现在中国、西方和印度等地区的人类文化突破现象称之为"轴心时代"。这一阶段，人类的几大古老文明，同时出现哲学上的重大突破，涌现出一大批伟大的思想者，为这些民族编织了一张意义之网、价值之网。希腊出现了苏格拉底、柏拉图、亚里士多德等。犹太文明在这一段时期，也出现了一批先知，最后出现的是耶稣基督；印度文明产生了释迦牟尼；中国文明在这一时期出现了孔子、老子、孟子、庄子、荀子、韩非子等思想家。所以，中国的战国时代相当于世界史上的这个"轴心时代"。

欧洲的文艺复兴发生在14世纪左右，最早出现在意大利，口号是复兴希腊罗马的古典文明，旗帜则是理性主义与人文精神。当时涌现出一大批艺术巨匠、学者、科学家等，如达·芬奇、米开朗琪罗、拉斐尔等。文艺复兴带动了人文精神的发展和个体意识的觉醒，以人为本代替以神为本，促进了现代科学的发展及现代工业的成长。由此开始，社会结构也发生了变化，中产阶级成为西方最庞大的阶级。中国在魏晋时期也发生了一场文艺复兴，目标是复兴先秦的诸子百家，其结果也是推进了理性主义与人文精神的发展。中国的文艺复兴比西方早了1000年，虽然影响不如西方大，但对中华文明的发展则是极其重要的，不容低估。最近汤一介先生有一个讲话，他说冀望中华文明出现一个新的轴心时代。我很理解他的意思，但是我更倾向于把这个意思表述为：冀望中华文明能出现一个新的文艺复兴时代。

二、士族阶层的兴起与社会结构的改变

　　魏晋南北朝是一个一方面分裂动乱、一方面又自由活泼的时代，造成这个两面性的根本原因，是中央政权的相对弱势和地方势力的相对强大。为什么那个时代中央政权会比较弱势而地方势力会比较强大呢？这里面的因素当然很多，其中一个很重要的因素，是从东汉以来，地主阶级内部出现了一个新的阶层，历史学家通常把这个阶层叫士族阶层。士族阶层到魏晋时已经发展得很成熟，若干士族变得很大，几乎垄断了当时社会的政治、经济、文化各方面的资源。

　　讲到士族，我们不得不提到董仲舒。董仲舒是个很有头脑的思想家，他向汉武帝提出了两个根本性的建议。一个建议是"罢黜百家，独尊儒术"，把儒家的地位提高到百家之首，经他改造过的儒术成为汉朝的国家意识形态。另一个建议是劝汉武帝兴办太学。太学里面只教儒家的"五经"，每一经都找当时最优秀的学者来教，这些老师叫"五经博士"，学生则主要是贵族青年和官员子弟。东汉末年的时候，太学规模庞大，有三万多学生。当时中央一级除了太学以外没有别的学校，地方上虽然还有些官学，但规模不大，程度不高，一般人要接受教育很困难。所以太学的师生就变成这个社会文化资源、政治资源、经济资源的垄断者。而且这些人的家族很容易造成世代相传的局面，代代都受过良好的教育，代代都有人在朝廷里做大官，读书和当官是他们两个重要的标志，这样的家族就叫作士族。由于皇帝的恩赐和法律的偏袒，这些士族往往会得到很多的土地，又享受免税的权利，许多农民也自愿地投到他们家族的大树底下来寻找荫

董仲舒画像　　　文化传播/供图

庇，成为这个大家族的佃客，这样雪球般越滚越大，逐渐形成一个个庞大的家族，人数可以多到几百人甚至几千人。这几百、几千人连同大片的土地，就变成一个在经济上自给自足的集团，甚至还拥有一些保卫庄园的武装力量。我们在《水浒传》中读到"三打祝家庄"的故事，那个"祝家庄"就有点像我这里所说的士族的庄园。

在汉末，这样的大家族已经有一些。我们读《三国演义》就可以看到。在三国时代，活跃在政治舞台上的军阀、谋士们基本上都出身于士族阶层。例如袁绍、袁术的家庭就是一个典型的例子。史书上记载袁家是"四世五公"，"四世五公"就是一家里面连着四代出了五个当"三公"一级的大官。"三公"是当时最高一级的文官，"三公"名称各代略有差别，周朝时候是司马、司徒、司空，汉武帝时的"三公"是丞相、太尉、御史大夫，大约相当于我们今天的国务院总理、国防部长和中纪委书记这一级的官。这样的家庭当然是典型的大士族。再比方说曹操的大谋士荀彧、荀攸，二人是荀子的后代，也来自当时的一个大士族。再比如诸葛亮，虽然诸葛亮说他早年躬耕于南阳，出身清寒，但其父也是做官的，只是死得早。诸葛亮之兄诸葛瑾官至吴国大将军，其族弟官至魏国大司空，都是一级大官，所以诸葛家也是一个大士族。晋朝以后，特别是东晋以后，士族的势力更加发达，他们垄断了政治、经济、文化等各种资源，那时的中国社会基本上就控制在一百来个大士族的手中。我们现在还偶尔会用到"王谢子弟"这个成语，这里的王，指的是山东琅琊王氏，就是王导那个家族；谢，是指的河南阳夏谢氏，就是谢安那个家族。王导、谢安都是东晋的名臣，都做过宰相。王、谢两家，就是晋朝士族的代表。其余如颍川庾氏（庾亮的家族）、谯国桓氏（桓温、桓玄的家族）、京兆杜氏（杜预的家族）、河东裴氏（裴潜、裴秀、裴颜的家族）、陈郡殷氏（殷浩、殷仲堪的家族）、范阳祖氏（祖逖、祖冲之的家族）、吴郡陆氏（陆逊、陆抗、陆机、陆云的家族）、吴郡顾氏（顾雍、顾荣、顾和、顾恺之的家族），都是著名的大士族。

士族阶层的出现，改变了原来的社会结构，地方势力相对强大，中央的权势就相对削弱，皇帝在某种意义上变成了士族的盟主，很多人都想当皇帝。例如，东晋大司马桓温图谋受禅，未成，后病死。我们再来看看琅琊王氏。众所周知，东晋政权是司马睿建立的，但是司马睿如果没有王家的帮助，根本建立不了东晋。当时王家有两个大人物，一个是王导，他是司马睿的大谋士，可以说东晋政权的创立几乎都是他一手谋划的。另外一个大人物是王敦，大将军，东晋初期最主要的武装力量就是他统率的。王导、王敦这一文一武，在建立东晋政权的过程中，功劳比司马睿还要大。所以司马氏登基的时候上演了一出前无古人、后无来者的大戏：当群臣拥戴司马睿做皇帝的时候，司马睿居然亲手拉着王导说，咱们两个人一起去坐金銮殿吧。历史上有这种怪事吗？有哪一个皇帝会让别人跟他一起坐金銮殿吗？但是东晋就真的发生了。当然对司马睿来讲这只是一个姿态，王导也没有敢接受，但毕竟反映了司马睿对王家功劳的感激与重视，所以当时民间有一句谚语，说"王与马，共天下"，这在中国历史上是绝无仅有的事。

魏晋南北朝时期的大士族，又叫门阀士族，他们在政治、经济、文化各个方面具有很大的优势，大到几乎可以跟皇族相抗衡的地步。这样中央政权的控制力自然就削弱了，造成了魏晋南北朝时期分裂混乱、政权交替频繁的一面。但也正因为如此，地方势力和地方势力之间、地方势力和中央政权之间就形成了许多空隙，社会便有了自由的空间。士族势力的强大还造成了另外一个更积极的后果，就是这些士族中的成员可以相对地脱离皇权的控制，不需要事事都靠皇帝才有饭吃。这样一来，他们终于慢慢摆脱皇权奴仆的心态，开始意识到自己生命的独立价值。

士族阶层在中国历史上是一个崭新的阶层，魏晋以前没有这个阶层。秦以前的社会基本上是两个阶级：贵族与平民。贵族是世袭的，天子是贵族的首领。秦汉时代中国基本上也只有两个阶级：皇族与平民。官吏是皇帝指派管理平民的人，随时可以变化，没有形成一个阶级。魏晋时新兴的士族阶层，不是世袭的贵族，又不是随时可以变动的官员，当然也不是平民，多少有点像我们今天说的中产阶级，不过比今天的中产阶级富有，数量上也没有今天的中产阶级多。在此之前，所有人包括官员都觉得自己是皇帝的工具和奴才，个人的命运不由自己掌握。到了魏晋，个体的独立意识觉醒，思想得以解放，精神文明得以创造和发展。例如，"三曹""七子"和陶渊明的诗歌，王羲之、王献之父子的书法，顾恺之的绘画，祖冲之的圆周率等，都足以说明魏晋南北朝时期在精神文明方面所取得的巨大成就。

士族阶层在此后的一千多年里历经变化，一变而成为大大小小的士绅阶层，基本上成为全社会的骨干力量，在中国历史上发挥了极为重要的作用。魏晋南北朝时期的大士族，到隋唐时期慢慢变成中小士族，这其中一个很重要的原因就是科举制度成为国家取才的主要道路。不少底层社会的子弟通过科举，走出寒门，"朝为田舍郎，暮登天子堂"。这样的结果使许多寒门迅速发展起来，瓜分了大士族的力量，于是大士族慢慢就演变成中小士族，再变为半耕半农的农家，农忙时种田，农闲时读书，也就是传统上所说的耕读之家。近代以后，基本上有用的人才，都是从这种耕读之家走出来的。耕读之家逐渐成为社会的骨干和中坚力量，这是中国传统社会长期稳定的重要因素之一。

三、社会思潮从儒术独尊走向儒道融合

汉朝的主流思潮是儒术独尊，儒家思想成为国家意识形态。儒术独尊的局面导致整个社会观念走向僵化与虚伪，魏晋冲破这个藩篱，一批贵族青年，例如荀粲、何晏、夏侯玄、王弼、嵇康、阮籍等人，发起了一个清谈运动，以谈说论辩的方式把战国时代的诸子百家思想重新提出来，加以讨论，这就是中国中古时代一场有名的思想复兴与文化复兴运动。对于魏晋清谈，我们有很多误解，以为清谈就是闲聊天、侃大山。其实清谈是一种高级的社交活动，有规矩，有论题，有主人，有听众。这场清谈运动延续了将近 400 年，几乎跟魏晋南北朝相始终。作为这场思想运动的结果，独尊儒术的局面被打破，统一的国家意识形态结束，先秦诸子重新受到人们的注意，尤其是道家思想得到大力的提倡，最后产生了把儒家思想和道家思想结合在一起的玄学思潮。自魏晋以后，儒道融合成为中国文化的基本性格，外儒内道成为中国知识分子的基本文化人格。

所以魏晋时代是中国文明史的一个转折时代，它为以后一千多年中华文明的发展，开拓了一条更广阔、更平衡的发展道路。

四、士族阶层精英分子个体意识的觉醒与人文精神的张扬

魏晋时期人文精神得到极大的张扬。本来这种人文精神在中国古代，尤其在儒家思想和道家思想里面，已经有很积极的表现，只是在汉朝被打压，到了魏晋以后又重新张扬起来，重新认识到人作为个体的价值。人的价值分为两种，一种就是笼统的价值，比方古代讲的臣民、百姓，现在讲的人民的概念，这些概念容易抽象化，有时候落实不到具体的个人身上。人文精神要落实到个体，以人为本不是以抽象的、笼统的人为本，而是以具象的个体的人为本，只有使个体的意识得到发扬、得到尊重、得到张扬，才是真正的人本精神。

这种个体意识的觉醒和人文精神的张扬，之所以会出现在魏晋时期，取决于两个很重要的前提。第一，就是前面所说的魏晋时代产生了一个新的阶层，即士族阶层。这个阶层由于具有特别丰厚的文化、政治和经济的资源，因而在一定程度上获得了相对的独立性，不必一切靠皇上的恩赐。于是这个阶层中的精英分子逐渐意识到自身生命的价值，意识到自己和更高的统治者是一样珍贵的个体，自己就是自己的目的，而不是别人的手段与工具。这个觉醒很重要，这是重视生命、重视个体的人文主义的源头。今天人们普遍承认的平等、自由、仁爱的价值，都来源于这种觉醒。魏晋士族阶层的兴起是魏晋人文主义能够产生的物质基础。第二，就是前面所说的魏晋时代的思想复兴，当时一批年轻的贵族知识分子重新提出先秦的诸子百家，从百家中找到了更多的思想资源，并且加以发展，从而打破了儒家独霸的局面。原始儒家中本来就有丰富的人文资源，但是汉兴以后，在董仲舒和汉武帝的共同扭曲下，原始儒家中强调个体自由独立的思想遭到阉割，在很大程度上变成了维护皇帝专制主义的思想工具。魏晋文艺复兴对当时已经变得僵化和虚伪的儒术给了一次猛烈的冲击，特别是发扬了道家思想中强调个体生命价值的成分。这是魏晋人文精神能够产生的思

想基础。这两个前提一个是物质前提，一个是思想前提，二者缺一不可。

下面我们来引述一些故事，说明魏晋人文精神的一些表现。

（一）对独立人格的坚守

嵇康是"竹林七贤"的首领，虽然年龄不是最大的，但精神高贵，才华横溢，擅长散文和书法，他的书法作品曾经作为太学学生练字的范本。嵇康通晓音律，他写的《声无哀乐论》，是中国音乐史上第一篇完整的论文。嵇康提倡服食养生，所著《养生论》是中国传统上第一篇完整的可以指明作者的论文。嵇康是中国历史上著名的美男子，身高七尺八寸，喜欢打铁锻炼身体。嵇康是真正的正人君子，非常厌恶司马氏这批小人。他赞美古代隐者达士的事迹，向往出世的生活，不愿做官。同为"竹林七贤"的山涛曾推荐他做官，他作《与山巨源绝交书》。这是一篇名传千古的著名散文，文中列出自己有"七不堪""二不可"，指出人的秉性各有所好，申明他自己赋性疏懒，不堪礼法约束，不可加以勉强，坚决拒绝为官。

实际上嵇康的这篇绝交书不是写给山涛看的，而是写给司马氏看的，他与山涛的交情其实没变，临终前还把自己的儿子托付给山涛。他以这篇绝交书向司马氏宣战，表明自己不合作的态度，后来受小人钟会挑拨，最终惹来杀身之祸。嵇康临死前，3000名太学生联名上书，求司马昭赦免嵇康，到太学做他们的老师，结果自然被司马昭拒绝。在刑场上，嵇康顾视日影，从容弹奏《广陵散》，曲罢叹道"广陵散于今绝矣"，随后赴死。嵇康做到了真正的视死如归，他不是为了狭隘的利益而死，而是为了维护自己的人格，维护他所看重的价值，这一点非常令人尊敬。可以说，魏晋士人对独立人格的坚守是留给后世的宝贵精神财富。

（二）对自由思想的追求

阮籍也是"竹林七贤"之一，在政治上有济世之志，曾登广武城，观楚、汉古战场，慨叹"时无英雄，使竖子成名！"阮家是大家，其父阮瑀是"建安七子"之一，司马昭一直想与阮家结亲，但阮籍心里十分不愿意，便连醉 60 天不醒，使此事不了了之。景元四年（263）十月，司马昭封王加九锡，这是司马昭正式实施篡权的重要一步。按规矩要找大手笔写一篇《劝进文》，司马昭便派人来找阮籍，阮籍不想写，又不敢拒绝，便再次喝得酩酊大醉，但这次却没有躲过去。他被使者从床上拉起来，只好醉醺醺地写了一篇《劝进文》。阮籍这个人活得痛苦，他后来写了 82 首《咏怀诗》，每首诗都表达了生命短促、人生无常的感伤和对现实的无法忘怀，以及由此所产生的一种忧愁焦虑的情绪。阮籍的性格没有嵇康那么刚强，虽然也很厌恶司马氏，但又不敢像嵇康那样明白地表示。但是这个人思想上是绝对不屈服的，不仅不屈服，还写了很多讽刺文章，比如流传后世的《大人先生传》，就把司马氏一流的伪君子讽刺为沿着裤裆的缝隙爬行的虱子。

阮籍常常说儒家的礼仪教义都是虚伪的，不愿意遵守，他有句名言，叫："礼岂为我辈设也？"其实阮籍和嵇康都不是真正反儒家的人，他们只是讨厌司马氏借儒家的名义来残害异己。儒家规定，父母死后儿子要守丧三年，守丧期间要按时哭泣，不能喝酒吃肉。而阮籍偏偏不遵守这些规定，吊客来了，想哭就哭，不想哭就不哭，而且还照常喝酒吃肉，给人的印象好像是个不孝子。但事实并非如此，阮籍很爱自己的母亲，客人一走，他就会悲伤地哭到呕吐。阮籍认为很多世俗的礼节被人为地糟蹋了，变得很虚伪，失去了礼节的真实意义，而成为一种作秀。而他是一个决不愿意跟大家一起作秀的人。

（三）情的觉醒

魏晋时期有很多与感情有关的故事，父子之间、兄弟之间、朋友之间、夫妻之间，都有很多感情真挚的例子。魏晋清谈中的辩论题目之一就是圣人到底是有情还是无情。为什么辩论这个问题呢？中国文化的结构是偏向于现实，中国人是比较务实的，所以孔夫子不谈怪力乱神，六合之外存而不论，不愿意谈那些抽象、虚无缥缈的东西，但是中国文化也并不否定价值和意义有一种超然的来源，中国古代的文化是鉴于有神和无神之间的，中国人把意义和价值的超然源头归之于天，天和人之间有一个桥梁，这个桥梁就是圣人。圣人被认为是懂得天的意志的，凡人可以向圣人学习，通过向圣人学习，而体会天意、天道，这就是中国文化的结构。凡人一生有许多的烦恼来源于情，那么我们就要弄清楚圣人到底有情还是没有情。如果圣人没有情，那就说明情感这个东西是坏的，我们要努力做到无情；如果圣人也有情，那凡人也不妨有情，所以这个讨论在当时是一个很重要的事情，当时的名士像何晏、王弼、夏侯玄都参加了这个讨论。最后王弼的结论得到了大家的认同。他说圣人有情，但是不为情所累，比如孔子的好学生颜回死了，孔子痛哭，所以说孔子是有情的，但是他不会为情所累，不会一直沉湎于痛失颜回的痛苦里。后来王弼的结论就成了魏晋士族所信奉的一个原则。圣人既然可以有情，那凡人当然也可以有情，至于圣人不为情所累，凡人恐怕不能完全做到，只能努力少为情所累。

"竹林七贤"中有一个王戎，在"七贤"当中年纪最小。王戎生了一个小儿子，才几个月便夭折了。山涛的儿子山简前去慰问，看到王戎非常伤心，山简就说："孩抱中物，何至于此！"王戎说："圣人忘情，最下不及情；情之所钟，正在我辈。"他说情这个东西，集中表现在我们这样的人身上，我们是读了书的士族精英分子，我们更应该重视情，因为情是组成个体意识很重要的一个内容。

（四）审美意识的觉醒

魏晋时期人们都很注重仪表美，不仅女人爱美，男人也很爱美，所以魏晋时期出了很多美男子。例如，我们常说的"貌比潘安（潘岳，字安仁，西晋人）""曹操捉刀""傅粉何郎（何晏，字书平，魏国人）""看杀卫玠（卫玠，字叔宝，西晋人）"等典故，都足以说明魏晋时期人们审美意识的觉醒。

（五）对自我与个性的坚持

《世说新语·品藻》里有一个小故事，读起来很有趣，原文是：

桓公少与殷侯齐名，常有竞心。桓问殷："卿何如我？"殷云："我与我周旋久，宁作我。"

魏晋时期的夫妻对坐壁画

  这故事当中的桓公是桓温（312—373），殷侯是殷浩（305—356）。殷浩与桓温是东晋中期的两大名臣，一文一武，被时人视为朝廷的两大支柱。两个人都出身名门，年龄也差不多，儿时还是朋友，但两人老是暗中较劲。长大后两个人的地位名望都差不多，都一度大权在握，桓温当了荆州刺史，殷浩则做了扬州刺史，荆扬两州在东晋算是最重要的两州。更有趣的是，两人都曾率军北伐，也都没有成功，只是殷浩败得更惨一些，桓温便乘机把他奏免为庶人，使殷浩郁郁而终。上面那段对话究竟发生在什么时候，难以考证，比较可能是两人都已冒头，但还没有到位高权重的时候。桓温的话明显带有一些挑衅的性质，殷浩的话则软中带硬，非常客气地回敬了桓温，不卑不亢，可以说是一等一的外交辞令。最值得我们注意的是殷浩的答话中张扬了一种坚持自我、坚持个性的态度，这正是当时人文精神的一个重要侧面。

（六）文学、艺术、科学的发展

魏晋南北朝时期理性主义和人文精神的张扬直接推动了文学、艺术和科学的蓬勃发展，因而在这些方面都取得了极其辉煌的成就，不仅超越了两汉，甚至超过了后面的唐宋。这个问题限于时间今天不能详谈，我们只要指出下面的名字就会有一个总体的印象了：文学上的"三曹"、"七子"、潘岳、陆机、左思、陶渊明、谢灵运、谢朓；书法上的钟繇、王羲之、王献之；绘画上的顾恺之；炼丹学（这是化学的起源）上的葛洪；地理

王羲之画像

学上的裴秀、郦道元；天文学上的何承天；数学上的祖冲之；机械学上的马钧；医学上的华佗。

上述这些例子足以证明，在魏晋时代，个体意识的觉醒促进了人文思想的发展进程，人们对于个体的人的生命、情感、审美、思想、人格都有高度的自觉和重视，从而促进了文学、艺术、科学各方面的大发展。这些对中华文化后来的发展进程产生了非常重要的影响。

小结：文明发展的金字塔模式

我们今天回顾自己的传统，会发现魏晋人文精神是中华文明一个重要的转折与进步，如果没有魏晋人文精神，就没有后来我们引以为傲的博大辉煌的唐宋文明。魏晋人文精神虽然仅仅体现在士族阶层，尤其是这个阶层的精英分子身上，但是并不降低其伟大的意义。我们必须明白，人类文明，无论是物质文

明，或者是精神文明，都是循着金字塔模式向前发展的，即总是由金字塔尖端的少数人首先享用文明发展的成果，然后才逐渐有更多的人能够享用，最后普及到整个社会。汽车、飞机今天人人可以坐，但开始的时候有多少人具备享用的资格？我们能够因为汽车、飞机开始只为少数人服务而贬低发明汽车、飞机的伟大意义吗？

（讲座时间　2014 年）

郭齐家

中国传统教育思想精华
及其现代意义

郭齐家

郭齐家，1938年生，湖北武汉人。北京师范大学教育学部教授、博士生导师。1956—1960年于北京师范大学教育系本科学习。毕业后留系任助教，1979年起任讲师，1986年起任教育系教育史教研室副主任、副教授、硕士生导师，1992年起任教授、教育史教研室主任。1993年起享受国务院政府特殊津贴，1995年晋升为博士生导师。曾兼任国际儒联理事会顾问，北京师范大学珠海分校法律与行政学院教授。

　　长期从事中国传统文化教育的教学与研究，著有《中国教育思想史》《中国古代学校》《中国古代考试制度》等专著。撰写《阳明学研究的一个突破——儒学的转折》《中国传统文化与当代市场经济》等论文多篇。

　　习近平总书记就中华优秀文化的传承与弘扬多次作出重要指示。2014年2月24日，习近平总书记在十八届中共中央政治局第十三次集体学习时指出："要讲清楚中华优秀传统文化的历史渊源、发展脉络、基本走向，讲清楚中华文化的独特创造、价值理念、鲜明特色，增强文化自信和价值观自信。"这一指示很重要，如果我们文化研究的各个领域、各个学科，都重视本学科发展的历史渊源、脉络、走向以及对文化的独特创造、鲜明的特色，对于继承和弘扬中华文化将起到很大的作用。

　　党的十八届三中全会通过了具有伟大历史意义的《中共中央关于全面深化改革若干重大问题的决定》，在深化教育领域综合改革部分特别提出"完善中华优秀传统文化教育"。2014 年 3 月，教育部下发了《完善中华优秀传统文化教育指导纲要》，对大学、中学、小学如何完善中华优秀传统文化教育作了指示。为贯彻落实党的十八届三中全会关于完善中华优秀传统文化教育的精神，同时为中华传统文化教育教学提供理论基础和学理支撑，我从中国教育思想史学科角度作一些初步探讨。

　　我讲五个问题：第一，讲一个人——孔子的教育思想；第二，讲一篇文章——《学记》的教学原则，《学记》是《礼记》中的一篇，它概括了先秦时期中国教育的基本理念和教学原则；第三，介绍一种学校——书院；第四，介绍传统师德；第五，介绍中国传统教育思想的主要特色，及其对完善中华优秀传统文化教育有哪些借鉴和启发。

一、孔子的教育思想

　　大家都知道，孔子非常伟大。联合国教科文组织把他评为世界十大文化名人之首。另外九位文化名人为：柏拉图、亚里士多德、阿奎那、哥白尼、牛顿、达尔文、培根、伏尔泰、康德。每年，适逢这十大文化名人生日时，联合国教科文组织都要挂旗庆祝。孔子的生日是 9 月 28 日，很多国家的教师节就定在这一天，孔子不仅属于中国，也属于世界。

　　蔡元培先生 1921 年在美国考察时发表演说，着重介绍了中国古代教育家孔子和墨子。他说："孔墨教育含有三种性质：（一）专门教育；（二）陶养德性；（三）社会教育。孔子有普通学六种：即礼、乐、射、御、书、数。专门学四种：甲、修词学；乙、伦理学；丙、政治学；丁、文学。孔子主张陶养性情，发达个性。其教人之法，为因材施教。其总的道德主义为中庸，与西哲亚里士多德相似，又极注重社会教育，故其收学生，无年龄界限及职业界限。"蔡元培先生考察欧美后得出的结论是，理想的教育应包括中国传统的孔墨精神，加之英之人格教育，德法之专深研究，美之服务社会等。"大学教育应采欧美之长，孔墨教授之精神""照以上所述之欧美教育新法，与中国古代教授法……应参酌兼采"（《在柏克莱大学中国学生会演说词》）。

当代著名的英国历史学家汤因比说："自从人类在大自然中的地位处于优势以来，人类的生存没有比今天再危险的时代了。""不道德程度已近似悲剧，而且社会管理也很糟糕。"他认为中国传统文化，特别是儒家、墨家的仁爱学说，是解决现代化社会伦理问题所急需的。他说，儒家的仁爱"是今天社会之所必需""墨家主张的兼爱，过去只指中国，而现在应作为世界性的理论去理解"（《展望 21 世纪——汤因比与池田大作对话录》）。

1970 年瑞典籍诺贝尔物理学奖获得者汉内斯·阿尔文博士说："人类要生存下去，就必须回到 25 个世纪以前，去汲取孔子的智慧。"（1988 年 1 月 14 日澳大利亚《堪培拉时报》刊登来自巴黎的报道）

孔子的智慧是什么？就是中国文化的精神，就是仁爱，即尊重人，理解人，把人当人对待。所以，郭沫若说，孔子仁爱的思想就是"人的发现"即发现人的价值。孔子的教育思想有以下几个特色。

（一）"有教无类"

孔子曰："有教无类。"（《论语·卫灵公》）"有"相当于办、治。"类"指按族群或按政治地位的贵贱、庶鄙等种类。"有教无类"即办教育要本着无类，也就是我们今天讲的公平性的原则。马融注曰："言人所在见教，无有种类。"是说，进行教育不要分类。皇侃疏曰："人乃有贵贱，宜同资教，不可以其种类庶鄙而不教之也；教之则善，本无类也。"（《论语义疏》）皇侃对马融的注作了进一步的解释，即任何人都可给他以教育，不分贵贱、庶鄙等界限，使教育及于平民。

西周的学校为世袭的奴隶主贵族所垄断，不仅奴隶主贵族与平民、奴隶之间有严格的阶级界限，就是奴隶主阶级内部也等级森严，有贵贱尊卑之分。因此，孔子以前的教育是有"类"的，教育大权把持在少数贵族手里，那时叫

清代佚名绘《孔子世家图册》之"杏坛礼乐"

"学在官府"。孔子的时代，新兴地主阶级逐渐在一些诸侯国里取得了政权，这就促进了奴隶制的解体，造成了"天子失官，学在四夷"（《左传·昭公十七年》）的局面。"失官"，指的是官府失守学术，致使其不能世代相传。"四夷"指文化学术下移，礼流散于四野，这就为旧的官学衰落和新的私学兴起创造了条件。

孔子提倡的"有教无类"，打破了"学在官府"的垄断局面，适应了"士"阶层的兴起及文化学术下移的历史潮流，其实质是要求将教育对象从贵族扩大到广大平民，扩大了学校教育的社会基础和人才的来源，把学校由"官府"移到"民间"，这是中国古代教育史上具有划时代意义的大事，是孔子最伟大的地方。

孔子教育目的是培养"士"，而"士"的标准是"君子"或"君子儒"。孔子对"君子"的要求是"修己以敬""修己以安人""修己以安百姓"（《论语·宪问》）。意思是修养自己，保持恭敬谦逊的态度；修养自己，使一般人安乐，使老百姓都得到安乐。

修己——讲的是"德"。修养自己，提高自己的道德境界。孔子提出"仁者爱人"，这个"爱"是同情人，关怀人，用肯定的方式说，便是"己欲立而立人，己欲达而达人"（《论语·雍也》），也就是关心人，帮助人，认真为社会做事，这便是忠。用否定的方式说，便是"己所不欲，勿施于人"（《论语·颜渊》），也就是要宽待人，体谅人，尊重人，不损害人，这便是恕。假如不能自觉帮助他人，至少不要有意地去伤害他人，这个"他人"既指个人，也指群体，包括民族、国家、人类。道德行为都是相互的，普遍伦理必须普遍适用，忠恕之道便是可以普遍适用的道德原则。而且恕道比忠道更具基础性和普遍性，是人类社会维持正常秩序的起码准则，被称为黄金规则。大家不要小看"己所不欲，勿施于人"，联合国大厦就刻有这句话。法国 1793 年宪法所附《人权和公民权宣言》以及 1795 年宪法所附《人和公民权利和义务宣言》写入了这句话。可见，西方津津乐道的人权思想早就铸上了中国文化的烙印。

孔子说："君子学以致其道。"（《论语·子张》）"道"是规律、理想和方向。君子求学的目的是就"道"。"笃信好学，守死善道"（《论语·泰伯》）就是说，君子应该有坚定的信仰和好学的精神，应该用生命去追求真理，实现理想，捍卫正义。孔子说："德之不修，学之不讲，闻义不能徙，不善不能改，是吾忧也。"（《论语·述而》）品德没有培养，学问不去讲习，听到道义在那里却不能以身赴之，自己有缺点却不能立即改正，这些都是我所忧虑的呀！这句话好像是针对现在讲的。有几次开会，我遇到知名学者、中华孔子学会会长汤一介先生，他都要讲这句话。孔子当时的忧也是我们现在年纪大的专家学者的忧。

安人——讲的是"才"。孔子强调君子应有治国安民之术，治国安邦的才干，具有一定的才智和从政的能力。孔子说，能治"千乘之国"，能长"千室之邑"，"使于四方，不辱君命"。"千乘之国"是指有一千辆兵车的小国。在古代，一辆战车上，站着三个人，中间一个人掌握方向，左边的人拿弓，右边的人拿矛，后面还有 72 个步兵，这是一乘。"千室之邑"即指有一千户人家的地方。"使于四方，不辱君命"是指派到四边当大使，他能够维护国家的主权和利益，能够当外交官。《论语·雍也》记载：季康子想在孔子三个学生中挑选人才，孔子说，"由也果"（子路果断），"赐也达"（子贡通达），"求也艺"（冉求多才多艺），均可在政位上独当一面。孟武伯曾问孔子弟子的情况，孔子说，"由也，千乘之国，可使治其赋也"（子路这个学生，如果有一千辆兵车的国家，可以叫他负责兵役和军政工作）；"求也，千室之邑，百乘之家，可使为之宰也"（冉求这个学生，千户人口的县份，可叫他当县长，百辆兵车的大夫封地，可以叫他当总管）；"赤也，束带立于朝，可使与宾客言也"（公西赤这个学生，穿着礼服，立于朝廷之中，可以叫他接待外宾，办理外交）（《论语·公冶长》）。

孔子还说，君子应有"智、仁、勇"三方面的修养："仁者不忧，智者不惑，勇者不惧。"（《论语·宪问》）仁德的人不忧虑，智慧的人不迷惑，勇敢的人不惧怕。朱镕基总理 1999 年到美国去访问时，拜见他的老师顾毓琇，请老师题字，老师书写的条幅是："智者不惑、勇者不惧、诚者有信、仁者无敌！"大家看，顾老当时是九十多岁的老人，在美国生活 50 年了，念念不忘的是中国的文化、孔子的精神。

孔子注意美育陶冶，他提出君子要追求"尽善尽美"（《论语·八佾》）。"美"指声音，就艺术形式而言；"善"指内容，就艺术实质而言。还提出君子应"文质彬彬""质胜文则野，文胜质则史。文质彬彬，然后君子"（《论语·雍也》）。意思是朴实多于文采，就未免粗野；文采多于朴实，又未免虚浮。文采和朴实、内容和形式配合适当，这才是君子之修养。

由此可见，孔子是中国教育史上第一个提出要使受教育者在"仁"（德）、"知"（智）、"勇"（体）、"美"（乐）、"才"等几方面都得到全面修养和发展这一教育目标的"先师"。

（二）启发诱导

孔子教学的基本方法是启发诱导。他认定掌握知识、形成道德观念，应该是一个主动探索领会的过程，因此在教学中他特别重视学习的主动性。孔子说："学而不思则罔，思而不学则殆。"（《论语·为政》）意思是，只读书而不思考，就容易陷入迷茫；只思考而不读书，就会产生疑惑。这说明学习不能脱离思考，不思考就不能将学来的知识消化吸收，那样学了也无用处。如果只思考而不学习，会流于空想，那也是有害的。所以，要把学和思结合起来，这就是孔子教学的辩证法。

孔子有句名言："不愤不启，不悱不发，举一隅不以三隅反，则不复也。"（《论语·述而》）"启发"一词以及成语"举一反三"即由此而来。朱熹注曰："愤者，心求通而未得之意；悱者，口欲言而未能之貌。启，谓开其意。发，谓达其辞。"（《四书章句集注》）"不愤不启"中的"愤"不是愤怒，是心里想通但还没有通。"不悱不发"是想说说不出，不到这个时候不启发你，即启发要把握火候，要注意时机，如果完全不理解，启发是没有用的。一定是对问题有一点钻研，但还没有完全钻研透的时候给予启发；当学生对某个问题思考已有所得，但还不十分明确，还表达不出来的时候，在这个节骨眼上给予开导，效果就最好。大家看，孔子的教学艺术已经达到这样一种程度，不是随随便便地启发，而是注意启发的火候、启发的时机。

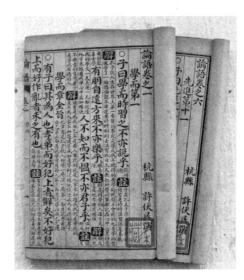

《论语》书影

教育是个经济学问题，要投资少收获大，就要注意教育的时机，要恰到好处。如现在主张儿童读经，13岁以下儿童的记忆力特别好，这时让他读经书，让他朗读背诵滚瓜烂熟，一辈子不会忘。15岁以后，他的理解力增强，记忆力逐渐下降，这个时候就教他理解消化运用知识。错过了13岁以前最佳的时机，就"时过然后学，勤苦而难成"。中国传统文化非常重要，有好多经典，如孔子的《论语》，老子的《道德经》等，在孩子13岁前就把它背下来，运用一辈子，影响一辈子。

　　孔子还认为思考的主动性具体表现在遇到问题时就问"怎么办"，这意味着学生动脑筋思考问题。孔子说过："不曰'如之何、如之何'者，吾末如之何也已矣。"（《论语·卫灵公》）对于一个遇事不问怎么办的人，我也不知道该怎么办了。

（三）因材施教

　　孔子通过长期私人讲学的实践，创造出了因材施教的教学方法，他把因材施教与启发诱导结合起来，即从学生的个人实际出发，运用启发诱导的方法，发挥学生学习的主动性和积极性，以保证培养目标的实现。

　　朱熹讲"夫子教人，各因其材"。孔子注意从学生的具体实际出发进行教学，不用千篇一律的说教，往往学生问同样的问题，而孔子的回答却不尽相同。如孟懿子问孔子："怎么才算孝？"孔子答："无违。"意思是说，无论在父母生前死后，都要依照周礼的规定，不能僭越，这才算是孝。孟武伯问怎么才算孝，孔子答："父母唯其疾之忧。"意思是说，要关心父母的健康情况，这是针对这位阔少爷不关心父母的冷暖疾病而说的。子游问孝，孔子认为子游对父母的生活还能注意照顾，于是就提出加强对父母的恭敬，所以说："犬马皆能有养，不敬何以别乎？"子夏问孝，孔子回答曰："色难。"意思是说，仅知道代替父母做事，有酒食供给父母吃，还算不得孝，重要的是对父母的态度要和悦亲切。

　　还有一个案例，据《论语·先进》载，子路问："闻斯行诸？"子曰："有父兄在，如之何其闻斯行之？"冉有问："闻斯行诸？"子曰："闻斯行之。"公西华曰："由也问闻斯行诸，子曰，'有父兄在'；求也问闻斯行诸，子曰，'闻斯行之'。赤也惑，敢问。"子曰："求也退，故进之；由也兼人，故退之。"子路问孔子："听到一个道理就马上去做吗？"孔子说："你的爸爸、哥哥都在，怎么能听到道理就去做呢？"冉求问："听到一个道理就去做吗？"孔子说："听到道理就去做。"这两个回答都被第三个学生公西华听见了，公西华就问："由也问闻斯行诸，您说有父兄在。求也问，您说对，听到道理就去做。我感到很迷惑，我大胆地请教您。"孔子回答得很妙，他说："冉求性格内向，退退缩缩，胆子很小，所以我鼓励他大胆地干。子路一向胆大好胜，所以，让他请示父兄，有意压压他。"这是一个非常典型的例子。

二、《学记》的教学原则

《学记》是《小戴礼记》49 篇中的一篇，成书于战国后期，是先秦时期儒家教育经验与教育思想的总结。在中国古代教育文献中，《学记》是最早、体系比较严整而又极有价值的一篇，不仅是我国教育史上一份极为珍贵的遗产，也是世界教育史上最早出现的自成体系的教育学专著。

《学记》虽只有 1229 个字，却字字珠玑，在具体分析教学中成功与失败经验的基础上，总结出了一系列教育与教学的原则方法，这是《学记》的精华所在，也是当今完善中华优秀传统文化教育应认真参考、细心体会的。

（一）教学相长

"虽有嘉肴，弗食不知其旨也；虽有至道，弗学不知其善也，是故学然后知不足，教然后知困。知不足，然后能自反也。知困，然后能自强也，故曰：教学相长也。《兑命》曰：'学学半。'其此之谓乎！"

这段话的意思是，虽然有好的饭菜，不吃就不知道它的美味。虽然有很深的道理，不学习它就不知道好在什么地方。所以，学了之后才知道不足，当了老师才知道有困惑之处。知道不足，才能够反省自己，严格要求自己；知道困惑才知道自强不息，所以说教学相长。《兑命》说：教别人也是自己学习的一半。大概说的就是这个道理吧。

教学过程是教师传授知识的过程，又是学生掌握知识的过程，是这两方面辩证统一的互动过程，是教与学辩证统一的过程。从教师方面说，教的过程也是学习的过程，教即是学。教与学互相促进，提高教的水平。从学生方面说，学生从教师的教中获得知识，但仍需要自己的努力，才能有所提高，不限于师云亦云。教因学而得益，学因教而日进。

《学记》明确地指出了"教"与"学"之间相互依存、相互促进的关系，认为"教"与"学"是不断深入、不断发展的同一过程的两个方面。"教学相长"不只意味着"教"与"学"两方面的关系，还意味着教师与学生之间的平等的相互促进的关系。特别是对当今推进"素质教育"来说，更应提倡"教学相长"的精神。

韩愈继承与发展了《学记》"教学相长"的思想，进而提出"相互为师"的观点。"弟子不必不如师，师不必贤于弟子。闻道有先后，术业有专攻，如是而已。"既肯定了教师的主导作用，又明确提出"相互为师"的新思想。教人要向学有专长的人学习，谁在某一方面比自己强就向他学习，建立新的相互为师的师生关系。提倡这种原则的，就是在现代世界教学论著中亦属罕见。这个原则对于我们认识教学过程的本质、提高教学质量、改善师生关系，有很大的理论意义和实践意义。

叶圣陶先生说，教是为了不教，为什么不教呢？是让学生自己有学习的能力，与老师时时互动，形成一个良性循环，那么，教学质量就真正提高了。

（二）藏息相辅

"大学之教也，时教必有正业，退息必有居学。不学操缦，不能安弦；不学博依，不能安诗；不学杂服，不能安礼。不兴其艺，不能乐学。故君子之于学也，藏焉修焉，息焉游焉。夫然，故安其学而亲其师，乐其友而信其道，是以虽离师辅而不反也。"

"藏"是已藏，指课内学习，"息"就是课下，课上和课下要互相配合。这段话的意思是：大学的教育，按规定的时间进行正课教学，课后进行课外练习，即回到家里还要学习。课外不练习好调弦，课内就完成不了乐教的任务；课外不学习好吟诵，课内就不能把《诗经》学好；课外不学好洒扫、应对、进退等礼节，课内礼教的学问就学不好。课下的动手能力不好，不能调弦，不会吟诵，不懂得日常的礼节，不能乐学，正课的学习就学不好。所以，善于学习的人，在掌握了已学的知识以后，进而进修未学的知识，在已知和未知之间要得到一个平衡。在休息的时候，就尽心游乐，在休息和游乐之间也得到一个平衡。按照这个样子去学习，才能巩固所学，从而亲近师长，乐于交友，恪守信念。日后即使离开了师友，也不会回到原来的水平上。这就叫课内和课外的互动，互相配合。

《学记》认为，课外活动是课内学习的继续和补充，它们之间是相互依存、相互促进的；课外活动，包括课外作业在内，并不是消极的，而是为了更有效地学习。正课教学与课外活动之间辩证的统一，已学知识与未学知识之间辩证的统一，接受知识与消化知识之间辩证的统一，学习与休息之间辩证的统一，"亲师"与"乐友"之间辩证的统一，这些朴素的教育辩证法，如果不是经过长期的教育教学实践，是锤炼不出来的。

（三）预时孙摩

"预"，即在事情未发生之前，要注意加以预防。"禁于未发之谓豫"，意思是，老师要有预见性，在学生的不良行为发生之前就予以预防。"发然后禁，则扞格而不胜。"意思是，不要等事情发生以后再去禁止，那就非常难了。也就是说，在事情未发生之前，教师要注意加以预防，做到心中有数，防患于未然，这就叫预防不良倾向产生的教育原则。

"时"，即抓住适当时机，及时地进行教育。"当其可之谓时""时过然后学，则勤苦而难成"。意思是，抓住最佳时机因势利导，叫作及时。古代很注重时间，大家知道，儒家讲时间，道家讲空间，佛家讲时和空的联系。儒家讲如何做一个好人，道家讲如何做一个修炼的人，佛家讲如何做一个明白的人。所以，儒佛道是非常丰富的，是一个整体。我经常和学生讲，从小有儒佛道的修养，素养提高了，长大后各方面都会受益。所以，抓住适当时机，及时地进行教育，把握最佳学习时机，因势利导，便会取得最佳的教学效果，这就叫及时教育原则。

人的脑细胞都是一样的，有140亿个。但是，大脑的重量不一样，刚出生的婴儿是0.6千克，成人是1.6千克，差别在哪里呢？即脑细胞之间联络的触突不一样，触突的形成与刺激有关系，三岁以前用文化刺激他，教他一些儿歌、游戏，打开他的智慧。如果三岁以前耽误了，六岁以前别耽误，教孩子背诗文，这是最好的时机。"当其可之谓时"，恰到好处的时间，就像我们种花一样，不浇水干死了，浇多了淹死了，所以"时"非常重要，要恰到好处。"时过然后学，则勤苦而难成"，时间过了叫他学太难了，中国人学外语就很花时间，把时间都用到外语上，母语水平很差，一落千丈，现在的教育质量不高，主要表现在母语，就是没有注意在恰如其分的时间，学习中华优秀传统文化。

　　"孙"，即不越级，按照次序进行教育。"不陵节而施之谓孙"，即不超越阶段进行教育。也就是说，要按照次序进行教育，这就叫循序渐进的教育原则，"杂施而不孙，则坏乱而不修"。

　　"摩"，即相互学习，取长补短。"相观而善之谓摩"，古人很重视互相的学习，相观而善。"独学而无友，则孤陋而寡闻。"意思是，如果独自关门来学习，没有朋友帮助，就不容易增进知识。"燕朋逆其师"，如果交不好的朋友，就会违背老师的教导。"燕辟废其学"，行为不端，行为不轨，就荒废了学习。由此，相互学习，取长补短，以文会友，以友辅仁，这就叫发挥集体教育作用的原则。

（四）善喻

　　"故君子之教，喻也。道而弗牵，强而弗抑，开而弗达。道而弗牵则和，强而弗抑则易，开而弗达则思。和易以思，可谓善喻矣。"

　　优秀的教师总是善于用启发诱导的方法教育学生，即引导学生，而不是牵着他们的鼻子走；激励学生，而不强制使之顺从；启发学生，而不一下把结论和盘托出来。引导他们而不牵着走，则教与学、师与生的关系就会和谐融洽；激励而不强制使之顺从，学生学习起来感到安易、容易；启发又有所含蓄，就可以让学生去独立思考。

　　提高课堂教学质量的关键一环是教师在教学内容的选择上能够举一反三，这个"一"是能够迁移的，能触类旁通、自我扩散的知识点。教师优秀与否就是看他教的是"一"还是"三"。在教育教学方法上要遵循"道而弗牵，强而弗抑，开而弗达"的启发教育原理，只有这样才能真正减轻学生的不适当的负担，促进其素质的全面发展，全面提高教育和教学质量。

简单的几个字把教学原则写得淋漓尽致，如果我们都能做到，那么，师生的素质就有很大的提高，整个民族的素质就会大大提高。

（五）长善救失

"学者有四失，教者必知之。人之学也，或失则多，或失则寡，或失则易，或失则止。此四者，心之莫同也。知其心，然后能救其失也。教也者，长善而救其失者也。"

学生学习存在着四种缺点，教师必须掌握具体情况，因势利导。学生在吸取知识过程中，有的缺点表现在贪多务得，过于庞杂；有的缺点表现在单打一，学习很少，知识面流于狭窄；有的缺点表现在对学习的艰巨性估计不足，浅尝辄止；有的缺点表现在畏难而退，缺乏攻关的勇气，半途而废，坚持不下来。这四种缺点类型反映着学生对待学习不同的心理状态。教师只有了解了学生这些心理状态，才能矫正这些缺点。良好的教育方法就在于：它既善于发扬学生的优点，又善于克服学生的缺点。

可见两千多年以前，中国人就懂得教育心理学，要针对学生的心理状态来补救他的过失，怎么补救呢？"教也者，长善而救其失者也。"即当老师的要长善，从依靠优点入手，用自身的本性、善性、积极因素克服受到后天环境影响产生的缺点、消极因素，这就是长善救失、扬长补短，这个原则既包含有重视正面教育的意思，又包含有因材施教的思想，正面和负面讲得多么透彻。一个人总有优点，有他的本性善良的地方，把他的本性善良的地方、他的优势、他的优点发挥出来，用他的优势来克服他的缺点，优秀的老师就是这么做的。大家到中小学去看，一个班级总有几个淘气的孩子，优秀的老师一下就可以驾驭他们。但是，没有经验的老师就没办法，天天叫苦连天，原因在于只看到他们的缺点，看到淘气的一面，没有看到他的本质和优点，没有把他的积极性发挥出来。用他的积极性去克服他的消极性，这是优秀老师做的工作，优秀老师的成功之处，就在这个地方。

（六）善教继志

"善歌者，使人继其声；善教者，使人继其志。其言也，约而达，微而臧，
罕譬而喻，可谓继志矣。"

意思是，优秀的歌唱家会使听众不约而同地跟着他歌唱，优秀的教师会使
学生自觉地跟着他指引的方向去学习。教师讲解能引人入胜，就在于语言简练
而道理明彻，叙述浅近而含义深远，不多举例而富有启发。这样就能让学生按
照他指引的方向去努力学习。这在中学最为明显，一个中学的理科老师很强，
学生报考大学理科的就多；一个中学的文科老师很强，报考大学文科的学生就
多，老师的吸引力是很强的。

《学记》以"善歌继声"作比喻，提出善教者要使学生能积极自觉地跟着老
师学习，达到"继志"的要求。这说明教师应该是为一定的社会理想从事教育
工作的，测量教育效果的尺度，不只是受教育者知识能力的增进，最根本的乃
是理想志向给予他们的影响的深度。这是《学记》所反映的中国儒家教育思想
的精义之所在，是令人回味的。

两千多年以前，中国人概括的教学原则，现在看起来，仍值得我们认真地
学习，认真地汲取它的营养，来丰富、来改变、来提高我们的教学质量和水平。

三、书院的办学指导思想

书院之名始于唐代，书院制度形成于宋代。唐代的书院是藏书、校书的场
所，相当于一个图书馆或博物馆。书院也起源于私人讲学。宋以后科举考试盛
行，官学教育成为科举考试的附庸，更趋于形式化，造成了人才的危机；五代
以后雕版印刷被广泛采用，印书藏书之风广为流行，指导读书也成为社会的普
遍要求；宋代形成了新的理学教育思潮，一些著名的理学家和知名学者，效法
佛教徒于山林名胜之地修习讲经的制度。于是传统的私人授徒、家学，在具备

岳麓书院　　　　　　　　　　　　　　　　　　　　　　　刘朔／供图

充分的藏书基础上，在理学教育思潮推动下，出现了一种高于蒙学的高级的教育组织形式，即宋代的精舍和书院。宋初含教育性质的著名书院有：石鼓书院（湖南衡阳）、白鹿洞书院（江西庐山）、嵩阳书院（河南登封）、岳麓书院（湖南长沙）、应天府书院（河南商丘）、茅山书院（江苏江宁）等。书院经历了宋、元、明、清四代数百年之久，并且，每个书院都有自己独特的风格、内容，重视自己的特色，这是很重要的。

　　书院的类型有官办的，有民办官助的，也有私人办的。书院的创立，可以补官学之不足。书院的办学目标，首先是要求士子学做人，追求人格之完善，而不是像官学那样以科举入仕为官作为主要目标。书院的教学内容和方法多样化，不只是为了应考科举，可以适应社会多方面的需要，培养不同专业和不同层次的人才。

　　书院教育德行、学问并重。朱熹在《白鹿洞书院学规》中明确提出"为学"的目的首先是"修身"，而"修身"之要义是"言忠信、行笃敬；惩忿窒欲，迁善改过"。"言忠信、行笃敬"是《论语》上孔子讲的，即一言一行要讲忠讲信，行为要厚重、老实、坚定、严肃认真。"惩忿窒欲，迁善改过"是《易经》的话，"惩忿"，就是要把个人不满的情绪、欲望去掉。"接物"的要义是"己所不欲，勿施于人；行有不得，反求诸己"。在"修身"与"学问"之间，是以"修身"为本。"己所不欲，勿施于人"是孔子讲的，"行有不得，反求诸己"是孟子讲的，也就是说，一个人的行为没有达到预期的目的，不要埋怨别人，要反过来检查自己是不是有问题，这是以德行为先、求知学文为后的中国儒学传统。用今天的"素质教育"的话来说，就是重视德育，培养学生高尚的志趣和道德情操，提高其心灵素质和道德素质，而不是单纯地传授知识。

书院的山长（院长）或主讲，往往就是知名学者或是一个学派的大师，一般来说书院即成为该学派的学术研究和教育活动基地，如朱熹修复白鹿洞书院和岳麓书院，陆九渊建象山书院，明代王守仁、湛若水各标其学术主旨，纷建书院，明末顾宪成、高攀龙主持东林书院，发扬"讽议朝政、裁量人物"的精神，提出"风声雨声读书声，声声入耳；家事国事天下事，事事关心"。湖南长沙岳麓书院有一对联，上联讲的是"修己"："是非审之于己，毁誉听之于人，得失安之于数，陟岳麓峰头，朗月清风，太极悠然可会。"下联讲的是"安人"："君亲恩何以酬，民物命何以立，圣贤道何以传，登赫曦台上，衡云湘水，斯文定有攸归。"如果我们天天读这样的诗，熏陶自己，无形中就能够迅速成长。

书院教学注重讲明义理，躬行实践，多采问难论辩式，注意启发学生思维，培养学生的学习兴趣与学习能力，并倡导学术争辩和学派交流。宋代已倡"会讲"，类似今天的学术讨论会，进行学术交流和争论，但没有固定的形式和组织。如朱熹在白鹿洞书院曾请陆九渊去讲学，陆九渊讲"君子喻于义、小人喻于利"，听众感动有流涕者。朱熹把陆九渊所讲的刻在石碑上。朱陆学派不同，请不同学派学者来讲学，并且这样重视，既体现了"百家争鸣"的学风，也表现出学术上互相尊重的高尚风格。明代书院从"会讲"发展为"讲会"，即将会讲制度化，形成组织，并订会约，类似今天的民间学会、民间学术研究团体。

书院教学以自学、独立研究为主，以答疑形式进行教学。宋以后流行的各家语录，就是师弟子间问答的记录。师生关系融洽，以道相交，师生之间感情深厚，师生朝夕相处，同学互相切磋，从起居生活到学习研究都在一起。大师以"人师"自律，学生则以"醇儒"自策。弟子视师长如父兄，师长视学生如子弟，互学互助，和谐共进，团结和睦，亲如一家，这也是书院制的特点，很值得我们今天教育上重视。

清末民初教会书院达数十所，其主要目的是培养传教士，但对中西文化交流及人才培养也起了一定作用。如上海美国基督教圣公会办的圣约翰书院（由培雅、度恩两书院合并而成）就是圣约翰大学的前身。广州格致书院就是岭南大学的前身。南京的金陵大学也是由宏育书院与汇文书院合并而成的。这些书院和大学都曾为中西文化交流和人才培养作出了贡献。

20世纪20年代清华国学研究院成立，其办学宗旨是："延名师，拓精舍，招海内成学之士。"它虽未用书院之名，但颇具书院的性质，延聘了王国维、梁启超、陈寅恪、赵元任"四大导师"。虽然只办了四年，但培养出许多知名学者。

1924年，清华大学校长曹云祥向胡适请教如何创办研究院，于是"胡氏略仿昔日书院及英国大学制，为研究院绘一蓝图"[1]。

同年，胡适的好友，同样留美归来的任鸿隽、陈衡哲夫妇联名发表《一个改良大学教育的建议》，特别标举中国的书院精神，希望将其与欧美大学制度相结合。

中国现在的大学，学习西方的东西很多，但继承中国传统书院的精神很少。中国的教育应重视德行，重视性情，重视生命，应汲取书院教学以自学、独立、研究为主，以答疑形式进行教育的思想，使大学真正具有研究的性质，这样才能形成学派。

我们希望蔡元培先生的大学理想能够实现：中国传统的孔墨精神，加之英国之人格教育，德国法国之专深研究，美国之服务社会。但在此之前，如何协调西方教育体制与东方传统精神、政府行为与民间学术、人文修养与专才教育、大学规模与教学水平、思想自由与兼容并包，乃至大学的结构与主体、功用与义务等，值得认真研究②。

四、中国传统师德的意义和价值

所谓"师德"是"教师职业道德"的简称，即教师进行教育、教学工作，处理各种关系应遵循的道德准则和行为规范，包括教师的道德品质、思想信念、对事业的态度和感情以及有关的行为习惯等。中国教育史记录了伟大的中华民族在漫长的岁月里，有目的、有计划、有组织的教育活动的历程，反映了中华民族的智慧。

在孔子的教育思想中，教师占有特殊的位置，因为陶冶学生的品德，传授他们的知识，培养他们的才能，发展他们的专长等，都是教师的重大职责。孔子根据自己教育实践的体会，对教师提出了多方面的要求。

（一）以身作则，言传身教

孔子说："其身正，不令而行；其身不正，虽令不从。"（《论语·子路》）孔子认为如果教师的道德行为和作风正派，就是不发命令，学生也会执行；如果教师的道德行为和作风不正派，就是发命令，学生也不听从。

孔子还说："不能正其身，如正人何？"（《论语·子路》）如果自身不端正，又怎么能端正别人呢？教师是学生的榜样，教师的一言一行，都会直接影响到学生的健康成长。孔子的学生子贡称赞孔子教人"正身以俟"。荀子颂扬孔子"早正以待"（《荀子·儒效》）。

孔子不仅是以身作则的提出者，而且也是这一原则的实践者。教师要以身作则，就要言传身教，把"有言之教"和"无言之教"结合起来，孔子说："可与言，而不与之言，失人；不可与言，而与之言，失言。智者不失人亦不失言。"（《论语·卫灵公》）孔子认为，可以和学生谈，进行"有言之教"，而不去和他谈，这叫错过了人才；不可以和他谈，却去和他谈，这叫浪费了言语。一个聪明、合格的教师既不错过人才，也不浪费言语，采用"有言之教"与"无言之教"两种方式。该用语言讲的用语言讲，不宜用语言讲的用行为使其模仿。道德往往是无言的力量，所以孔子讲："君子之德风，小人之德草。"（《论语·颜渊》）。

"言教"在于说理，以提高学生的认识；"不言教"在于示范，实际指导学生的行动。在处理二者关系方面，孔子强调的是身教，教师要以自己合乎规范的道德行为给学生做出榜样，教师提倡学生做的，自己必须先做；不让学生做的，自己首先不做。教师所说和所做的一致，证明所说的是正确的，所做的是合理的。这样，教师才能在学生心目中树立威信，教师的榜样才能发挥作用。

孔子对学生说过："予欲无言。"他的学生说："您假若不说话，那我们还有什么可以传述的呢？"孔子说："天何言哉？四时行焉，百物生焉，天何言哉？"（《论语·阳货》）天说了什么呢？四季照样运行，百物照样生长，天说了什么呢？所谓"无言之教"，就是通过暗示、榜样去影响学生，潜移默化，"其濡染观摩之效，自不求而至，不为而成"。全面提高学生的素质，这是很重要的一环。马克思讲，教人者必先受教育。

（二）学而不厌，诲人不倦

孔子说："学而不厌，诲人不倦。"（《论语·述而》）这是说教师自己要努力学习，永不满足；对学生要勤奋教导，不知疲倦。孔子还说："若圣与仁，则吾岂敢！抑为之不厌，诲人不倦，则可谓去尔已矣。"如果说到圣与仁，我不敢当，只不过是学习和工作从不厌倦，教诲学生总不知疲倦。《吕氏春秋·尊师》也有相似的记载：子贡问孔子，后世将怎样称道您老人家？孔子说，"我何足以称道呢？一定要说时，就算是好学不满足，好教而不知疲倦，大概就这样吧！"

（三）爱护学生，无私无隐

爱护学生、关心学生是一个教师成功必须具备的条件，也是师德的重要内容。孔子说"仁者爱人""智者知人"（《论语·颜渊》）。意思是，仁者爱护人，关心人，把人当人对待；智者善于了解人，识别人。孔子爱护学生、了解学生、关心学生品德学业的增进和他们的生活与健康状况。孔子说："爱之，能勿劳乎？忠焉，能勿诲乎？"（《论语·宪问》）爱护他，能够不叫他勤劳吗？忠于他，能够不教诲他吗？又说："二三子以我为隐乎？吾无隐乎尔。吾无行而不与二三子者，是丘也。"（《论语·述而》）你们以为我会隐瞒什么吗？我对你们是没有任何隐瞒的，我没有什么不告诉你们的，这就是我孔丘的为人。说明孔子对学生为学与为人毫无保留，做到了"无隐无私"。

对于年轻一代，孔子是寄予很大希望的。孔子说："后生可畏，焉知来者之不如今也？"（《论语·子罕》）这里包含有"弟子不必不如师，师不必贤于弟子"的发展观点，包含有青年人超过老年人、学生超过老师、长江后浪推前浪的发展观点。尤其难能可贵的是，孔子认为当一种正义事业需要人去担当时，年青一代要敢于勇往直前，责无旁贷，即使在老师面前也不必谦让，"当仁不让于师"（《论语·卫灵公》），面临着实行仁德的事情，可以不必对老师谦让，就是老师也不必谦让。

就《论语》上记载的材料看来，一方面表现出孔子对弟子们的关怀爱护，另一方面表现出弟子们对老师的敬爱尊重，形成了一种严肃认真而又亲切自然的师生关系——尊师爱生的关系，这是中国教育史上的优秀传统。热爱教育，忠于学生，对教育事业表现出充沛的精力和毅力，对青少年一代表现出满腔的热情和关怀，这是教师应具备的情感意志品质，也是对学生进行素质教育的必要条件。

（四）讲究教法，循循善诱

孔子认为教师要讲究教学方法，善于启发学生的心智。他说："温故而知新，可以为师矣。"（《论语·为政》）他提出"不愤不启，不悱不发""举一反三""闻一知十"等，正如颜渊所赞叹的"夫子循循然善诱人，博我以文，约我以礼，欲罢不能"（《论语·子罕》）。老师善于有步骤地诱导我们，用各种文献来丰富我多方面的知识，又用一定的规矩制度来规范我的行为，使我想停止学习都不可能。这说明孔子教育技巧之高超，像一块磁性很强的吸铁石，把学生紧紧吸在自己的周围，弥漫着一种强力磁场，导发出诱人的魅力。由此可见，具有良好的教育教学能力、技巧，讲究教学原则方法，是教师必备的一种心理品质，也是对学生进行素质教育的必要条件。

孟子继承和发展了孔子的教育思想，他说："得天下英才而教育之，三乐也。"（《孟子·尽心上》）这是中国教育史上第一次把"教"与"育"联用，也是第一次提出把培养天下优秀人才当作人生的乐事。孟子说，人生有三件快乐的事，父母俱存，兄弟无故，一乐也；仰不愧于天，俯不愧于人，二乐也；把天下优秀的人才都集中进行教育，这是人生的最大的快乐。

孟子充分肯定教师的地位，认为当教师是君子的责任，他把国君和教师并列："天降下民，作之君，作之师。"（《孟子·梁惠王下》）他甚至把教师凌驾于君之上，所谓"是为王者师也"（《孟子·滕文公上》）。孟子说："中也养不中，才也养不才。"（《孟子·离娄下》）认为道德修养高、有才智的教师不断以自己的德行、才智培养、影响他人，社会就会有更多的贤才，突出了教师的育才作用。"君子引而不发，跃如也；中道而立，能者从之。"（《孟子·尽心上》）意思是说，教师教导学生正如射手张满了弓，却不射箭，做出跃跃欲试的姿势，以启发和诱导学生。教师要在正确道路之中站住，有能力的学生便跟随而来。他有一句名言："尽信《书》，则不如无《书》。"（《孟子·尽心下》）要求学生独立思考，自求自得，才能深入心通，心有所得，达到运用自如的地步。

他说："君子深造之以道，欲其自得之也。自得之，则居之安；居之安，则资之深；资之深，则取之左右逢其原，故君子欲其自得之也。"（《孟子·离娄下》）认为君子的高深造诣要有正确的方法，这就是要求他自觉地追求得到，自觉地追求得到的，掌握得比较牢固，牢固地掌握而不动摇，就能积蓄很深，积蓄很深，便能取之不尽，左右逢源，所以君子要自觉地有所得。"求则得之，舍则失之，是求有益于得也，求在我者也。"（《孟子·尽心上》）教师不能包办代替，教师在教学过程中要起引路人的作用。

荀子是战国后期人，他继承儒家的传统，进一步提高了教师的地位，认为"天地者，生之本也；先祖者，类之本也；君师者，治之本也。无天地恶生！无先祖恶出！无君师恶治！"（《荀子·礼论》）他把教师与"天""地""君""祖"并列，宣称"天地"是生物之本，"先祖"是族类之本，"君师"是统治人民之本。体现了荀子尊师重教的思想。荀子认为，教师的作用首先表现在对国家和社会的发展方面。张载说："天地之塞，吾其体；天地之帅，吾其性。"（《正蒙·乾称》）充塞天地之间的是构成我身体的元气，统帅天地的是构成我心性的物质。距离现在5000年的辽宁牛河梁地区出土的红山文化，就先祭祀天，再祭祀地，再祭祀君，再祭祀祖宗，再祭祀老师，说明天地君师传统已经5000年了。

荀子说："礼者所以正身也，师者所以正礼也。无礼何以正身？无师，吾安知礼之为是也？"（《荀子·修身》）"礼"是用以矫正人的思想行为的，是维护社会安定的根本，但如果没有教师，"礼"的这种作用便无法实现，就会形成"上无君师，下无父子"的"至乱"的局面。由此看来，教师的地位和作用，直接关系到国家的前途和命运。所以，荀子讲"国将兴，必贵师而重傅""国将衰，必贱师而轻傅"（《荀子·大略》）。

《礼记·文王世子》："师也者，教之以事，而喻诸德者也。保也者，慎其身以辅翼之，而归诸道者也。"所谓"师"，是用具体事例教导并用它说明各种德行的人。所谓"保"，是以自己谨慎的言行来辅佐世子使之归于正道的人。

由于《礼记·学记》对教育作用高度评价，因此《学记》要求给教师以崇高的社会政治地位。"能为师，然后能为长；能为长，然后能为君。故师也者，所以学为君也。""师严然后道尊，道尊然后民知敬学。"尊师重道，师是道的代表，道的代言人，拥有最高的解释权。《学记》一方面要求给教师以极其崇高的地位和尊敬，对全社会提出了尊师的要求；另一方面也对教师提出了严格的要求，"是故择师不可不慎也！"

西汉韩婴的《韩诗外传》卷五上有一句话："智如泉源，行可以为表仪者，人师也。"你的智慧像泉水的源头一样，你的行为可以当我们的表率，这样的是老师。

西汉扬雄的《法言·学行》上有一句话："师哉！师哉！童子之命也。务学不如务求师。师者，人之模范也。"老师啊，老师啊，少年儿童的命运都掌握在你手里了。我们求学问，从事于学问，不如找一个好的老师。"师者，人之模范也"，"师范"即由此而来。

晋人袁宏的《后汉纪·灵帝纪上》说："经师易遇，人师难遭。"讲经的老师容易找到，讲做人的老师很难找到，古代是这样，现在我们更是这样。所以，徐特立同志说，"我们的教师要采取人师和经师二者合一""两种人格合二为一，这应是教师的完全人格""每个教科学知识的人，他就是一个模范人物，同时也是一个有学问的人。"③

韩愈说："古之学者必有师。师者，所以传道、授业、解惑也。"(《师说》)所谓传道，是指儒家的"修己安人"之道，儒家的道统、人生观、宇宙观、价值观，安身立命之道；所谓授业，是指针对当时读的古籍文献，掌握一定的解读古籍文献的能力；所谓解惑，是指教师在教学过程中不断解答学生们在"道"与"业"两方面的疑惑。韩愈认为，教师的职责重在传道，授业是为传道服务的。古文、经文只不过是载道的工具；而传道又是通过授业完成的。如果教师只是"习其句读"而不传道，那是"小学而大遗"，因"小"而失"大"，忘记了自己的根本任务。他这样分析教师的任务是有意义的，把"传道"当作第一任务，把"授业"当作第二任务，把"解惑"提到应有的地位，这样排列顺序是明确的。分析"传道"与"授业"之间的辩证关系也是合理的，这里不仅包含了在传道、授业、解惑的整个教学过程中，教师应起主导作用的意思，而且还包含了寓思想道德教育于智育之中，通过智育进行的思想教育。

五、中国传统教育思想的主要特色与完善中华优秀传统文化教育

中国古代社会重视道德教育，重视道德培养，注重气节与操守，讲究崇高的精神境界，提倡发奋"立志"与"舍生取义"的精神，强调道德责任感与历史使命感，宣扬那种孜孜不倦、临事不惧、不计成败利钝、不问安危荣辱、以

天下为己任的宽广胸怀，把个人完成的社会责任作为个人道德的自我完成，容易形成一股强大的社会凝聚力，逐渐形成了一个长远而深厚的教育传统，上起孔孟老庄，中经禅宗，下迄宋明理学，都特别注重道德教育与自我修养，都是以自我的认识和控制为努力的主要目的。立志有恒，克己内省，改过迁善，身体力行，潜移默化，防微杜渐……形成了一系列具有独特风格的道德教育与道德修养的手段，中国古代教育家重视培育真实的精神修养，树立道德风范，其影响力是无法低估的。他们曾在漫长的中国古代历史上教育、感染、熏陶了多少仁人志士，成为中国教育史上经常起进步作用的重要传统，闪烁着灿烂的光华。总的来说，中国古代的教育思想，大致有以下三个显著的特色。

（一）综合观，即大教育观

中国古代教育家很早就认识到教育这一系统是整个社会大系统中的一个子系统，许多教育问题实质上是社会问题，必须把它置于整个社会系统中加以考察和解决。而教育问题的解决，又必然促进整个社会的发展和进步。

孔子十分重视教育，把人口、财富、教育当成"立国"的三个要素。人口是最基本的，一个国家首先要有人口，有了人口就有了生产力，就有手来生产；第二是发挥人的作用，使他们富裕起来，以满足人们消费的需要；第三是教育，有了物质生活的基础，才能发展教育，把教育搞好了，一个国家才算治理好了。孔子认为，在发展生产使广大人民群众富裕之后，唯一的大事是"教之"，即发展教育事业。他从"国之本在家"的思想出发，重视家庭伦理和社会道德——"孝悌忠信"，看到了教育对于治理国家、安定社会秩序所产生的重大作用。这种把教育放在治国治民的首要地位的认识，把个人的道德修养和提高社会道德水准看成治国安邦的基础的思想，是十分深刻的。

《学记》把教育的作用概括为十六个字，"建国君民，教学为先""化民成俗，其必由学"。意思是，建立国家管理人民，教学优先发展。教化老百姓形成良风美俗，必须要抓教育，这个不可忽视。认定教育的作用包含相互联系的两个方面：一是培养国家所需要的人才，二是形成社会道德风尚，形成良风美俗。

这可以称得上是中国古代关于教育作用思想的概括和总结，至今仍不失其借鉴意义。

（二）辩证观，即对立统一观

中国古代教育家强调把道德教育放在首要地位，但同时也不忽视知识教育的作用。

孔子说，"君子怀德""君子务本，本立而道生""行有余力，则以学文"。同时，孔子又说，"好仁不好学，其蔽也愚""仁者安仁，智者利仁""未知，焉得仁？"没有智慧、没有知识，怎么得到仁德呢？德非常重要，但是，知识也不能忽视，所以，这是辩证的统一。董仲舒说："仁而不智，则爱而不别也；智而不仁，则知而不为也。"（《春秋繁露·必仁且智》）这就是中国古代的德智统一观，首先是道德教育及其实践，其次才是知识教育。德育要通过智育来进行，智育主要也是为德育服务，德育与智育之间存在着相互依存、相互渗透、相互影响、辩证统一的关系。道德教育也是这样，道德观念的认识与道德信念的建立之间也存在互相矛盾、对立统一的关系。如孔子说："知及之，仁不能守之，虽得之，必失之。"（《论语·卫灵公》）认为道德观念虽认识了，如不能保持它，即使得到了，也定会丧失。这就是说，道德观念如果只停留在认识阶段，而不能转化为信念，那么道德就失去了规范行为的作用。知识与才能之间也存在既矛盾又统一的关系。唐人刘知几说，一个人如果有学问而无才能，好比拥有巨大的财富却不会经营它；如果有才能而无学问，则像本领高超的工匠，没有刀斧和木材，也无法建造宫室。

明人徐光启说："古人云：鸳鸯绣出从君看，不把金针度与人。"反其语曰："金针度去从君用，未把鸳鸯绣与人。"过去保守的人，制作出绣花品给你，但是不把制作绣花品的方法告诉你。徐光启说现在把绣花的方法、思路告诉你，比给你一个现成的绣花品还要让你受益。徐光启强调培养才能的重要，认为教学不只是讲一些现成的知识，而且还要培养学生的思辨能力，掌握科学的方法。

（三）内在观，即强调心的内在道德功能或内在自觉性

中国古代教育思想的显著特点是启发每一个人的内心自觉，教人如何"做人"，如何在现实生活中实现其"治国平天下"理想的入世精神。强调的是对自身的肯定，人不仅与天地相参而且顶天立地，追求"同天人""合内外"（即殊相与共相统一、主观与客观统一）。在这种"天人合一"之中得到一种最高的、理智的幸福。大家看，人顶天立地，脚踏大地，头顶蓝天，这就是人。所以，王阳明讲"人是天地的心"，只有人懂得天地的精神，把天地宇宙的精神灌输到人当中，人就有了正能量。而"良知是人的心"，这就是中国教育的特点。在"天人合一"之中得到一种最高的、理智的幸福。

中国古代教育家提出一种"做人"的道理、"做人"的要求、"做人"的方法，并让人从中得到"做人"的乐趣，表现出人的崇高精神境界。这是教育的根本点，所以古人讲"极高明而道中庸"，既有高明的理想，又有踏踏实实的行为，强调的是"自律"，而不是"他律"。

中国古代教育思想强调人心中具有一种价值自觉的能力，中国古人讲四条：第一有慧根；第二德行好；第三缘分，就是机会、机遇，你可能遇到一个好学校，一个好老师，或者读了一本好书；第四是悟性，即领悟的程度。有慧根是基础，有德行是表现，有缘分是机遇，有悟性才能使你真正成长起来。这四条并列，一条都不能缺，就可以成就你的仁德，将来就成为君子。所以，"为仁由己""自我修养""自省""自反""慎独"，最后是"自我完善"，自我求取在人伦秩序与宇宙秩序中的和谐。

中国古代教育思想追求价值之源的努力是向内、向自身而不是向外、向上，不是听上帝的召唤，亦不是等待佛祖的启示。重视其内在的力量，重内过于重外，这是一个值得注意的教育特色。

我们现在的教育不是在根上浇水施肥，而是在枝叶上浇水施肥。所以，花了很多冤枉钱，没有用到根本上。根本就是人的心灵，做人，性情，生命，这一点非常重要。所以，中国人讲人性是善性，人心是良心，人情是真情，如果

我们的教育都落实到这上面，就是成功的。李瑞环同志在《关于弘扬民族优秀文化的若干问题》④一文中指出："中华民族文化对于人类的进步和发展产生了广泛深远的影响。我国古代的四大发明对于人类文明的贡献自不待言，若干领域的学术思想成就也丰富了世界思想文化宝库。中国古代的辩证法、教育思想、军事理论等，在当今的世界上仍然具有不衰的魅力。"这个论断是符合实际的。

中国传统文化教育及其价值系统，精深而博大，弥漫着一种强力磁场，导发出诱人的魅力。中国的真正崛起和为世人所瞩目，应该建立在对整个中国古代文明（包括中国古代优秀教育遗产在内）的再发现与再认识的基础之上，忽视了这一点我们将要犯极大的错误。历史虚无主义思潮会泯灭民族精神的再殖力，民族的创造力将会枯萎，它不但使我们丧失社会主义意识形态对国家利益与人民生活的保护，同时也将使我们丧失一国人民赖以生存于世的基本精神资源。中国古代优秀的教育遗产，也是一种"资料"，一种"资源"，或称之为"历史资源"，甚至还可能是一种"动力资源"，就好像煤、木柴一样，假如能把它用得很好的话，它就可以变成现代发展的一个动力。

毛泽东同志说："学习我们的历史遗产，用马克思主义的方法给以批判的总结，是我们学习的另一任务。我们这个民族有数千年的历史，有它的特点，有它的许多珍贵品。对于这些，我们还是小学生。今天的中国是历史的中国的一个发展；我们是马克思主义的历史主义者，我们不应当割断历史。从孔夫子到孙中山，我们应当给以总结，承继这一份珍贵的遗产。这对于指导当前的伟大的运动，是有重要的帮助的。"⑤列宁说："马克思主义的这一革命无产阶级的思想体系赢得了世界历史性的意义，是因为它并没有抛弃资产阶级时代最宝贵的成就，相反却吸收和改造了两千多年来人类思想和文化发展中一切有价值的东西。"⑥列宁讲的"吸收和改造了两千多年来人类思想和文化发展中一切有价值的东西"，当然也包括了中国古代教育遗产中有价值的东西，我们不应当妄自菲薄，不要以为自己民族传统的东西统统不如人，中国古代教育遗产中有许多好的东西应当去发掘和整理，那是一个无限丰富的宝藏。可以设想，建立具有中国特色的社会主义教育理论体系，很有可能是兼有中国古代传统教育精华的崭新教育理论体系，它必将在世界教育史上放出异彩。

我们今天深入挖掘中国传统教育思想中有价值的观念和成功的理念，对于当前加强和深化教育改革、完善中华优秀传统文化教育、培养创新人才有重要的借鉴意义与参考价值，其目的是为了实现中华民族的伟大复兴。

注释：

①蓝文徵：《清华大学国学研究院始末》，《清华校友通讯》新卅二期，1970年4月。

②参阅陈平原：《中国大学百年》，《学人》第13辑，江苏文艺出版社1998年版。

③《各科教学法讲座》，《徐特立教育文集》，人民教育出版社1979年版，第242—243页。

④李瑞环：《关于弘扬民族优秀文化的若干问题——在全国文化艺术工作情况交流座谈会上的讲话（1990年1月10日）》，《求是》1990年第10期。

⑤《毛泽东选集》第二卷，人民出版社1991年版，第533—534页。

⑥《列宁选集》第四卷，人民出版社1972年版，第362页。

（讲座时间　2014年）

唐际根

考古现场：文物背后的商王朝

唐际根

唐际根，1964年生，江西萍乡人。先后就读于北京大学、中国社会科学院研究生院、英国伦敦大学，获哲学（考古学）博士学位。现为中国社会科学院考古研究所首席研究员，"百千万人才工程"国家级人选。1996年起在河南安阳从事考古发掘，随后长期主持安阳殷墟考古工作。1997—1999年发起并实施安阳洹河流域区域考古调查，并率队发现"洹北商

城"（商中期都邑，距今约 3300 年）。2001—2006 年参与殷墟申报世界文化遗产并获成功。2009—2014 年承担"殷墟布局探索与研究""殷墟王陵区祭祀坑人骨与羌人的种族与文化"等国家级科研项目，完成全新的殷墟遗址布局图。

出版有：《矿冶史话》《考古与文化遗产论集》《殷墟：一个王朝的背影》《曹操墓真相》《殷墟与商文化》（编著）、《商王朝文物存萃》（主编）等著作。在《考古学报》《考古》《文物》《人民日报》《光明日报》等报刊媒体发表论文及作品百余篇。在商代考古学编年框架、殷墟都邑布局、商代社会组织结构以及商代王族祭祀过程中的人牲使用等方面提出过重要见解。

北京大学曾组织过一次国际会议，请世界上研究古印度文明、古埃及文明、古两河流域文明，还有古玛雅文明的学者到中国来。在这样的会议上，一般涉及其他文明的都是欧美学者在研究。但是，古中国文明一直是中国学者在研究。所以，在古中国文明的研究上，欧美学界并没有特别大的发言权。虽然考古学没有国界，但这种现象表明，中国考古学在世界上是比较有地位的一个学科。

今天要讲的主要是三千年前的商王朝，听起来似乎跟今天关系不大，但其实它和今天是有密切关系的。在讲这个之前，我试着把考古现场带过来，因为我常年在野外，对现场比较熟，我想把商王朝怎么被找到、怎么被发现，以及我们今天通过考古学所了解的商王朝是什么样子介绍一下。最后，我想解释为什么我们要研究那么远古的一个王朝。所以，本讲主要讲三个部分内容：第一部分，史影到信史——商王朝的考古学求证；第二部分，文物背后的商代社会；第三部分，研究商王朝与今天息息相关。

一、史影到信史——商王朝的考古学求证

《史记·殷本纪》曾经对商王朝有个综合性概括。比《史记》更早的《尚书》《诗经》都提到过商。我们过去对商王朝的了解，全来自文献。从文献里我们知道，商王朝大概存在于夏王朝之后、西周王朝之前。现在我们认为，商王朝存在的时间，大约在公元前 16 世纪到公元前 1046 年，这个年代是"夏商周断代工程"给出的一个结果。商王朝在文献当中比较简单，考古学把文献中有关商王朝的只言片语，变成今天有关商王朝的比较全面的描述，靠的是田野工作。

小屯村是我国河南省安阳市西郊洹河岸边的一座自然村庄。这里地势略高，战国以来特别是隋唐时期，人们一度将此地当作埋葬亡灵的理想地点。直到明朝时，有人往这里移居。移居来的居民们在耕作过程中常常从地下挖到一些碎骨片。开始时他们并不在意，将这些碎骨片随手乱丢。19 世纪末，村民间忽然出现神秘的传说，称这些碎骨其实是所谓的"龙骨"，原本是可以治病的。于是人们纷纷将碎骨片收集起来，或留作己用，或卖给中药铺。1899 年，官居清朝国子监祭酒的金石学家王懿荣偶患疟疾，差人到北京城内的达仁堂药店购药，购回的药中，有一味即是"龙骨"。

王懿荣在亲自察看买回的各味中药时，发现所谓"龙骨"其实是龟甲或兽骨的碎片。令他吃惊的是，一些碎甲片或骨片上竟契刻有符号。他的古文字知识使他很快意识到这些"符号"的重要性。于是，他一面差人前往达仁堂药店

购回更多的"龙骨"，一面开始研究这些"符号"，结果认定这些符号是商代文字。由此，他成为甲骨文的第一位发现者，同时也是第一位甲骨收藏家，被称为"甲骨文之父"。

20世纪初，国民政府开始在河南安阳进行考古发掘。发掘从1928年开始，一直延续到今天。历年的田野工作，包括今天的钻探发掘以及整理研究，终于以地下考古的资料证明了商王朝的存在。这个过程很漫长。最初的考古发掘自1928年殷墟发掘开始，一直持续到抗日战争爆发，安阳的发掘不得不中止。1937年最后一次发掘结束以后，国民政府撤出。当时的考古队员开始整理发掘材料，结果发现殷墟所有的出土文物都是商朝后期的文物。此前王国维曾经从甲骨文中整理出一个商王朝年表。学者们把出土文物与这个年表相对照，发现安阳的出土文物只相当于盘庚迁殷以后。盘庚是年表中的商王朝第二十个国王，这就出现了一个疑问：如果安阳殷墟是第二十个国王以后的文物的话，那第一个到第十九个国王的文物在哪里？到了20世纪50年代初，河南郑州有位中学教师韩维周，他教学之余，常常在郑州的一个叫二里岗的地方散步，在那个地方找到很多古代陶器的残片。他采集的标本导致了一座古城的发现。考古人员对这座古城进行发掘，一致认为这个城比安阳殷墟还要早。但是早不多，正好构成了安阳殷墟之前需要填补的那十九个王的这段时期的文物。北京大学的学者们提出了一个商文化的编年框架，它可以表述成：郑州商城代表商代早期，安阳殷墟代表商代晚期，我们不妨将其概括为"早商＋晚商"的架构。这个架构在20世纪70至90年代被广泛接受，20世纪80年代的英文书，国内的学术专著、大学教科书，用的都是这个框架。当时学界认为，考古学终于把商王朝从地底下基本上挖出来了。早商也有，晚商也有，商王朝完整了，这是考古学对司马迁《史记·殷本纪》求证过程的第一阶段。

现在可以回到我经历过的考古现场。我在商王朝编年框架的求证中也做了一些工作，在考古现场求证商王朝的编年框架其实是很艰难的一个过程。

在我读硕士的时候，曾经写过一篇论文——《殷墟一期文化及其相关问题》。那时候我把殷墟文物和郑州商城文物做了一个比较，发现学术界广泛流行的商王朝编年框架还有一些问题。文物或者器物都有时代特征，就像电视机的使用，早年是黑白的，后来变成普通彩电，再后来变成平板，甚至背投。把郑州出土的文物和殷墟出土的文物编排起来，如果这两个时期是完整延续的，那么这些出土文物应该也能够形成一个完整演变序列。但是当我把这些文物编排起来之后，感觉这个发展序列在中间断掉了。于是我写了一篇论文，在论文的结论中提出先前编年框架中的"晚商"与"早商"之间有一个"缺环"，这个"缺环"大概对应商王朝百年左右的历史。在这个时间点，商朝曾经迁过都，未来的考古发掘有可能会在豫北冀南地区补上这一"缺环"，取得商王朝考古研究的突破。1993年，这篇文章发表，因为我当时很年轻，发表之后学术界并没有太大的反响。1996年，我产生了寻找"缺环"阶段古遗址的念头。如果能够找出实物证据，那就能够证实我的"猜想"。于是我组建了一支考古队到河南安阳地区进行区域考古调查。

我们的调查采用常规的做法，考古队员拿着"洛阳铲"往土里打一个窟窿，然后把土带出来，根据土的结构判断地下有什么东西。比如打出来的是一层一层的很密实、很纯净的土，我们会意识到地下可能有商朝人造的一座房子，因为这种土是建筑夯土。如果打出来是松的土，带有漆皮，我们会知道可能打到了带漆的棺材，地下有墓葬。判断遗址的位置就根据这个道理。另外还有一个办法，华北地区有很多断崖，沿着断崖清理出剖面来，有时候也能找到文物。虽然我们的前期研究认为，商朝中期很可能有都城分布在豫北冀南地区，但豫北冀南地域面积很大，究竟到哪里去找，是一个很现实的挑战。所以前往田野之前要查阅以前的资料，包括先前发表的论文，要把以前出土的文物全部检查一遍，预选哪个地方最有可能发现符合编年序列中"缺环"阶段的文物，也就是相当于我所设想的"商朝中期"的文物。我发现一个很有趣的现象。河南安阳京广线的西侧，前辈学者在这块地方曾经进行过考古发掘，多次发现商朝遗址和墓葬。只是当时学者们认为，他们发现的是孤立的几个遗址点。看到这个材料后我突然想，前辈学者发现的这几个地点其实相距并不远，文物风格非常像商朝中期的风格，这里会不会是商朝人迁都的地方之一呢？为了证明这一推测，我给国家文物局递交了一份发掘申请报告，获得批准后，于 1997 年在这一带组织了一次考古发掘。当时挖的面积很小，只有 136 平方米，但果然在地下挖出商代的房子、窖穴和陶片。

有几位专家认为，这些挖出来的陶片是商代晚期的文物，但我觉得它们年代更早，正是我所推测的商朝中期文物。考古发掘的探方中有一个灰坑出土了许多陶片，我让工人把灰坑里的陶片全部收集起来带回考古队。经过拼对，一共拼出了七件基本完整的陶器。从形态、纹饰判断，这些陶器果然比殷墟的陶器年代要早，因而成为支持我"中商"理论的证据。这个遗址显然很重要，因此我把资料整理出来，写了一份考古发掘简报。这是我写的关于商朝中期遗址的第一份简报，刊登在《考古》杂志上。经过进一步钻探，证实先前发现的数个遗址点，实际在地底下是连成一片的，加在一起面积不少于 150 万平方米。于是我又写了另一篇文章——《中商文化研究》，认为这一带的遗址有可能就是商朝中期的都城。文章在《考古学报》发表以后，学术界开始分成两派，一派支持，一派迟疑，认为资料不够充分。

1997 年开始，我带着考古队在河南安阳洹河流域展开新一轮考古调查，收获了意想不到的回报：1999 年冬，一座埋藏在地下的规模宏大的商城被钻探出来。当时我常待在野外，时间久了想回京看看家人。有一天我交代了发掘事项后回到北京，突然接到同事打来的电话，说可能发现了古城。我立刻从北京坐火车到安阳，到工地后和大家继续钻探，终于证实地下埋藏着一座古城。

新发现的商城位于河南安阳市北郊，因地处洹河北岸，被定名为"洹北商城"。城址呈方形，与传统意义上的殷墟遗址有重叠。四周已确认有夯土夯筑的城墙基槽。从年代上看，比原来说的殷墟要稍早，整体埋在地底下 1 米多，面积约 4.7 平方千米。后来我们还在城内找到了宫殿区，最大的一组宫殿面阔 170 米，进深约 90 米，甚至比太和殿上的建筑还要宽。宫殿的正殿开有十间房。寻找宫殿的过程也很有意思。在离当地老百姓居住地不远处有一片菜地，我们就想在那个地方打打钻看看。但和村民协商未果，只能在菜地旁的一个苹果园外沿着几条便道打钻，结果第一钻就打到商王朝的宫殿上。

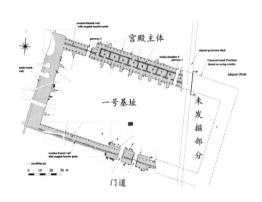

一号基址：宫殿示意图

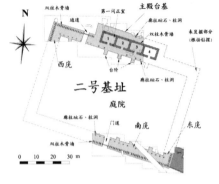

二号基址：王宫生活区示意图

　　宫殿的结构是四合院，南边有两个门道，宽 3.4 米，而商朝的马车宽 2.4—2.6 米，3.4 米的宽度显然适合于马车出入院子。这座建筑后来是被火烧掉的，地面被烤成了绛红色或者黑色。但是柱网结构很清楚。

　　结构类似的房子不止一座，这座房子背后 25 米是另一座房子，我们称之为洹北商城的二号基址。

　　由于经费有限，我们没有揭开二号基址的全部，但为了搞清楚它的结构，揭开了它的西北角和东南角的一部分。二号基址的主殿有四间房，南面是门道。复原以后它是四间正房带一个回廊的建筑。在二号基址的东南角，发现一个特别的结构，这里有一处附属院子，里面有一个水井。有趣的是，附属院子外，东北约 30 米处有一巨大灰坑，灰坑里堆满了牛骨头、牛角。据此推断，附属院子是厨房，而附近的灰坑则可能是厨房的垃圾坑。所以，一号基址是行政所使用的，二号基址则很可能是国王居住的，很类似后来所说的"前朝后寝"。

　　遗址年代的确定也是个艰难过程。考古学是门实证性学科，很多论述不是靠讲理，而是靠找证据来支撑。我初步判断洹北商城，包括这两座建筑是商朝中期的，首先依据的是陶片，其次是它的方向。我们今天的正南北方向是靠磁场来确定的，商朝人概念中的正南北有个偏角。考古发现的商朝晚期大墓，还有主体建筑都是北偏东 10 度左右。我们发现的洹北商城，城墙是北偏东 13 度，一号基址和二号基址也是北偏东 10 多度。无论是城墙基槽还是两座大型建筑，夯土都是用"小棍夯"打出的。现在打夯用电夯，或者用大石碾压紧。战国、汉代、唐代，都是打平夯。商朝用的是"小棍夯"，即用几根棍子，前端削尖，捆成一捆去夯打。所以它打出的夯土有好多小眼。我们挖出来的洹北商城建筑全有这样的小眼。所以，建筑遗迹的方向、夯打技术，都说明这些建筑是商朝中期的，至少是商代建筑。

除此之外，我们利用碳十四测年技术获得 12 个年代数据，数据表明我们发现的洹北商城遗迹，包括一号、二号建筑是公元前 1435 年到公元前 1250 年之间的遗迹。从统计样本上来讲，有 12 个碳十四数据，应该是强有力的证据。但事情没有这么简单，学术界要最后为一件事情作出结论非常难，一是证据要足够强大，二是有些学者的观念改变需要一段时间才能适应。因此我还要寻找更强的证据来支持我的"中商"框架。商朝人但凡要做大事情都要杀人祭祀，而且常常杀人很多。建一号、二号建筑基址这么大的建筑，不杀人是不可能的，他们一定会在特定的场合杀人祭祀并留下遗迹。果然，我们在一号基址的台阶附近发现了 40 多个祭祀坑，祭祀坑内埋有人骨，还有其他文物，甚至还有玉器。这些文物全是商朝中期的，这样就进一步证实了它们是商朝中期的建筑。

研究表明，洹北商城内的古建筑遗存及出土文物，年代晚于郑州商城却早于过去所知的安阳殷墟。学术界由此获得了关于商王朝的更加完整的编年框架：

商早期：以郑州商城的考古发现为代表。

商中期：以洹北商城的考古发现为代表。

商晚期：以安阳殷墟的考古发现为代表。

中国社会科学院在 2003 年出版《中国考古学·夏商卷》的时候，采纳了这一成果。这样，商王朝的编年框架就由司马迁的说不清，经过北京大学的"早商 + 晚商"，发展到今天中国社会科学院的早商、中商、晚商三阶段框架。有了这个框架，就可以把全国范围内的商王朝文物全部整理一遍，并获得一张商王朝物质文化的分布图。这样就把商王朝的地理空间也大致搞清楚了，这就是考古学对历史学科的一个贡献。

二、文物背后的商代社会

商王朝到底是一个什么样的社会？文献里的商王朝，一共就几千个字，给我们的信息很有限。文献里说得最多的是两件事：一是都城迁徙，二是王位传承。其他的东西讲的不多。可是今天考古学对商王朝的描绘，将把大家带入一个完全不同的局面。

（一）商王朝人的面貌

商朝人长什么样子？司马迁是不知道的。但是，我们通过考古材料，通过对商朝的人骨的测量，最少能够知道他是什么人种；通过体质人类学的测量，能够知道他们大致长什么样。甲骨文和殷墟的青铜器刚发现的时候，外国人特别关注商朝人的外貌，有国外学者提出商朝人可能是混合人种，有亚洲人、欧洲人、美洲人，甚至还有波利尼西亚人。美国一位学者发现，殷墟挖出来的人骨头，其牙齿的背后都呈"铲状"，所以应该是蒙古人种，但这一观察仍然无法彻底否定所谓的混合人种的说法。到了20世纪70年代，逐渐有更多学者认为，商朝人是蒙古人种。我曾经把殷墟发掘出来的人骨送到中科院遗传所做DNA检测。为了实验室之间做对比研究，同样的样本也送到了日本和加拿大实验室。检测出来的结果让我大吃一惊。加拿大学者认为，他们检测的殷墟人骨可能是高加索人种，而日本东京大学医学部的检测结果说来自殷墟的人骨可能是西亚人种。但我觉得这不可能。考古讲究实证，我曾把河南安阳出土的具有人物形象特征的标本搜集到一起，一共三十余件，但没有一件有西亚人种或高加索人种的特征。我认为商朝人应该和我们一样，是蒙古人种东亚类型，或者东北亚类型。为什么DNA检测会得出不同结果？我与国内外许多研究这方面的专家交流，推测当时标本采样时，加拿大学者参与了工作，可能是他污染了样本。另外，用来做统计比较的样本可能也有问题。到目前为止，我个人仍然认为商朝人是蒙古人种东亚类型。

（二）商朝的国家组织形式与社会结构

我们今天形成的行政制度，基础是秦始皇的郡县制。秦始皇之前是分封制。国王把自己的叔叔、儿子、弟弟分封到不同地方，通过血缘纽带的联系来统治这个国家，这就是所谓的"王国"阶段。商王朝就处在这个阶段，它没有今天"中央"的概念，而是通过宗法制、分封制去统治。地下考古资料透露出的种种信息表明，商王朝的横向组织系以血亲为纽带，以家族为基本社会单元；纵向结构则阶级分化明显、呈现多层社会等级。

商王朝到底是不是奴隶社会呢？我认为商朝可能不是奴隶社会。过去挖出所谓"奴隶祭祀坑"，新的研究证明都是"俘虏杀殉坑"。坑内人骨都是从商王朝以外地区抓来的战俘。他们在被抓到殷墟后很快便被杀殉了。殷墟西区有一处墓地，可以观察墓地形成过程。墓葬是从东往西埋的，随着入葬人口增加，墓葬从东到西数量越埋越多。但与此同时，最初埋入墓葬的附近，墓葬数量同样增加。这一现象反映的是家庭分化的事实。比如一对夫妇生了三个孩子，老大和父母一起生活，老二、老三分家出去。这是家族分裂的过程。通过墓地很容易发现，商朝的社会结构是家族结构为背景的等级社会，与通常所说的奴隶社会并不相同。但是究竟应该怎么描述这种社会结构，我觉得还需要思考研究。

（三）商王朝的日常生活

商王朝中、晚期都城遗址的考古挖掘，可以还原出当时人们的生活场景。国王住在宫殿区，百姓住在周围，都是以家族为单位居住的，房屋建筑大都是四合院结构，房子周围还有排水渠。人们称当时的都邑为"大邑商"。都邑中有宽 20 米以上的多条交通道路，还有水渠用来供应工业用水。铸铜、制陶作坊都在水渠附近。但商朝人的饮用水不是从河里引过来的，而是往地底下打深井，把水抽出来喝。商朝的工业主要是青铜铸造，在出土的青铜器中，发现过树叶类的东西，有的可能是泡酒的，有的甚至是中草药。商朝已经是马车代步的时代，2005 年我们曾清理出很漂亮的一排马车。商朝没有纸币、五铢钱或者刀币，当时的通行货币是海贝。对于内陆的商王朝来说，海贝比较稀缺。

我们要着重讲一个商朝的女人——妇好。妇好是商朝国王武丁的配偶，她死在国王之前。国王对她很宠爱，仅陪葬的青铜器就重达 1.6 吨，玉器 755 件。1976 年，她的墓葬被发掘出来。通常的考古发掘，如果挖出的是隋唐墓葬或者宋代墓葬，想知道墓主人是谁比较容易，因为常常有墓志。如果挖出的是汉墓，就比较难以知道墓主人是谁，因为那时还没有墓志。幸运的是汉代一些墓葬中有印章，某些时候也可以帮我们识别墓主人的身份。商王朝既没有随葬印章的

妇好墓出土的玉凤

习俗，更没有墓志，一般情况下无法知道墓主人的具体身份。但这座墓出土的青铜器上有好多铭文写着妇好，查找甲骨文后发现，妇好是国王武丁的配偶，生前曾带兵打仗，主持过祭祀，并为国王育有子女。虽然甲骨文里没有记载她的爱好，但她的墓葬中发现有比她所处时代早得多的红山文化玉器、凌家滩玉器、大汶口玉器，说明妇好还爱好收藏。

（四）商王朝的社会生产水平

农业是商王朝特别是晚商时期的社会经济基础部门。我国农作物种植具有悠久的历史，北方地区早在八千多年前就开始种植小米，一直到商朝，小米都是主粮。在距今四千多年的时候，小麦开始大幅度种植，但商朝处在小麦和小米并用、以小米为主的时代，即他们吃的食物主要是小米、小麦。在考古现场，我们采用"浮选法"，成功地发现了小米和小麦颗粒。

商王朝的工业，最突出的当然是青铜铸造。我们考古发掘的时候经常会挖到青铜器，比如著名的后母戊鼎等，还包括玉器等其他的制品。商王朝时期还没有发现完全人工冶炼出来的铁器。

（五）商王朝的殡葬习俗

祭祖的传统其实是从史前传下来的，到商王朝的时候发展到顶峰。商王朝祭祖跟今天有一个巨大的区别，今天祭祖只是表达一种思念，而那个时候祭祖是真的把祖先当神明来祭拜。我的朋友曾写过一篇文章，认为商朝的国王统治国家，靠的不是自己，而是自己和死去的祖先"共同治理国家"。

殷墟商朝王陵的周围分布有许多的小坑，里面全都是陪葬的"人牲"，他们被砍头后放到小坑内，一排一排地排列。著名的历史学家胡厚宣做过统计，甲骨文里提到杀人祭祀的数量达到一万多人。被砍头的是什么人呢？过去认为是奴隶，现在终于知道他们绝大部分是抓来的俘虏，而且从西北方向抓来的羌人居多。我曾做过一个国家社科基金课题，用锶同位素比值的办法研究安阳殷墟王陵区祭祀区中挖出来的几批人骨。结果发现这些人骨标本的锶同位素比值和当地人的比值不一样，说明他们都是外地人。

（六）商王朝的文字

今天的《汉语大字典》里有1350个字，甲骨文时代就发明了，而且沿用至今。据学者统计，甲骨文里一共发现4500多个单字，其中可以识读的有1682个，完全识读的有1365个。甲骨文的主要内容包括祭祀、战争、狩猎、律法、梦幻等。从造字方法上说，甲骨文既有象形字，也有会意字，还有形声字。象形字很简单，如"鱼"字就刻一条鱼；马车的"车"，就像当时的车的俯视形状。会意字是把两个或两个以上的图形合并起来表达意义，如"雨"字，上面画出表示苍穹的符号，下面表现出几滴水，便构成"雨"字。绘一个带门道的"圈"，里面再简画一只羊或一头牛，就形成"牢"字，这叫会意字。我最想讲的是"教"字，这个字充分表现了中国教育文化的特点。这个"教"字由三个部分构成，左上的两个小"×"是一部分，下面的"子"是一部分，右面是另一部分。那两个小"×"代表算筹。教字表现的是小孩在摆弄算筹，右边表示手执鞭子的图案（今天父亲的"父"字，甲骨文时代正是这样表现）。可见商代的学习伴随着责罚。

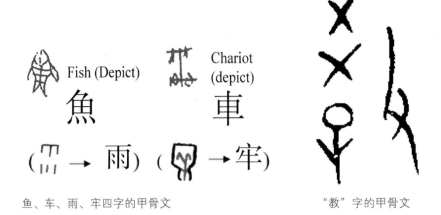

鱼、车、雨、牢四字的甲骨文　　　　　　　　　　　"教"字的甲骨文

　　许多人对商朝的文字使用有误解，认为商朝日常行文也是"刻字"，商王朝是所谓的"刀笔时代"。其实商朝人的日常书写用的是毛笔。甲骨文中历史的"史"字，就是手执毛笔写字的象形。典藏的"典"字，甲骨文中表现的是两只手在摊开或者合上竹简。我们挖出来多件写有毛笔字的商代玉戈。所以说商朝是毛笔字时代。

三、研究商王朝与今天息息相关

　　最后我想讲讲，为什么我们要花这么多人力、物力去研究商王朝。商王朝的事虽然过去了三千年，但商王朝许多考古现象、重大发明和文化成就都与今天密切相关。

　　第一，是对生命价值的认知问题。如果不研究商王朝，我们很难相信，三千年前人们杀人如此之多。中国历史曾经实现从杀人如麻到尊重生命的跨越，这个价值认识的转变正是在距今三千年前后发生的。我们发掘出的商王朝贵族墓和许多其他的重要遗迹，都有显著的杀人祭祀特征。当时达到一定规模、一定等级的商代房子和墓葬，基本都发现有祭祀人牲。但是西周或西周以后的遗址，以人牲为祭品的现象基本上就没有了。不研究商王朝，我们不知道我们的祖先还有人性如此凶残的一面。所以，商王朝存在的这五百年，是历史进步绕不开的五百年。如果我们要认识自己，就必须回顾历史。人性中有凶残的一面，从历史的经验来看，如果今天我们的意识形态工作引导不好，人性中的某些阴暗面就可能被激发出来。

第二，文化是有延续性的。今天的每一个人都是文化传承的结果。我们与外国人不单是外貌不一样，真正的核心是我们积淀下来的文化传统跟他们不一样。由于文化不同，所以造成了人与人之间很多的不同。包括刚刚所提到的文字的传承，甲骨文的1300多个字至今还在使用。有些字虽然字典没有收录，但是我们也能认识。我们今天用的简体字，有许多是从古代一开始就有的，这就是文化的延续性。

北京四合院这样的建筑形式，在商王朝时期已经很成熟。四合院用到今天，这也是文化的延续性。

今天住所打乱了族氏之分，但实际上亲戚、亲人等这些观念一直根深蒂固地存在我们的记忆当中，这与商代的祖先崇拜也有关系。所以，我们许多的文化传承都是从古代来的，不理解历史我们怎么能知道今天的文化？

第三，文化的多样性与创新。文化的多样性是有利于创新的，我们不能够在文化上采用"一刀切"的排他政策。安阳作为商朝都城的二百多年中，早期文物有着丰富的多样性。有来自西北的陶鬲、来自东南的原始瓷豆、来自南方的硬陶瓿和来自北方的环首刀。这些物品的存在说明当时丰富的文化多样性，而这一时期恰恰是商王朝最活跃、最强大、最辉煌的时候。可是到了晚期，临近商王朝灭亡的时候，祭祖的杯和爵或者其他器物，都制式化了，多样性消失。多样性的消失是不利于创新的，因为各种文化的碰撞，可以相互促进，共同发展。所以，我们在制定政策的时候需要考虑到保护文化的多样性。

国家保护文化多样性的同时，还要强调保护文化一体性，也就是要多元一体。我们可以用十六个字来简单地概括中国的发展历程："史前家园，邦国之路，王国崛起，帝国一统。"所谓"史前家园"，指的是史前时期形成的文化基础；大约距今五千年前，在史前文化的基础上逐渐发展出以相对封闭的地理单元为依托的政治体，出现所谓"邦国"；到了公元前两千年前后，也就是距今四千年前后，开始出现了超越地理单元的跨地域国家，学术界称之为"王国"，商王朝就是这样的国家；公元前221年，秦始皇一统中国，中国进入帝国阶段。无论哪个阶段，其实都是在文化"多元"的同时维护了"一体"。多元一体的文化结构保留到今天，成为中华民族"兼容并包"的健康基因，为保证中华民族文化丰富多彩作出了重要贡献，它使中华文明的文化凝聚力和文化认同感达到了新的高度，成为国家长久一统或分而不离的基石。

文化遗产的保护同样说明今天与过去息息相关。发展经济就要优化资源配置。文化遗产本身也是资源。一些地方把民生和遗产保护对立起来，在文化保护和民生问题发生矛盾的时候，主张牺牲文化遗产保护，提出文化遗产保护给民生让路。实际上，文化遗产保护本身也是民生。吃饭、穿衣、开车、住房，当然是民生，但是作为人，还要呼吸新鲜空气，享受好的环境，看看美丽景色，享受丰富的文化娱乐、缅怀历史文化。所有这些需求也是民生。所以，文化遗产保护是民生的一个部分，它可以让民生这个概念更加丰富。

文化遗产保护工作应该怎么去做？我国曾提出"维护文化遗产的尊严，让文化遗产的保护融入经济发展，让文化遗产保护惠及民众"的正确思路。城市建设中，建公园、种绿植虽然可以让民众享受绿色，但这是不够的。有的地方建公园的同时遗址被破坏了。我认为应把遗址保护和公园建设叠加起来，遗址公园将来应在我们国家的城镇化中扮演重要角色。建公园的时候，尽可能选址选在遗址上，使遗址成为公园的文化灵魂。美国、欧洲都是这样处理的。美国的考古部门归属于国家公园局，一旦发现遗址，首先想到的是跟公园结合在一起保护起来，让老百姓进来。过去我们国家发现了遗址以后，立一块牌子——禁止入内。现在国家文物局也在搞国家考古遗址公园，但是有很多阻力，关键是没有跟城市发展结合起来。应该把遗址保护跟公园建设结合起来，使人能够在进到公园享受绿色的同时，还能够领略历史文化。

商王朝是甲骨文的摇篮、文字的起源地。这片区域应该怎样保护呢？我想可以利用前些年国家文物局提过的"片区"概念。安阳应该做一个大的项目才合适。西安作为我们国家的都城是 1024 年，洛阳是 990 年，北京是 800 多年，安阳是 390 年。西安属于陕西省，洛阳属于河南省，在行政区划上很清楚。而安阳正好处在河北省和河南省交界的位置。自古以来河北、河南交界这块区域，文化上本来一体，也就是说从文化上这块区域从来就不是分开的，只不过我们今天的行政区划把它分开了。这就出现一个问题，这里的文物应该怎么保护？如果各自为政，不进行统一的规划，这个地方的文物就无法保护好、利用好。而保护好这一区域内的文化资源，有利于我们国家经济发展。

第一，这个地方有很多著名的文化遗产品牌，比如世界文化遗产殷墟，以及赵王城、曹操墓、甄妃墓等。这都是著名的品牌，何况还有甲骨文、后母戊鼎等很多进入中小学课本的文物明星。

第二，以单位面积的文化遗产数量来算，这个小区域南北 22 千米、东西 10 千米左右的范围内，其单位面积文化遗产的富集程度是全国之冠。

第三，南水北调干渠穿越这一地区，另外还有漳河和洹河，这一地区有着丰富的水资源。加上京广铁路和 107 国道，交通也很发达。这一范围目前还属于华北农村区，如果规模建设，不存在大规模拆迁。所以，我想能不能够搞一个跨省的文化遗产特区？打破河南省、河北省的间隔，两省联署，由中央部委进行协调做一个统一规划，把这些著名的品牌连起来，然后分阶段落实。这样做，一方面密集而有品质的文化遗产资源得到了好的保护，另一方面在京广线的沿途增加了一个文化亮点。因为不需要大规模拆迁，同时可以利用当地丰富的水资源，经济上开发成本也并不高。这个文化品牌如果能够建立，可以直接服务于邯郸、安阳 1400 万人口，进一步可以辐射到北方的石家庄、北京方向以及往南的郑州、武汉方向。而且在这片区域的西边有太行山，还有红旗渠，也同样是非常好的自然景观。密集的文化遗产资源将得到整体的保护和利用，有助于华北地区经济发展和人文环境的提升，让这片土地变得更美丽。

（讲座时间 2015 年）

孙　机

古代中国
——一个充满创造活力的国家

孙 机

孙机，1929年生，山东青岛人。中国国家博物馆终身研究馆员、国家文物鉴定委员会副主任委员、中央文史研究馆资深馆员、国家博物馆研究院名誉院长。1992年获国务院政府特殊津贴，2008年被中国美术家协会评为"卓有成就的美术史论家"。曾任第四、六届国家图书奖评委，第一届中国出版政府奖图书奖评委。

长期从事中国古代车制、中国古代服饰史、中国古代科技史等方面的研究。主要著作有:《汉代物质文化资料图说》《中国古舆服论丛》《仰观集》《从历史中醒来》《中国古代物质文化》等。其中,《汉代物质文化资料图说》一书被誉为"一部百科式的、可以反映汉代物质文化全貌的重要著作"。

　　中国五千年文明灿烂辉煌,主要表现在精神领域和物质领域两方面。比起精神领域来,生产、生活方面的物质文化成就更直观、更具体。古代中国有不少发明在当时遥遥领先,后来并使世界人民普受其惠。英国人李约瑟在其著作《中国科学技术史》中指出:中国独创的而影响世界的发明有七十多项。其实远不止此。今天我们就一起来重温一下我国古代这方面的若干长项。

一、农业

（一）犁

不论哪个国家都得搞农业，从事农业，首先要耕地，而耕地则需要用犁。

早期的犁仅装有犁铧，只能破土开沟，不能把耕起的土垡翻转过去，而后一点是很重要的。因为土垡翻转以后，接触到阳光空气，生土才会变成熟土，同时，杂草随之埋入土中，还能起到压绿肥的效用。耕地时土垡的翻转是由犁铧和犁壁共同构成的连续曲面完成的，其中关键的部件是犁壁，也叫犁镜。中国在公元前 2 世纪的西汉时期已经发明了犁壁，在陕西、山东、河南的许多地点均曾出土，且有向一侧翻土的鞍形犁壁和向两侧翻土的菱形犁壁。而当时欧洲的犁上只有犁铧，没有犁壁，直到公元 11 世纪时，才有了装犁壁的犁，比中国晚了一千多年。因此，当时的西方为了使犁

山东枣庄出土汉代石画像上所见装犁壁的犁

过的土垡尽可能翻转，只好采用纵横犁田的方式，即横着耕一次，纵着耕一次，十字交叉。因此，地中海区域的田块大体上呈方形。而古代中国只沿纵向耕地，呈长条形。田块单位为"亩"，在汉代以前指的是宽 1 步、长 100 步的一个窄长条。

（二）耧

耕地之后要播种，播种有三种方法：点播、撒播和耧播。最简单的是点播：拿棍子杵一个洞，往里撒种子。此方法速度太慢，因此有些地方就用撒播的方法，但庄稼会长得很乱，不便于后续劳作。西方直到文艺复兴时期播种的方法还是撒播，这在当时的画作中能看到。画中播种的人撒播姿势挺潇洒，但方法

很笨。而中国早已经有了耧车，这是一种播种的专用工具。用耧播种，种出来的庄稼排列成行，非常规整，利于之后的中耕除草及施肥等。我国在公元前 1 世纪就发明了播种的耧。山西平陆枣园村新莽时墓葬的壁画中，有用驾一牛的三脚耧进行播种的图像。

汉代的铁制耧铧在辽宁辽阳三道壕、北京清河镇、陕西富平及渭南、河南渑池等地均曾发现。居延地区瓦因托尼西汉屯垦遗址中还出土了一件硬木制的耧腿，其尖端原应装铁耧铧，但已遗失。不过仍说明这时耧播在中国北方已经相当普遍了，而欧洲直到公元 13 世纪以后才有耧车。

（三）扇车

无论稻子还是麦子，收获的谷物均须碾压或舂捣以脱去谷壳，脱去的谷壳就是糠，之后再除去糠秕以取得精米。这道工序开始都是用箕类以簸扬的方式完成的，效率很低。但是古代中国在公元前 1 世纪已发明扇车。河南济源泗涧沟和洛阳东关汉墓中都曾出土陶扇车。

在我国普遍使用扇车的时候，欧洲农民还拿着大簸箕扬糠。他们会找一个山坡，利用下降气流顺风簸扬，把糠吹走。这种方法，西方用到了公元 16 世纪，直至扇车出现。

如上所述，真可谓"不比不知道，一比吓一跳"，在农具发明方面，西方与我们相比，竟差了一千多年。在相对闭塞的古代，我们能够有这些领先世界的发明，是可以引以为豪的。

二、纺织

讲到穿，中国跟西方也很不一样。古代称平纹丝织物为帛，麻织物为布。丝是中国特有的，古代其他地方都没有。除了丝之外，中国还有麻，但是中国的麻和西方的不一样。西方用的是亚麻，比如：埃及金字塔里裹木乃伊的布料，就是极细的半透明的亚麻布。中国直到清代才引入亚麻。之前使用的是大麻和苘麻，但由于苘麻太粗，刺痒、扎人，所以都用大麻布做衣服，而苘麻则做绳子使用。又因苘麻耐水，故多用于船上。另外，中国古代还有苎麻。苎麻布薄而轻，常用作蚊帐、夏布，但由于苎麻多产于气候暖和的南方，所以，虽然很受重视，却不那么普及，社会上普遍穿的还是大麻布。过去称老百姓为"布衣"，这个名称就是由此而来的。

要织麻布，首先就要把麻纤维捻成线。而丝纤维是自然界里面最长的，可达 1000 米，它不用捻线，只要合股就成为丝线了。麻则不然，它的纤维短，需要捻，这就得借助工具。古代要将麻纤维捻成线，不论东西方，起初都是用纺锤完成的。纺锤由纺轮和捻杆构成。可是用纺锤捻线，速度很慢，纱线的拈度也不够均匀。后来中国发明了单锭纺车。

（一）纺车

单锭纺车是从并丝的篗车演变出来的，只是将篗管换成纺锭，可见它的出现受益于丝织工具。甘肃武威磨嘴子 22 号东汉前期墓中曾出土木纺锭，则纺车的发明应不晚于公元 1 世纪。但是，单锭纺车的工效仍不高，一昼夜只能纺 3—5 两纱。后经不断改进，单锭改为多锭，手摇改为脚踏，性能大为改进。已知最早的脚踏三锭纺车的图像见于南宋蔡骥《新编古列女传》插图。从纺纱人双手的动作看，她是在将麻缕"绩条成紧"，而不是手握棉筒（粗棉条）"牵引渐长"，所以是在纺麻线而不是纺棉花。在元朝王祯《农书》中，还载有脚踏五锭纺车的图像。回过头来看古代西方，古希腊、古罗马将羊毛或植物纤维捻线，要先在腿上搓成粗纱。为了防止将腿搓伤，还制作了一种扣在腿上的、有点像筒瓦那样的陶器，名纱轴。它的底面与自大腿到膝盖处的弧度相适合，表面则有鱼鳞纹，便于搓纱。搓好后再用纺锤加捻，以取得更紧密的细线，效率远远比纺车低。单锭纺车在西方的出现不早于公元 13 世纪，其最早的图像见于一部 1338 年前后出版的诗集中，比古代中国晚了 1000 年以上。所以，在谈到中国物质文化成就时，可以理直气壮地说：我们的很多发明是领先世界的。

（二）踏板斜织机

纺出线来以后，就要把它织成布。踏板斜织机就是我国纺织史上的一大发明。它把原始织机用手提综片开口的方法改为用脚踏提综开口，织工可以腾出手来专门用于投梭打纬。这种织机有平置的机台和斜置的机架，二者呈50°—60°角。织工可以坐着，又可以一目了然地看到面经和底经开口后，经面的张力是否均匀，有无断头。工作的质量和速度都大为提高。欧洲到公元6世纪才出现这种机具，到公元13世纪才广泛应用。为了织出带有复杂花纹的织物，汉代在踏板斜织机上增设花楼，由一名提花工坐在上面用手操纵提花综束，与织工合作，共同将花纹织出。而罗马只有竖立的织机，织工是站着操作的。这种织机由于经轴位于机架上方，不便更换；打纬做上下运动，较难掌握纬密的均匀度。且不能加装多片综，一般只能织出平纹织物。如要加花，须另用手工编结。

三、住

关于住，中国与西方相差甚远。中国是土木建筑，在中国盖房子俗称为"大兴土木"，这个说法是有历史来由的。所谓土，指夯土也就是版筑；所谓木，指木构梁架。而西方则不同，以罗马为例：罗马是大理石之城，无论神庙、浴场、斗兽场，建筑材料均为大理石，这显然比我们的土木结构要精致得多。再看埃及开罗，用600万吨的石头做一个金字塔；开罗附近不产石材，这些大石头须从外地运来。这要有两个必须的条件：一是发达奴隶制，二是宗教狂热。中国古代恰恰不具备这两条，所以此类建筑就与我们无缘了。周代筑灵台，《诗》云："庶民攻之，不日成之。"（《大雅·灵台》）短时间内便建成。反映出古代中国不仅注意建筑物的低成本和实用性，而且要求节约劳动力。"使民以时"在当时是全社会的共识。北京故宫三大殿前后的御道石，长16米，重二百余吨，产自河北曲阳。当时用两万人拉，每天只能前进五里，近三个月才运到，耗费白银11万两；而古埃及的奴隶拉石头是不给钱的。

四、交通工具

（一）马车

1. 轭靷式系驾法

考古学证明，中国夏代已有了车，开始可能是用人拉，再进一步就是用牲口拉，牲口如何套在车上拉车有一个专用的名称叫系驾。

说起系驾就有学问了。衡量畜力车的性能，关键之一是看它的系驾法。古代世界上不同的地区曾采用不同的系驾法。古印度用牛拉车，车辕绑在牛犄角上，现在看来是何等不便。在古埃及、古罗马，拉车的受力点落在马脖子上。马颈部的生理构造和人类差不多，都是颈椎在后，气管、食道在前，"颈带式系驾法"让马用脖子拉车，因而跑得越快，马越喘不上气来。希腊诗人荷马有一首诗这样描述，可怜的牲口，你刚使点劲就要翻白眼儿，你刚走几步就流哈喇子，你真可怜。罗马的图拉真纪功柱上雕刻的军队用车、德国的勃兰登堡门上驾车的太阳神，采用的都是"颈带式系驾法"。这种方法在欧洲一直沿用到公元8世纪。

古代中国则不然。在秦始皇兵马俑坑出土的那件模铸得无比精确的2号铜车上，可以看到服马（即靠近车之独辕左右的两匹马）是通过系在两轭内侧的两根靷绳来拉车。两靷的后端系在车厢前面的环上，再用一条粗绳子将此环与轴相连接。由于中国古车的轮径较大，平均约1.33米，所以自轭脚至车轴的连线接近水平，靷绳系在这个位置上，马的力量能集中使用，减少了对拉车前进之无效的分力。在每匹服马的轭脚底端虽然也系有一条带子，但它只是为了防止脱轭而设，马并不通过它来拉车。这条带子受力不大，不影响马的呼吸。在2号铜车上，真正受力的部件是叉在马肩胛前面的轭，所以轭底下衬以软垫，防止马被磨伤。传力的则是靷绳。依其受力的主要挽具来命名，可称为"轭靷式系驾法"。这样系驾较适合马体的特点，有利于马力的发挥。用轭靷式系驾的中国古车，车轮大，车厢小，车体轻，由四匹气管全然不受压迫的马曳引，可以达到很高的速度；从而中国古代的车战是在奔跑着的车与车之间进行的。战

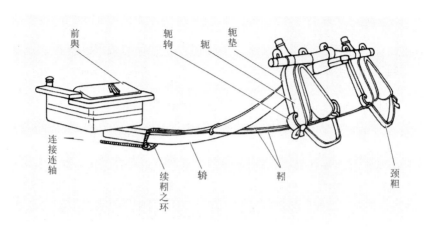

秦始皇陵出土 2 号铜车上所见轭靷式系驾法

斗双方在各自战车上，抡戈勾击，进行车战。

　　而西方采用"颈带式系驾法"的车上不设靷绳，马通过车衡缚在车辕上，马的力量全靠向上扬起的车辕传导。加之马的呼吸不畅，故车的性能受到重重局限。西方虽然有战车，却不能进行车战。西方的战车一般只用于奔袭，接近敌人时，武士还得跳下车来进行步战。尽管西方的车出现的时间比中国早，公元前 3000 年代美索不达米亚地区已有畜力车，但系驾方式与中国古车完全不同，性能迥异。所以那种认为旧大陆的古车同出一源，中国造车技术是从西方引进的说法，断难成立。

2. 马镫

　　中国古代在陆上交通方面的另一项贡献是发明了马镫。古希腊人多骑裸背马，罗马人则要到公元以后才用马鞍。中国上古时代也是如此，马匹只作拉战车使用，并非出行工具，故六经无"骑"字。

　　马镫并非一开始就有。秦朝和西汉时期，只有马鞍，还非常简单。秦始皇陵兵马俑坑和陕西咸阳杨家湾西汉墓出土的无镫之陶战马虽然有鞍，但形制低平，仿佛是一块垫子。之后，出现了鞍桥。鞍桥分为前鞍桥和后鞍桥。由于人骑于马上，前鞍桥常被遮挡，后鞍桥可以令他人看得更清楚，故成为装饰重点。其后果就是：后鞍桥越来越高，令骑者跨鞍上马越来越难。为此，中国发明了马镫。

初期，中国发明的只是上马用的单马镫。有关单镫最早的报道，是甘肃武威南滩魏晋墓出土的一例。不过严格地说，单镫只能叫"上马镫"。从这个意义上考虑，应该说马镫在我国的发明是以高桥鞍的使用为前提。而这一前提在同时期的世界其他地区并不存在，所以上马时面临的情况也就不尽相同了。

比武威的例子稍迟，湖南长沙金盆岭西晋永宁二年（302）墓中出土了著名的单镫骑俑。其单镫悬于马鞍左前侧，镫系较短，是供上马时搭足用的，骑上去之后就甩开不用了。但使用单镫的历程很短，仅比金盆岭西晋墓晚20年的南京象山东晋永昌元年（322）墓中，就出土了双镫陶马俑。使用双镫，骑者才能获得稳固的依托，才能更有效地控制马匹，才使着铁甲的重装骑兵的组建成为可能。

西方于公元5世纪以前只发现过作为马镫前身的革制脚扣。第聂伯河下游契尔托姆雷克巨冢出土的斯基泰大银瓶和印度桑奇大塔的图像中都能看到这类脚扣，但革制脚扣较软。科技史家说："当一个人骑在马上时，如果他不能从柔软的环圈（指革制脚扣）中迅速地缩回脚，可能会很危险。"（《牛津科技史》卷二）所以它还不能算是真正的马镫。公元6世纪时，马镫从中国传到东欧的匈牙利，以后逐步西传。有了马镫，欧洲才出现了浑身披甲的骑士，才进入了中世纪的封建社会。后来，中国发明了火药，火器的传入同样改变了欧洲的战争方式。火枪打败了披甲的骑士，击溃了封建堡垒，欧洲这才进入近代社会。因此可以说，欧洲之社会形态的改变受益于中国的发明。

（二）船

1. 舵

大海航行靠舵手，若是船没有舵，那真是无法想象。中国发明舵是在公元1世纪东汉时期，欧洲的舵则是公元11世纪，由欧洲"低地国家"（指荷兰、比利时一带）的水手首先使用。

为什么欧洲没有舵？我们知道，古代欧洲的很多东西都是从埃及传下来的。

埃及最早的船是用尼罗河里的纸草（一种芦苇）制造的。这种芦苇很结实、质量很高。埃及人把它绑成船，形状就像饺子似的，两头尖翘。这种船的后部缺少一块可用于装舵的处所。因此，欧洲的船没有舵，转弯时由两人划桨来掌控。中国则不然，中国古船两端出艄（艄艉向外延伸），并用木板横向封闭，艉上翘的坡度稍缓和。而且两舷边沿的大檣（船舷边沿之纵向的舷板，又名大筋）突出船尾，形成向内凹进去的一块空缺，正便于装舵。在欧洲，直到 1200 年前后，尼德兰地区的船工才开始使用艉舵。

2. 水密舱

所谓水密舱，就是用隔舱板将船舱分隔成互不相通的一个个舱室，这是造船技术上的重大进步。即使船进了水，也只能灌一个舱，整个船是沉不了的。水密舱之隔板的下部还有个小小的过水孔，可将舱内进的水匀到各个舱内，使船身得以平衡，然后再将它堵住。中国不晚于唐代就已经有了水密舱这项技术。江苏如皋马港河故道出土的唐代早期木船隔为九舱。福建泉州湾出土的南宋海船隔为十三舱，隔板厚 10—12 厘米，隙缝处用桐油灰封堵，具有严密的隔水功能。这种做法的优点很多。首先，如某舱受损，其他舱室不致进水，免受牵累。既保证安全，又便于修复。其次，隔舱板横向支撑船舷，增强了抗御侧向水压和风浪的能力，起到了加固船体的作用。宋元时印度洋上的阿拉伯旅行者多搭乘这种中国船，因为它比较安全。《马可·波罗游记》中说："比较大一些的船有十三个货舱，就是船里面的隔间，都是用硬木板装隔的，跟船壳紧密地钉在一起。"他的描述与泉州湾出土之船的结构非常一致。可是这项技术的推广相当迟缓，直到公元 18 世纪末的 1787 年，美国科学家富兰克林在关于造船的信件中才说："它们的货舱照中国的方法分隔成个别的舱区，并且把每个舱区都腻缝紧密，以免进水。"1795 年，本瑟姆受英国皇家海军的委托设计新舰船时，也引进了中国的水密舱结构。他造的船"有增加强度的隔板，它们可以保护船只，免得进水而沉没，正像现在中国人做的一样"。之后，水密舱遂逐渐在造船业中被普遍采用。

五、金属冶炼

（一）铸铁

人类冶铁都是从块炼铁起步的。将铁矿石和木炭放进炉中加热，可以通过化学上的还原作用生出金属，但铁矿石在熔化后的还原过程中，变成疏松的全是气孔的海绵状物，还原出来的小铁珠凝固并隐藏在渣块中，它叫块炼铁，也叫海绵铁，含碳量很低，相当软。之后在反复加热锻打中挤出渣子，并由于同炭火接触，渗碳变硬而成为块炼钢。考古学证明，中国在西周末已经生产出这样的铁和钢。

很快，到了公元前 8 世纪上半叶的春秋早期就出现了铸铁。山西天马—曲村遗址出土了春秋早期和中期的条状铸铁，即生铁。铸铁是在高炉里以高温液态还原法炼出来的。铁的熔点是 1536℃。但是，不用烧到这么高的温度，烧到 1200℃时，被木炭还原出来的固态铁就迅速吸收碳。只要含碳量超过 2%，烧到 1146℃铁就熔化了。西方古代炼铜时，炉温肯定超过铜的熔点 1083℃，只要再提高 120 多度就能炼出铸铁来，可是古代西方就是长期迈不过这道坎，可能因为西方冶铁的传统是锻打海绵铁。公元初年，罗马的炼铁炉有时因为过热炼出了铸铁，然而由于铸铁一锻即碎，所以都被当作废料抛弃了。

（二）球墨铸铁

中国有了铸铁后，由于其性脆、韧性较差，于是又发明了退火的方法，即在高温下将铸铁件长时间加热，使铁中的化合碳发生变化，就可以改变其质地与性能。比如：把生铁铸的镰刀放入一个炉子里三天，一直保持 900℃，再拿出来，这把镰刀就退了火，不再是普通的铸铁了。经过这样处理后制成的就是可锻铸铁（又叫展性铸铁），性能介乎钢和铸铁之间，具有较高的强度。

为什么可锻铸铁比普通铸铁强韧呢？这是因为普通铸铁中的一部分碳会以片状石墨的形式析出。而片状石墨对基体有切割作用，故产生脆性。经过可锻化退火后，铸铁中的石墨变成团絮状，切割作用大为降低，遂获得了较优的机械性能。如果进一步通过可锻化技术，使铁中的石墨成为分散的小球状，则对基体的切割作用变得极小，非常坚韧，甚至可以部分代替铸钢，这就是球墨铸铁。

河南巩义市铁生沟汉代冶铁遗址出土的一件公元前 1 世纪的铁镬，经检验，其中的球化石墨形状良好，有明显的石墨核心和放射性结构。就其球化等级而论，可以达到中国现行稀土镁球墨铸铁部颁标准的 1—2 级。尽管它的硅含量与现代球铁不同，但其石墨结晶致密，一直加热到液相出现才中空脱熔，开花解体，表现出球状石墨的形态稳定性。虽然中国古代很早就有了球墨铸铁，但后来却失传了。现代的球墨铸铁是到了第二次世界大战以后的 1947 年才发明出来。由此可见，我国古代在金属冶炼方面一点都不落后，且一直遥遥领先。

六、造纸、雕版印刷

关于书写问题，有一种说法，即中国最早的书写材料是甲骨和青铜，这是错误的。甲骨在上古时是神圣的东西，它能预知未来，用于占卜。甲骨遇热会裂出纹路，根据这些纹路，占卜人作出各种解释。所以，甲骨用于神圣的占卜的记载，不是日用品。同样，青铜更不可能。在当时，铜器相当贵重。不说平民，就是贵族也不能随便铸造铜器。所以，无论甲骨还是青铜都不是最早的书写材料。

《尚书》有云："惟殷先人，有册有典。"说明商代时就已有典册了，即已用竹简、木简来记事。虽然迄今为止尚未发现商代的竹木简，但考古有一定的偶然性，将来说不定就能出土；可以相信，商代一定有简牍。中国除使用简牍外，还使用丝或帛，只是丝、帛价格昂贵。不过，古代西方用于书写的材料更是五花八门，比如：埃及使用纸草纸，即芦苇的膜；两河流域使用泥板；罗马使用羊皮，要抄写基督教《圣经》中的"旧约"就要用 60 只羊的皮。这类书写材料大大限制了文化的传播以及教育的普及。

（一）造纸

关于纸的起源，有一种说法是认为起源于漂絮。即在漂絮时，底下放置一件浅而平的竹筐子，细碎的丝絮落入其中，积结成一层薄薄的丝絮薄膜，这层薄膜叫作"赫蹄"，有时也叫它"丝絮纸"，但此说不准确。这层薄膜其实和纸是完全不同的东西，把它再浸入水中，就会重新解散成丝纤维。因为丝纤维是动物蛋白，不能像植物纤维一样，于打浆抄制后能在纤维间产生氢键结合而成为纸。

不过，西汉时确已有纸。1933年在新疆罗布泊的西汉烽隧遗址中、1973—1974年在居延金关西汉宣帝时的遗物中、1978年在陕西扶风中颜西汉晚期窖藏中，均发现过西汉纸。它们以旧麻絮、麻布、绳头等为原料，已经过简单的切、舂、打浆和抄造。然而纤维交织状态差，纸面粗糙不平，大概只用作包装材料。但这时也有质量较好的纸，1988年在甘肃敦煌小方盘城（汉玉门关遗址）以南出土了一张信纸，上面的字迹颇佳，竟是带波磔的隶书。同出的木简有汉绥和二年（公元前7年）纪年，表明这时的纸无疑已进入书写领域。

到了东汉前期，在蔡伦主持下，造纸技术出现了重大的进步。在这里我需要说明的是，通常所说的蔡伦造纸，并非蔡伦发明，而是改进。蔡伦开始使用树肤即树皮造纸，也就是木浆纸，一直使用至今。可以说，蔡伦是木浆纸的首创者。1974年在甘肃武威旱滩坡出土的东汉晚期纸，是一种单面涂布加工纸，厚约0.07毫米，涂层均匀，纸面平整。它的纤维帚化程度高，交结紧密，是已经发现的东汉最精工的纸张。

根据新疆发现的古纸实例考察，造纸技术下一步的发展是：晋代已在纸外涂一层矿物性白粉，如吐鲁番发现的晋写本《三国志》用纸。继而采用植物淀粉糊。之后，又将淀粉糊掺进纸浆中，成为悬浮剂，这样可以使纸浆中的纤维分散得更均匀，便于抄造。西凉建初年间（405—417）的墓葬中出土的纸就是这样的。采用这些措施的目的都是为了堵塞纸面上纤维间细微的孔隙，使运笔时不致渖晕走墨。此外还先后采用施胶、染潢、加蜡、砑光等技法对纸张加工。

以上种种改进,在唐天宝十年(751)唐与大食的怛罗斯(在今吉尔吉斯斯坦的 Aulie Ata)战役之前均告完成。此役中被俘唐军士兵带去的造纸术,已是一种充分成熟的技术。怛罗斯战后不久,撒马尔罕开始造纸。793 年,巴格达开始造纸。900 年左右,埃及开始造纸。之后,约在 1100 年造纸术传入摩洛哥。约在 1150 年传入西班牙。1180 年传入法国。1271 年传入意大利。1312 年传入德国。再往后到 1567 年俄国学会造纸。1690 年美国在费城建起第一座造纸厂。中国发明的纸使全世界人民普受其惠。

(二)雕版印刷

说起雕版印刷的起源,往往会追溯到印章。只不过印章系捺印。雕版多为刷印,存在着区别。但印章出现得早,有理由把它看作雕版印刷的前身。中国汉代印章的印文有的可长达 20 字,内容宛如一封短信。晋朝葛洪《抱朴子》中说,道士入山时为了辟邪,所佩木印刻有 120 字,其印文更与小幅印品相似,可以看作雕版印刷的前驱。

南北朝时佛教流行。敦煌卷子中的东晋写本《杂阿毗昙心论》卷十,纸背捺有方形佛印,为环绕梵文经咒的西方三圣像。这种佛印、佛咒、佛像都是印在上面的,比《抱朴子》中说的大木印,更接近雕版印刷。同一面上还钤有"永兴郡印",此郡废于隋初,上述佛印应与之同时,即不晚于隋。初唐时在长安宣扬佛法的僧人法藏,于所撰《华严经探玄记》中讨论悟道有无先后时说:"如印文,读时前后,印纸同时。"又说:"如世间印法,读文则句义前后,印之则同时显现。"他说的印文、印纸、印法都是指雕版印刷而言。用一块印版印出的文字,读起来虽有先后,却是同时印上去的。这些话的含义十分明确,证明此时已经有了雕版印刷。

印刷技术在慢慢地改进,到了唐代已经印得越来越漂亮。五代时冯道就开始印"五经"了。这个时期的印刷品已经非常成熟,更不用说宋朝的宋版书了。说到这里,就有了一个问题。中国国内未曾出土过唐代的印品。已知雕版印刷品最早的实例是韩国庆州佛国寺释迦塔中出土的《无垢净光大陀罗尼经》。经文

雕版印刷工具

字体端正，有一定的印刷质量。由此，韩国人就说雕版印刷是他们发明的。

　　然事实并非如此。此经正是上面提到的法藏和另一位高僧弥陀山于武则天当政时译出，里面有武则天时期特有的制字。佛国寺也正是此后不久（751）在唐朝工匠参与下建成的。所以有理由认为此经是唐代所印。何况朝鲜古文献中并无在公元 8 世纪时有印刷活动的记载。朝鲜半岛最早的印刷品是 1007 年由高丽总持寺刊印的《宝箧印陀罗尼经》。如果说早在公元 8 世纪前期新罗已能印出像《无垢净光大陀罗尼经》这样的经卷，而在其后的近 300 年中却是一片空白，就不好解释了。

　　每个地方都有自己的长处。世界上最早、最好、最漂亮的铜活字印本就是古朝鲜的。日本发明了折扇，后由朝鲜半岛传到我国。所以说，有些事情我们不需大包大揽。但是，确实是我们的，也不必推让。

七、瓷器

　　瓷器是用高岭土做胎，表里均有一层玻璃质的釉，经过 1200℃左右的温度烧结而成。它的质地坚硬，音响清越，不透水和空气，薄层半透明，碎屑有介壳光泽。瓷器是中国的伟大发明。在中西方的商贸交流中，中国的瓷器往西方卖了几亿件。可是西方长期只有陶器，制作不出瓷器来。

　　其实制瓷跟制陶在技术上没有一条鸿沟，只是一个经验的积累，那就是温度——瓷需要1200℃以上，陶只需900℃。另外，陶用黏土做胎；瓷用瓷土，最好是高岭土做胎。中国商代时期已经有了用黏土掺着瓷土做胎的原始瓷。到汉代，正式的瓷就烧成了。所以，中国很早就有了瓷。

　　自唐以来，中国瓷器远销世界各地，并受到全世界的欢迎。虽然制瓷的方法也逐渐传播到东西各国，但是，西方就是迈不过温度的这道坎儿，直到公元18世纪，欧洲才烧成了真正的瓷器。

北宋磁州窑白釉黑花龙纹瓶

八、罗盘

　　中国在秦代已认识磁石的吸铁性。《吕氏春秋·精通篇》说："慈石召铁。"古代为了检验磁石的磁力，常以吸针为验。《名医别录》说，好磁石"能悬吸针，虚连三四为佳"。这些钢针因与磁石的接触而磁化。到了宋代，就发现感磁的针能指南。沈括《梦溪笔谈》说："方家以磁石磨针锋，则能指南。"但要使磁针表现出指极性，必须使它能自由转动。对此，沈括介绍了水浮、指甲旋定、碗唇旋定、缕悬四种方法。之后，磁体指南针很快得到应用。

　　中国的堪舆罗盘最早见载于宋朝杨惟德的《茔原总录》（1041）。航海罗盘最早见载于宋朝朱彧的《萍洲可谈》（1119）。1985年和1997年在江西临川的南宋墓中，两次出土手持罗盘的陶塑人物。前一例的年份为1198年，人像座底书"张仙人"。后一例的年代相近，人像座底书"章坚固"，也是一个仙人的名字。二者在现实生活中均应代表看风水的堪舆师。此类陶塑的屡屡出土，表明用于看风水的罗盘这时已然习见。以上情况证实罗盘在中国的出现不晚于公元11世纪初，应用于航海不晚于公元11世纪末。而罗盘在西方文献中最早见于英人尼坎姆（A. Neckam）于 1190 年时的记载，已经是公元 12 世纪末叶了。中国发明的罗盘是对人类文明的伟大贡献。

讲到这里，需要对司南做一更正。前些年，根据东汉王充《论衡》中的"司南之杓，投之于地，其柢指南"数语，王振铎先生制作了一个司南，即把一个勺子放在一个方形的地盘上，说这是原始的指南针。这个说法是错误的。1952 年郭沫若访问苏联，准备以司南作为礼物，于是找到物理学家钱临照，请他用最好的天然磁石，请北京最好的玉工做出了上述模型。但是，这个勺子根本不指南。没有办法，只好改用钢制作勺子，然后又缠上线圈，做成了电磁铁。对于这个问题，后来写了好多文章，才慢慢纠正过来。所以，有时候一个东西一旦说错，并得到了认可，要加以纠正是非常难的。

九、火药、火炮

（一）火药

中国古代炼丹术士是以炼制长生丹药为目的，然而他们所采用的原料却是一些烈性的矿物，如硝石、硫黄之类。由于不易控制，术士又对它们进行"伏火"。伏火时要将硝石、硫黄和炭化的皂角等一同加热。这样，一不小心就会引起猛烈的燃烧，最终导致了火药的发明。唐代孙思邈在《丹经》（682）中说，火药是用二两硫黄、二两硝石加三个皂角子制成，这是最早记下的火药配方。

（二）火炮

火药发明后，最早是把火药装进火药包，用抛石机投射出去。904 年，五代十国中吴国的军队攻打豫章（今南昌）时，用"发机飞火"，烧了龙沙门（见宋朝路振《九国志》）。此事件据宋朝许洞《虎钤经》的解释："飞火者，谓火炮、火箭之类也。"可见公元 10 世纪初，原始火炮已经出现在战场上。

但火药包的爆炸力不仅与药量的多少有关，还和装火药的容器（炮弹壳）的质地有关。初期的弹壳是陶质的，做成圆瓶形，瓶外还做出若干尖突。公元

13 世纪发明了铁炮弹。赵与褒《辛巳泣蕲录》记南宋嘉定十四年（1221）金人攻蕲州的火炮，炮弹用生铁铸成。铁弹壳强度高，壳内气体的压力大，爆炸时威力更强。《金史》中称之为"震天雷"。

　　以上各种火炮还都是将炮弹用抛石机投掷出去的。从公元 12 世纪起，发射火药及子弹的管状火器也在不断创制与改进。汤璹《德安守御录》记载南宋绍兴二年（1132）陈规守德安（今湖北安陆）时，发明竹制火枪。南宋开庆元年（1259）寿春更制出了"以巨竹为筒，内安子窠"的"突火枪"（见《宋史·兵志》）。到了元代，在 1287 年平定乃颜叛乱的战争中，还使用过火力较强的小型火炮（见《元史·李庭传》）。估计它可能就是一种金属管状火器。在这次战争的战场之一，黑龙江阿城县半拉城子所出形制原始的铜铳，虽无铭文，但很有可能即此次战争的遗物。金属筒状火器的出现，是兵器史上惊天动地的大事，它意味着冷兵器时代即将谢幕。中国国家博物馆所藏元至顺三年（1332）铜铳是有明确纪年的世界上最早的铜火炮，完全可以被看作火器时代来临的第一块路标。

　　有时候，我们对一些重要的发明宣传得不够，使得人们在有些问题上认识不到位。比如说到火药，有人认为不就是放鞭炮嘛。但是，火药的意义绝不止于此，正是中国火炮的西传，世界进入火器时代，欧洲才进入近代，市民阶层才能够登上政治舞台。所以，今天我们要宣传我国古代的发明创造，这是我国传统文化中不可或缺的一部分。同时，让我们今天的年轻人通过了解古代中国的物质文化，增强民族自豪感和自信心，要让爱国主义的教育找到根基、落到实处。我想这对于整个国民素质的提高是很有意义的，是一个值得注意的方面。

（讲座时间　2016 年）

樊锦诗

敦煌莫高窟的价值及其
现代文化角色

樊锦诗

樊锦诗，1938 年生，浙江杭州人。1963
年自北京大学历史系考古专业毕业后到敦煌
文物研究所（敦煌研究院前身）工作至今。任
敦煌文物研究所副所长，敦煌研究院副院长、
常务副院长、院长，现任敦煌研究院名誉院
长、研究馆员，长江文明考古研究院院长，《敦
煌研究》期刊主编。主要社会兼职有：中央文
史研究馆馆员，第八、九、十、十一、十二届

全国政协委员，第十一届全国妇联执行委员会委员，中国敦煌吐鲁番学会名誉会长，中国敦煌石窟保护研究基金会名誉理事长。

从事石窟考古、石窟保护与管理研究工作五十多年。主编和出版了《敦煌石窟全集》等十余部著作，并发表《敦煌莫高窟北朝洞窟的分期》《建设世界一流的遗址博物馆》等数十篇论文。

一、敦煌莫高窟和藏经洞的创建背景与内容

（一）创建背景

敦煌位于甘肃省西端。根据敦煌附近出土距今四千多年前的人形彩陶罐，说明那时已有先民在此活动。春秋战国至秦代，先后有大月氏、乌孙、匈奴等民族在此游牧。公元前138年、前119年，西汉武帝两次派遣张骞出使西域，本想去联络已西迁中亚的大月氏和西域（汉以后玉门关、阳关以西地区总称。

本文取狭义，约今新疆）的乌孙共同来夹击匈奴，这个目的虽然没有达到，却使中国与欧亚大陆之间的交通全线打通。

西汉王朝打败匈奴后，于公元前111年，采取"列四郡、据两关"的举措。行政上将甘肃兰州以西的河西走廊纳入版图，由东向西设武威、张掖、酒泉、敦煌四郡；军事上四郡之北修筑长城，敦煌西面设置玉门关、阳关，并征召士兵在敦煌戍边屯田。这些举措，不仅保障了汉王朝西部边疆的安全，而且使敦煌成为往来汉地与西域的重镇。与此同时，汉王朝还采取积极的开发边疆的措施，从内地向敦煌和河西走廊移民；内地居民带来了中原的农耕和水利灌溉技术，改变了原来的游牧经济，又传入了以儒家思想为主的中原汉文化。总之，上述举措确立了敦煌在历史上的重要地位和作用。

含敦煌在内的河西走廊全长1200千米，是一条天然的地理上的走廊，它的南边是祁连山和青藏高原，北边是北山和蒙古高原。在公元前2世纪至公元9世纪，也就是汉唐时期，海运尚不发达，敦煌及其河西走廊成为陆上中原通向欧亚的主要交通干道，也就是18世纪后通常所称的"丝绸之路"。史书称敦煌位于古丝绸之路上的"咽喉之地"，以汉代敦煌为例，向东可通往长安、洛阳，继续东延，可到朝鲜半岛和日本列岛；向西经过西域可到中亚、南亚、西亚，乃至地中海的北非和南欧。汉唐王朝时期，敦煌处于丝绸之路上的战略要地，它既是东西方贸易的中转站，也是宗教文化和知识的交汇处。据敦煌附近遗址出土的汉代简牍记载，作为汉王朝西大门的敦煌，曾接待过丝绸之路沿线29国的使节。自东汉开始，东来中国传播佛教、摩尼教、袄教的传教者，以及

敦煌莫高窟　　　　　　　杜雪琼／供图

从中国出发，西行求法的佛教高僧，大都要经过敦煌进出。丝绸之路上东西文化持续千年的交流，孕育了敦煌莫高窟和藏经洞文物的硕果。

古印度的释迦牟尼（前565—前486）创立了佛教。原始佛教时期没有佛教造像艺术。大乘佛教兴起后，经过印度文化艺术与波斯、希腊、罗马和中亚文化艺术因素长期混合交融，约公元前1世纪在古印度西北部的犍陀罗地区（今巴基斯坦白沙瓦地区）和古印度北部马图拉地方（距今印度首都新德里东南141千米），产生了被称为"犍陀罗"和"马图拉"的佛教造像艺术。约在公元前后印度的佛教和佛教艺术经过丝绸之路传入了中国。从印度传来的上述两种佛教艺术，影响了我国的早期佛教艺术。

（二）敦煌莫高窟的创建与主要内容

据史书记载，西晋太康五年（284）号称"敦煌菩萨"的竺法护等高僧在敦煌首次翻译佛经，过去学界认为这就是敦煌开始接受佛教的时间。

然而，20世纪90年代，在敦煌悬泉置汉代遗址出土了一枚东汉（25—220）时的简牍，上面写着"浮屠里"的地名。"浮屠"是佛教的专有名词，表示"佛塔"。"里"是指古代居民的基层管理组织。敦煌的一处地方用佛教的"浮屠"来命名，可能与佛教有关系。根据这枚简牍推测，早在东汉时期敦煌可能已接受了经过西域传入的佛教。

据公元698年的唐代《李克让修莫高窟佛龛碑》记载，公元366年，有个名叫乐僔的和尚，"行止此山"，即鸣沙山东麓，后来建造莫高窟之处，看到对面的三危山"忽见金光，状有千佛"，他便在此开凿了第一个洞窟，次有法良禅师"又于僔师龛侧"，开了第二个洞窟。碑文记载莫高窟的营建开始于两位僧人。此后，莫高窟建窟、塑像、绘画的佛事活动连续10个世纪，直到14世纪的元代以后才停止了建窟。

莫高窟开凿在1700多米长的断崖上，迄今保存了735个洞窟，分成南北两区。南区的492个洞窟，是供奉与礼佛的殿堂，里面共有2000多身彩塑、45000平方米壁画；北区的243个洞窟，是僧侣修行和生活的场所，里面只有土炕、土灶。

莫高窟是洞窟建筑、彩塑和壁画组成的综合艺术。洞窟建筑因功能不同而有不同的建筑形制；彩塑是接受膜拜的主体，置于窟内最显著的位置；壁画布满全窟所有壁面，形象地表现了佛教的思想理义及其丰富细致的内容。三者互相呼应，交相辉映。

石窟建筑形制主要有三类。第一类是禅窟，受印度禅窟（梵语称毗诃罗窟）的影响。是供修行者坐禅修行的洞窟。正壁开龛塑像，左右两侧壁各开两个或四个仅能容一人打坐修行的斗室。第二类是塔庙窟，又称中心塔柱窟，受印度有雕刻佛像的塔窟（梵语称支提窟）的影响。平面长方形，在洞窟内凿出连地接顶的中国式方形楼阁式塔形，塔柱的四面开龛塑像，象征佛塔，供修行者入窟绕塔观像礼佛。第三类是殿堂窟，受传统中原皇宫贵族建筑里面又设倒斗顶帐的设施影响。在魏晋时代墓葬的墓室早已流行这种倒斗顶形式。殿堂窟平面方形，倒斗形窟顶，正壁开龛塑像，是供修行者礼佛听法的场所。第一、第二类洞窟形制主要盛行于十六国北朝时期；第三类洞窟形制自北魏末、西魏出现后，长期盛行。

彩塑题材，主要表现的是具有最高智慧、大彻大悟的佛像；自身觉悟又能普度众生的菩萨像；虔诚修行、求得自我解脱的弟子像；守护佛法的天王、力士像。

接下来介绍壁画题材。因为敦煌壁画题材的丰富，即便做简要的归纳，也有7类。

第一类，尊像画。绘画的题材与彩塑的题材基本相同，还有包括飞天在内的佛教天龙八部护法神众。优美的飞天，与西方教堂里的小天使形象不同，飞天没有翅膀。但其飞舞的动作自如而飘逸，轻盈舒展地飞翔，以及被风吹拂起来的长裙和翻飞展卷的披巾，给人以愉悦的艺术享受，令人流连忘返。飞天属于天龙八部中的乾达婆、紧那罗。乾达婆是天歌神，又叫香音神，是以歌舞、香气、鲜花供养佛的护法神。紧那罗为天乐神，是专司奏乐的护法神。

第二类，释迦牟尼故事画。因佛祖释迦牟尼具有最高智慧，是所有修行者

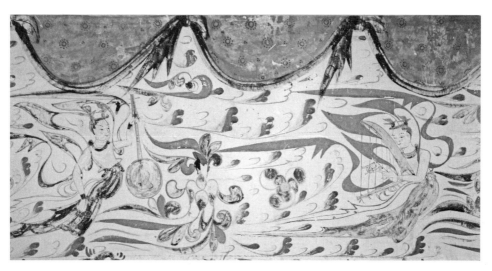

莫高窟第 285 窟壁画《伎乐飞天》（局部）　　　　　　　　　　张庆民 / 供图

修行效仿的榜样，释迦牟尼的故事势必成为佛教艺术的重要题材。这类故事画包含三个内容，一是表现乔达摩·悉达多太子从投胎出生到成为佛陀的佛传故事；二是释迦过去世为救度众生而行布施、忍辱、牺牲等种种善事的故事，是为本生；三是释迦成佛后传教说法、度化众生的因缘故事。

　　我给大家介绍一个有代表性的本生故事，即"萨埵太子舍身饲虎"。一天，古代宝典国太子萨埵和两位兄长一起，在山林中游玩，偶遇一群饿得奄奄一息的老虎，怀慈悲之心的萨埵见了此状便纵身跳崖饲虎，可是老虎们已经饿得连咬他的力气都没有了。于是萨埵又爬上山去，找了一根木刺，刺破喉咙，再次纵身跳崖饲虎。饿虎们舔食了萨埵流出的鲜血，渐渐地有了力气，接着就把萨埵身上的肉吃得精光。后来两位兄长找到一堆萨埵的白骨，急忙回来报信，国王和王后闻讯哀伤不已。两个哥哥收拾萨埵遗骨，起塔供养。这时，天乐忽然响起，赞颂萨埵的善行。国内外很多地方都绘画或雕刻过萨埵太子舍身饲虎的题材，而莫高窟这幅北魏时期的壁画，可以说艺术水准较高。莫高窟北魏第254 窟此画构图方式为一图数景，即把不同时间、不同地点、不同情节的事放在同一个画面，这是受古老印度艺术的影响。

　　第三类，中国传统神仙画。有人可能会疑惑，莫高窟表现的不是佛教艺术吗，为什么又要画神仙画呢？佛教作为一种外来宗教，若要融入中国社会文化，一定要吸纳当时中国人的精神需求，于是便把那时社会普遍信仰的传统道家神仙形象画入了佛窟。如洞窟中采用中国绘画艺术形式，绘画了东王公、西王母、伏羲、女娲等等中国神仙形象。以此促进佛教与中国传统文化相融合。

　　第四类，经变画。什么是"经变"呢？简单说，就是将单部佛经的主题思想和内容，演绎成一铺大幅壁画。洞窟中的经变画一般都是十多平方米、二十多平方米，甚至有三四十平方米。根据唐代张彦远《历代名画记》记载，经变画是隋唐时期的著名画家们为长安、洛阳为代表的中原地区的佛教寺庙创造的中国化的佛教艺术。他们以丰富的想象力，将佛经思想和中国传统的人物画、建筑画、山水画、花鸟画、社会风俗画巧妙地结合在一起，创造了宏伟壮丽、气象万千的理想中的佛国世界。

　　经变画的出现，与隋唐时期中国化的佛教宗派思想的产生有关。反之，规模宏大、气势磅礴的经变画，又推动了中国佛教宗派思想的传播。现在唯有敦煌石窟保存了三十余类经变画的真迹，有成千铺之多。隋唐时期中原名家创造的经变画不仅传到了敦煌，还传到国外的日本和朝鲜半岛。日本保存至今的经变画，其艺术特征与中国敦煌的经变画十分相似。无论中国敦煌的经变画，还是日本的经变画，其源头都是中国的长安或洛阳。

　　第五类，佛教史迹画。描绘佛教史上的一些传说或故事，以及佛教圣地、圣迹的故事画。此类题材的壁画，在传播佛教、吸引信徒方面发挥了重要作用。如果剔除其夸大和杜撰的成分，对研究历史、地理和佛教史也具有参考价值。

　　第六类，供养人画像。为祈福禳灾出资开窟的功德主及其眷属礼佛供养的画像。千年的供养人画像，反映了不同时代、不同民族和不同身份的衣冠服饰，供养人画像身旁书写籍贯、姓名、职衔的文字题记，是研究敦煌历史和敦煌石窟营建史的重要史料。

　　第七类，装饰图案画。用于装饰各洞窟的建筑、佛龛、彩塑，并分隔不同内容的壁画。装饰图案纹样繁缛，色彩缤纷，并吸收外来艺术元素。它像一条精美的纽带，将洞窟建筑、彩塑和壁画连接成风格统一的有机整体。

（三）藏经洞文物的发现、流失和主要内容

1900 年，寄居莫高窟下寺的道士王圆箓，在清理今编第 16 窟积沙时，无意间发现了藏经洞（今编第 17 窟），出土了公元 5—11 世纪初五万余件多种文字的古写本和少量印本，其内容主要有宗教典籍和文献、社会官私文书、中国四部书以及绢画和刺绣等文物。藏经洞是极其珍贵的文化宝藏，是"方面异常广泛，内容无限丰富"的新资料，大部分是失传的写本，并且是古代社会文化的原始记录，反映了古代社会多方面的真实面貌。遗憾的是，清朝末年的黑暗年代里，藏经洞出土文物得不到保护，大部分被西方列强劫掠而走，流散于英、法、俄、印、日等十余个国家的三十多个博物馆、图书馆，以及国内的三十多个博物馆、图书馆。

二、敦煌莫高窟和藏经洞文物的文化价值

（一）历史价值

首先介绍宗教典籍。在藏经洞汉文文献中 90% 左右是佛教经典和文献。就佛经而言，有很多不见于传世《大藏经》，或者在中原地区业已失传；即使有些佛经与《大藏经》的一些经典相合，仍有校勘价值。还有一些是中国僧人写的佛经，过去被视为"疑伪经"，以区别于从印度传入的正统佛经。

此外，道教经典。道教是土生土长的中国宗教，是传统道家的神仙方术和"黄老思想"结合的产物。李唐王朝的皇帝姓李，与老子同姓，李唐王朝出于抬高自身门第的需要，奉老子为远祖，对道教采取尊崇的态度，于是唐朝社会都受到了影响，即便边远的敦煌都在县里和乡里修建道观。藏经洞的道教经典，有数百件之多，质量上乘。

还有外来宗教文献。首先，景教是古代基督教中的聂斯托利派，因其对于基督教教义的理解不同，被东罗马视为异端，后来流入波斯帝国，在那里得到

保护。在唐朝初期传入中国，得到唐太宗支持。敦煌文献《景教三威蒙度赞》，是景教教徒在举行宗教仪式时唱颂的赞美诗。此外，敦煌还有基督教其他的经典，如莫高窟北区石窟发现的元代叙利亚文《旧约圣经》，这属于年代较早的一件《圣经》版本。

其次是祆教。祆教创始于公元前 6 世纪的古波斯，因其创始人名叫琐罗亚斯德，所以被称为琐罗亚斯德教。中国人则用汉字"祆"来称呼这个宗教。祆教是二元论的宗教，认为代表善良的神与代表邪恶的神之间永恒的对立和斗争，从而创造了这个世界。该教认为代表着"无限光明"的至高之神创造了火，教徒将拜火视为其神圣的职责，于是拜火教成为它另一个别称。敦煌文书中没有发现汉文祆教经典，但有关于祆教的记载。大约在公元 4 世纪的时候，祆教就传到了敦煌，敦煌唐代有称作"祆祠"的祆教寺庙，藏经洞还出土了祆教的善女神和恶女神的线描彩图，图中女神的头冠和手中所持之物体现了鲜明的异域色彩。

最后是摩尼教的文献。摩尼教是公元 3 世纪中叶由波斯人摩尼创立而得名。也是二元论宗教。在宗教的宇宙观上，摩尼教受到了祆教很大影响。《摩尼光佛教法仪略》是摩尼教现存的三部汉文文献之一，作于开元十九年（731）。由当时派驻长安的摩尼教人士拂多诞奉唐玄宗之命，撰写的介绍摩尼教的历史、教主摩尼、典籍、教团组织、寺院制度以及基本教义等的解释性文献。

下面简单讲讲藏经洞出土的官私文书，这是非常珍贵的原始的社会史料。官方文书有制、敕、册、令、教、符、表、状、笺、启、辞、牒、帖、榜文、判辞、过所、公验、度牒、告身、籍账等种类，以及与户部、刑部、兵部、吏部相关的文书；私人文书则包括契券、账历、书牍、分家产文书等内容。它们不但为研究中古时期的文书制度、官制、兵制、均田赋役制度以及政治史提供了丰富的历史依据，而且为研究中古时期的民事契约行为与规范提供了第一手资料。如五代时期的《塑匠都料赵僧子典儿契》，讲的就是赵僧子家的供水设备出了问题，他没有钱修理，只好把他的亲生儿子典押给他的亲家，最后形成这么一份签字画押、担保债权的契约。类似这样具有重要研究价值的经济契约乃至法律文书，敦煌都有丰富的文书。

就文学作品而言，敦煌文学可以分成两大类：一类是传统的古典文学作品，如大家熟知的《诗经》《文选》；另一类是藏经洞保存了失传已久的通俗文学作品，包括变文、讲经文、词文、因缘、话本、诗话等内容，显示了通俗文学的来龙去脉与发展轨迹，对研究文学史有重要价值。另外、藏经洞还有不少非汉文文献写本，有粟特文、回鹘文、梵文、吐蕃文、于阗文、突厥文、希伯来文等。这些异域文字对研究古代西域地区与我国民族群体的交往有重要的意义。

（二）艺术价值

敦煌莫高窟艺术融汇了中国汉族和多民族艺术，又吸收了来自西域艺术的养分，形成了发展脉络清晰、自成特色的敦煌佛教艺术体系，并彰显了恢宏的中国风格、中国气派。它包含了建筑、雕塑、壁画、音乐、舞蹈、书法等多种门类的艺术，其中壁画艺术又包含了人物画、山水画、建筑画等不同画科的绘画艺术，代表了4—14世纪中国佛教艺术的最高成就，这是我国对世界佛教艺术发展的重要贡献，在中国和世界美术史上有着重要地位。

敦煌莫高窟的雕塑艺术，经过北朝和隋代的探索发展，进入唐代，融汇了中外雕刻艺术的优点，雕塑艺术家以卓越的写实手法，展现了中国本土特色的雕塑艺术的高超造诣。这时雕塑艺术的特点，不只是达到了比例准确、造型健美、色彩华丽、神态逼真，更为突出的是进入了细腻刻画人物内心的高度，巨型佛像呈现了庄严雄伟的气势；大型卧佛像安详若睡，绝妙地表达了释迦牟尼"涅槃寂静"的意境；许多菩萨像、弟子像各有风姿神韵。超越时空的魅力，使唐代雕塑成为经久传世的不朽之作。

六朝到唐代正是中国绘画艺术从发展走向辉煌的重要阶段，也是画家辈出的时代。可是现今国内外博物馆收藏的中国传世绘画，多为五代、宋以后的卷轴画。那些六朝到隋唐名家的作品基本消失。现在唯独敦煌壁画为我们保存了这个时期绘画的真迹，成为我们认识、研究六朝到隋唐时期绘画仅有的珍贵资料。

莫高窟壁画中的佛说法

十六国和北朝前期，即公元6世纪之前，敦煌壁画人物画较多地受到了西域和印度佛教艺术风格的影响，但在接受外来艺术的过程中，扬弃了不符合儒家思想的元素，注入了符合中国思想的文化艺术元素，使其成为中国人能接受的佛教艺术。北朝后期，壁画艺术进一步本土化，出现了人物面容瘦削、宽袍大袖、举止潇洒的新风格，表现了当时东晋南朝讲究玄学清谈的名士风度，这是东晋顾恺之、南朝宋陆探微"顾得其神，陆得其骨"绘画风格的表现。敦煌唐代壁画还有大量衣服飘举、笔法豪放的人物画。画家以遒劲挺拔而又富于变化的线描，成功地表现了人物的风采神韵。这是被誉为唐代"画圣"的吴道子"吴带当风"风格的反映。

山水画是中国特有的画科。青绿山水画形成于东晋南朝，青绿山水画是采用矿物颜料石青、石绿作为主色作画。到唐朝时青绿山水画趋于成熟，这是官至右武卫大将军的李思训及其儿子李昭道的创举与贡献。莫高窟盛唐第217窟南壁的青绿山水画，描绘了重叠耸峙的山峦、艳丽青翠的花木、蜿蜒曲折的河流、穿行于山水间的取宝人，画面呈现出春光明媚、春意盎然的意境。此画为今人了解唐代青绿山水画的风貌提供了真实的依据。

另外，敦煌莫高窟的建筑画也值得简单说几句。众所周知，中国古代建筑是一套繁复精深的独特系统，可惜的是现在留存下来的唐代以及唐代以前的古建筑实物极少，只有敦煌壁画还保存着许多这个时期的古建筑形象资料，如有城市、宫殿、寺庙、佛塔、民居、桥梁等众多建筑类型，并向我们揭示了中国成组古建筑平面布局作左右对称的中轴布置的特点，以及复杂的建筑构件的细节，填补了建筑实例缺失的空白。

（三）科技价值

在莫高窟壁画和藏经洞的写本中，不但表现了古代敦煌地区农业生产劳作的过程和各种农业生产工具，而且保存了交通、天文、医药、印刷术等方面的科学技术史料。

在众多农业生产工具中，特别要提到曲辕犁。这是一种造型轻巧、犁地时可以调节犁头深浅的耕犁。晚唐人陆龟蒙在公元 9 世纪晚期著有《耒耜（lěi sì）经》，里面对曲辕犁有所记载，但至今没有发现实物。而莫高窟盛唐第 445 窟《弥勒经变》农耕图中绘制的曲辕犁，是目前所见最早的曲辕犁造型，从而能够说明曲辕犁在我国的使用不晚于 9 世纪。

敦煌作为中西交通的枢纽，在壁画上也留下了宝贵的交通工具的形象资料，如以牛、马、骆驼等畜力牵引的车辆，以及形式多样的轿子。

星象的观测是天文学的基础。我国在战国时期已初步形成古代天文学体系。藏经洞所出 S.3326《全天星图》绘制于唐代，描绘了当时人们肉眼所能观测到的星官。《全天星图》的画法是，赤道区从十二月开始，按照太阳每月所在的位置，分十二段，把赤道带附近的星星，利用类似德国麦卡托（1512—1594）圆筒投影的方法画出来。但此图的绘制时间要比麦卡托发明此种绘制方法早 600 多年。此图共有 1348 颗星，是世界上现存最古老、星数也较多的一个星图。

隋唐五代时期的医学、药学已经相当发达，可惜相关著作在宋代以后大多陆续散佚。因此，藏经洞文献中存有的多达七十余种隋唐医药典籍便具有无可替代的补佚与校勘价值。敦煌医药文献中既包括医经诊法，也有医药医方、针灸药物等内容。其中《灸法图》《新集备急灸图》等灸疗、针灸方面的专著都极为珍贵。

中国发明的古代印刷术经历了雕版印刷术和活字印刷术两个重要发展阶段。藏经洞出土的木刻雕版《金刚般若波罗蜜经》印本，经长 488 厘米、宽 30.5 厘

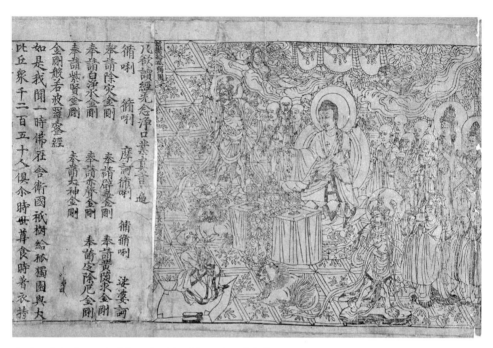

唐咸通九年（868）雕版印本《金刚般若波罗蜜经》

米，其中有"咸通九年（868）四月十五日王玠为二亲敬造普施"题记，扉页上雕刻了人物、狮子、器具等图像，刻画精美、刀法圆熟，印刷的墨色浓厚匀称，为世界上现存最早的雕版印刷品之一。

在这里我想多谈一些，为什么敦煌莫高窟及藏经洞文物遗存如此丰富、包罗万象呢？简单说来有三个原因。第一是跟纸张有关。大家都知道造纸术是东汉蔡伦改进的，但正式使用纸张要迟到东晋，所以，中古时期纸张的珍贵可想而知。藏经洞出土的佛经等书籍的背面、裱纸和备用纸上，之所以存留下数量相当多的官私文书，这实际是纸张重复利用的结果，这样在不经意间，为现在的历史研究提供了许多传世文献所没有的原始文献档案。第二是古代的基层教育，不仅有州学和县学，寺庙也办学，名叫寺学。寺学教授内容包括童蒙读物、儒家经典、少数民族文字等，这也能解释藏经洞出土文献的多样性。第三是莫高窟持续营建千年，不同时代的画家只能依据其所见到的时代环境和时代所赋予的灵感，去描绘他们心目中的佛国世界，从而去宣传和普及佛教教义。因此，不同时代创造的佛教艺术，必然展现着不同时代的物象、风俗和审美。长达千年的历史发展和变化，凝结成了敦煌文物的无边无垠。

三、敦煌的现代文化角色

16世纪中叶，嘉峪关封闭，莫高窟的建窟者都东迁而走，从此莫高窟停止营造，遂被遗弃。在此后的400年间，更是处于无人管理、任人破坏偷盗的境地，令莫高窟破败不堪。1900年，敦煌莫高窟藏经洞的发现，加之其出土文物流散于国内外，引起了世界对于敦煌的关注，并在世界上兴起了一门以藏经洞和莫高窟文物为研究对象，以敦煌地名命名的学问，也就是"敦煌学"。之后国民政府将敦煌莫高窟收归国有，经过一年筹建，于1944年在莫高窟成立了国立敦煌艺术研究所，以常书鸿、段文杰先生为代表的老一辈先生远离城市，扎根大漠戈壁，艰苦创业。

中华人民共和国诞生后，敦煌艺术研究所更名为敦煌文物研究所，得到党和国家的高度重视，并为其制定了"保护、研究、弘扬"的办所方针。20世纪60年代初，国家在财政非常困难的时期拨出巨款，通过加固维修工程，使濒危的莫高窟危崖和洞窟得到妥善保护；中央还专门请来国外的壁画保护专家，开始了莫高窟壁画的抢救性保护。敦煌文物研究所画家们的敦煌艺术临摹品也被送到日本、印度、波兰、捷克等国家展览。

改革开放之后，甘肃省委、省政府高瞻远瞩，将原来的研究所扩建为敦煌研究院，扩大了编制，增加了部门，汇聚了人才，改善了条件。与此同时，莫高窟被国家推荐，经联合国教科文组织世界遗产委员会批准，列入世界文化遗产名录——这些都为敦煌研究院迈入国际合作，为莫高窟实现保护、研究、弘扬的全面快速发展提供了大好机遇。20世纪80年代后期，敦煌研究院凭借开放的思维，通过与美国洛杉矶盖蒂保护研究所、日本东京文化财研究所以及东京艺术大学合作为起点，逐步扩大到与美、日两国的其他高校、科研机构、基金会展开合作，后又与其他国家的相关机构进行交流合作，如澳大利亚国家遗产委员会、英国伦敦大学考陶尔德学院等。敦煌研究院通过国际交流合作，以及在合作中学习国外先进的保护理念、保护技术和管理方式，由此进入了一个崭新的阶段。

在甘肃省政府支持下，《甘肃敦煌莫高窟保护条例》得到省人大批准颁布；后又制订了《敦煌莫高窟保护总体规划（2006—2025）》，经省人民政府批准公布后实施。这样就把莫高窟世界文化遗产的科学保护与管理推向了法制化、规范化的轨道，形成了严格依据相关法律法规进行遗产保护管理的规范。

在对莫高窟长期保护管理的实践中，敦煌研究院建立起壁画抢救性保护的科学技术体系，抢救保护了大量珍贵的壁画，在风险管理理论指导下的预防性保护科技体系也已经初步创建。在日常保护工作中，注重贯彻整体性保护的理念，在保护莫高窟本体洞窟、壁画和彩塑的同时，对莫高窟周围的寺庙、舍利塔、山脉、沙漠、河流、植被等人文和自然环境均采取有效的保护措施，比如采用阻、固、输、压等综合治理风沙的办法，最终使莫高窟的流沙威胁减少了80%左右。

敦煌研究院以国际化的视野，积极地采取"外引内联"的措施，请进来、走出去，通过加强国内外合作，促使我们的文物保护修复科技水平得到了长足进步，并与国际接轨；在国内古代壁画和土遗址保护研究领域，研究院也居于领先地位，成为我国文化遗产保护的生力军，在我国西北乃至全国的石窟寺和土遗址保护中都发挥了积极的作用。

为永久保存、永续利用敦煌石窟信息，敦煌研究院采用数字技术，对敦煌石窟的每个洞窟及其壁画和彩塑全部实施数字化工程，建立高保真的敦煌石窟数字档案。数字敦煌图像资源不仅用来为敦煌石窟的保护、研究、弘扬服务，而且还使敦煌艺术活起来，走出莫高窟，在国内外举办各种不同类型的数字敦煌展览，面向全球上线"数字敦煌资源库"30个洞窟高清数字图像，充分运用新媒体、网络平台、手机APP等方式传播展示敦煌艺术，使古老的敦煌艺术与现代技术相融相通。

1979年莫高窟正式对外旅游开放，当年游客总计年一万余人次，而这个数字在 2016 年已攀升到年 130 万人次，预计之后将继续攀升。面对旅游开放的快速发展，敦煌研究院坚持常年监测开放洞窟的游客流量、壁画病害和洞窟相对湿度、温度、二氧化碳等微环境变化，探讨各种因素之间的关系，同时开展莫高窟单日游客最大承载量研究。根据研究得出的科学数据，大力推进旅游开放模式的改变，在国家的支持下，兴建了"莫高窟数字展示中心"，建立起"前端数字电影体验＋后端实体洞窟参观"的新型参观模式，以及科学的预约管理制度，从而既有效地保护了脆弱的洞窟文物，又让游客得到了更好更充分的游览体验，最终使二者达到了平衡，而莫高窟单日游客承载量也从原来的 3000 人次提升至 6000 人次。

敦煌研究院的专家学者经过多年的耕耘，在敦煌学研究领域取得了卓著的成绩，出版了一批有分量、有影响的敦煌学研究专著和大型系列丛书，并且通过出国学术访问、考察、与国际学术界的频繁交流，使敦煌研究院成为国际敦煌学研究的重要基地和最大实体。

敦煌研究院在各项工作的创新发展过程中，也培养了理工、文史、艺术、管理等方面的人才，现在已形成了一支多学科结合的人才队伍，为莫高窟的保护、研究、弘扬和管理工作，提供了充足的人力资源支撑。

敦煌研究院经过长期实践形成的莫高窟有效保护、合理利用的工作方式，得到了国内外同行的肯定和社会的广泛认可。如 2010 年在巴西召开的世界遗产委员会第 34 届会议，主办方将敦煌莫高窟的保护管理、旅游开放经验作为典型案例，向各国世界遗产地传播，供大家分享。2012 年，敦煌研究院还被推荐为遗产地保护管理最佳案例。伴随着敦煌研究院在专业领域取得的成果，以及越来越多地在国外举办敦煌展览，全方位地展现敦煌艺术，敦煌在世界上的知名度和影响力逐渐扩大，同时也起到了提升国家形象的作用。

习近平总书记《在文艺工作座谈会上的讲话》指出："文化是民族生存和发展的重要力量。"敦煌莫高窟及其藏经洞文物，对提供学术研究资料，传承弘扬中华民族优秀传统文化，滋养国民道德素质，增强民族凝聚力，都具有重要意义。相信在座的各位也都能感受到，它是一座独具特色、博大精深、绚丽多彩

的世界文化艺术宝库。今天，我们要更好地保护它、研究它、弘扬它，让它为
中华民族伟大复兴、中华文化繁荣兴盛、中外文化融会交流，作出更多的贡献，
绽放更夺目的光彩。

（讲座时间　2017 年）

王　蒙

文化自信与中华传统

王　蒙

王蒙，1934年生，河北南皮人。中国当代作家、学者，原文化部部长，中国作家协会名誉主席。中国共产党第十二、十三届中央委员，第八、九、十届全国政协常委。曾任中国海洋大学顾问、文学与新闻传播学院院长，曾兼任南开大学、浙江大学、新疆大学、南京大学、北京师范大学、中山大学等校教授或名誉教授。

著有长篇小说《青春万岁》《活动变人形》等近百部小说，其作品反映了中国人民在前进道路上的坎坷历程。曾获意大利蒙德罗文学奖、日本创价学会和平与文化奖、俄罗斯科学院远东研究所与澳门大学荣誉博士学位、约旦作家协会名誉会员等荣衔。作品被翻译为二十多种语言在多国发行。2019年，获"人民艺术家"国家荣誉称号。

党的十九大报告提出："中国特色社会主义文化，源自于中华民族五千多年文明历史所孕育的中华优秀传统文化，熔铸于党领导人民在革命、建设、改革中创造的革命文化和社会主义先进文化，植根于中国特色社会主义伟大实践。"这一段话非常清晰地表明了文化自信的传统性、连续性、当代性、方向性与实践性。更加重要的是它标志着我们的文化建设与文化事业要逐步实现风格各异的文化根脉与文化思潮的整合。因为中国作为一个历史悠久的大国，在几千年的历史长河中经历了很多的变化，尤其是近百年来更经历了剧烈的变动。所以，关于文化会有各种不同角度的解读，乃至于歧义。但正是通过这一段话，努力实现了我们文化的整合。

一、中华传统文化对于人性的认识

中华传统文化有一个特色值得关注，就是它特别关注世道人心。这一特色以儒家为代表，但又不仅限于儒家。甚至中国传统的治国理政思想在很多方面都可以说是从文化谈起的，也都包含着这种特色。

中国著名思想家孔子生活在"礼崩乐坏"的东周。那一历史时期，中央政权控制能力下降，各个诸侯培植自身势力，钩心斗角，进行着血腥的斗争。正因为孔子处在这个时代，所以他更加重视人心端正的问题。

在《论语》里孔子曾引用《诗经》："唐棣之华，偏其反而，岂不尔思，室是远而。"大意就是一朵美丽的花在风中摇曳，怎么能让我不想念你，但你离我太远了。这首诗一般人会解读成一首民间的爱情诗，但是孔子的思想境界很不一样。他说："未之思也，夫何远之有？"孔子认为唐棣之华象征着人类的美德。如果换用我们当下的语境来说，唐棣之华可以说就是人民对美好生活的向往。之所以一般人觉得它太远了，只是因为我们没有好好地去想它。一件事情，只要想了，自然就做到了。《论语》里还有"我欲仁，斯仁至矣"这样的表达，同样体现了孔子的这种思想。孔子认为仁政也并不难，只要去想，去做，仁就能做到，仁爱就来了。

孟子发展了孔子的思想，他认为王统御天下这件事并不是"挟泰山以超北海"，而是"为长者折枝"。也就是说这件事并不难做到，反而它的容易程度就像为长者折枝。这里的"折枝"，朱熹认为就是指长者需要一根树枝，你走过去帮他折下来一段的意思。但到了明朝，则认为"折枝"通"折肢"，也就是鞠躬之意。无论如何解释，其实它就是指一件很容易做到的事情。因此，其实孟子也强调改善世道人心要从个人正心诚意做起，并且只要做了就能做到。

后世的王阳明则更加强调"知行合一"。他认为人心好了，社会就会好。人

心不好，社会就不好。因为他那时还
没有生产力是社会经济基础的认识。
所以王阳明认为知和行是一回事情，
是一个整体。他认为一个人知道什么
是是，什么是非，就会从行动上予以
表示了。这更加强调了人心对一个人
行为的形成起到的重要作用。

王阳明画像

　　孙中山则更进一步。他认为"知
难行易"。因为中国历史十分漫长，除
了创造了优秀文明外，也因此积累了
很多负面思想。所以一个人在这种环
境下要分清是非，比具体去做还要难。关键是要改变心态，古人就叫正心诚意。
其实就是要理解掌握我们的核心价值。

　　当然，对于知与行的关系以及心与物的关系，讲得最全面的是毛泽东。他
在《实践论》中认为，实践是认识的来源和发展的动力。只有社会实践才是人
们认识外界的真理性的标准。实践还是认识的目的。无产阶级认识世界的目的，
是为了改造世界。阶级性和实践性是马克思主义哲学的两个最显著的特点。

　　所以在知与行的关系上，中国文化有着自己的特色，强调世道人心，知行
统一。孔子还曾说："德之不修，学之不讲，闻义不能徙，不善不能改，是吾忧
也。"大意就是不修习道德，不讲求学习，听道理不行动，犯错误不改正，这些
是我最发愁的。这是孔子在 2500 年前说的话。但当我们今天遇到一些所谓关于
世道人心的问题时，我们仍然会感到孔子的这些话与今天我们党中央所提倡的
有关精神是十分符合的，可以说对我们有很大的启发意义。

二、中华传统文化的基本特色

　　所谓中华传统文化究竟是什么？对现在很多人来说是说不清楚的。因为它

的内涵太丰富了。从广泛的意义上来讲，中餐、中医、书法、中式服装等都可以说是中华传统文化。我们总认为中华传统文化博大精深，但是很难去给它做一个具有概括性和总结性的说明。这其实不利于中华传统文化的推广与传承。所以下面我尝试把中华文化的一些特色进行一下概括。

（一）"中华三尚"

我自己对中华传统文化有一个认识，谨供参考。我认为中华文化从总体思路来说有"三尚"，也就是三种最崇尚的东西。

第一尚是尚德尚善，就是崇尚道德，以德治国，天下唯有德者居之。孔子说："道之以政，齐之以刑，民免而无耻。道之以德，齐之以礼，有耻且格。"就是在强调道德对民众的教化作用。如果统治者用法律手段来规范老百姓的行为，这样虽然可以降低他们违法的可能性，但是他们不能认识到这是很羞耻的。反过来，如果统治者能够做到用道德伦理加以引导，用文明礼法来加以规范，这样老百姓如果做了违法的事，他自己就会先感到羞耻，并且具备一定的道德水准。这就是孔子所谓尚德尚善的说法。

在这段话中，孔子并没有否定"道之以政，齐之以刑"。这些方式还是要用。但他告诉大家的是，除了政法手段以外，我们还要注意教育，注意树立核心价值，注意正心诚意，让老百姓明辨是非。

第二尚是尚一尚同。"一"在中国哲学里有着非常重要的意义。在老子看来，它就是道的代表。老子说："天得一以清，地得一以宁，神得一以灵，谷得一以盈，万物得一以生。"一切都要符合一，符合道，才能够走上正轨。这是中国非常独特的思路。西方政治学特别强调权力的合法性。而中国古代则更加看重权力的"合道性"。权力如果符合大道，天下就会太平，人民安居乐业。如果天下大乱，民不聊生，那就只能用天下无道来解释。

所以中国的一些思想在外国人看来是不可理解的。比如"不为良相，便为良医"。中国人认为良相和良医都是以救世为主，以助人为乐，所以二者是可以相提并论的。而外国人就觉得良医、良相各有专攻，不能混为一谈。这是一个很明显的中西差异。

"一"当中又包含着"多"。在郭沫若的著名作品《凤凰涅槃》里面就有"一的一切……一切的一……"的表述。其实就是在阐释"一"与"多"的关系。"一"可以表述成统一集体，又可以解释成是个性鲜明的单一部分。而集体又由部分组成。因此，"一"又是一又是一切。

又是一又是一切，这个思路十分特别。因此如果简单认为中国什么都是统一的，都是一元化的，那恐怕是片面的。因为中国在重视统一的同时又承认多样，包容多样。这种思想其实在西方也有，用黑格尔的说法就是"杂多的统一"。这个世界首先有它的统一性，同时它也是杂多的。

此外中国还有一个思想叫作"道通为一"。中国人认为包括儒、释、道在内的各种不同学说都有其共通的特点，十分强调它们的统一性。这也体现了上述尚一尚同的思想。

第三尚是尚化尚通。中国虽然强调"一"，但绝不是呆板不变的。庄子曾说"与时俱化"，就是指世界上的一切事物，都在随着时间不断变化。《易·系辞下》也提出："穷则变，变则通，通则久。"这同样是中国人的思想特点。所以中国人从来是不拒绝变化的，而且能够适应变化，有着强大的自我调适能力，中国文化可以说是一种自我调适的文化。

百家争鸣的时代有着多种思想。到了宋代，程颐、程颢、朱熹又创造了理学，他们认为理高于一切。王阳明、陆九渊则发展了心学，强调人心就是天理。冯友兰多讲心理学，他认为："未有飞机之前，已有飞机之理。"飞机虽然是20世纪才造出来的，但是飞机赖以飞行的科学原理，却是原本就在那里了。所以他认为这些道理比实物还要重要。除此之外还有正学、实学、杂学、玄学等思想学说。

这些思想从中国人的角度来看，它们都是为了让世道人心好转，让社会良性发展，让老百姓安享太平。因此中国人能够把这些思想都完全统一起来，这也是十分独特的。使思想既能不断变化，又能有前后的延续和统一。

（二）中国政治的文化监督

从历史的角度观察中国政治，我们可以看到，中国政治虽有在今天看来十分负面和浓厚的封建专制主义色彩，但它也有用理、用道、用德、用各种文化手段来衡量、平衡、监督、引导权力使用的一面。所以古代中国所强调的治国理政的"合道性"，与我们今天强调的法治有很大不同。从某种意义上讲，孔子的理想是文化立国。他强调的是道之以德，用道德来引领；齐之以礼，用礼法来规范。孟子所强调的"王道""王者，王天下"等，也是在讲文化立国。因为孟子的一个最基本的立国思想就是得民心者得天下。所以这样的一种文化立国思路，在中国保留得非常长久，对老百姓的影响也极为深刻。我们至今在用人等一系列重大问题上，仍然强调"以德为先"。

古代中国对权力也是有一定监督的，这里的监督一般就是文化和道德监督。中国人很早就喜欢讨论理与势的问题，探讨道统与治统的关系。理早就存在，是天下最大的道理。中国法家注重两个概念。一个概念叫权，就是如何运用权力；一个概念叫势，就是怎样形成一种趋势。权的使用绝不是可以含糊的事情，势则告诉我们对哪些事物应该警惕，对哪些事物应该推动，这些都非常重要。

但是，也有一些文人认为从长远角度来看，理比势更加重要。明代万历年间的吕坤曾说："天地间，惟理与势为最尊。虽然，理又尊之尊也。庙堂之上，言理，则天子不得以势相夺；即相夺焉，而理则常伸于天下万世。"在这个天下，理与势都是非常重要的。但从长远来看，理要比势更加重要。理是客观存在的。在朝廷上，如果臣子言之成理，皇帝也不能因为位高而轻易反驳。理是万世都存在的，正如孟子所说"得人心者得天下"，就是这个道理。

为什么我们中国共产党领导的人民革命能够成功？就是因为蒋介石和国民党反动派丧尽人心。所以天下万事都得讲理，讲道。要时刻考虑做事的"合道性"。王夫之也曾讨论道统、治统、学统三个系统的关系。他认为道统是最重要的，也就是指世界观、人生观、价值观。另外还有治统，也就是权力的系统。

无论权力从何而来都有
这样一个系统。最后他
又在这两个系统基础上
提出了学统，因为毕竟
知识分子是社会运行的
重要稳定力量，所以学
统同样需要统一。在整
体统一中道统始终是最
重要的。

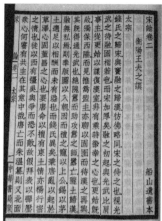

王夫之画像及其著作《宋论》

　　王夫之也对中国政
治的权力制约现象进行了分析，他说："宰相之用舍听之天子，谏官之予夺听之
宰相，天子之得失则举而听之谏官，环相为治。"就是说在朝堂之上，宰相的
人选要由天子决定。谏官的职位由宰相来任命或者撤销。而天子的得失则由谏
官们来评论。这就好像是一个循环，也是一种中国式的对权力进行文化监督的
设想。

　　上述所说的这些设想，在现实环境中不见得能够完全实现。因为文化里既
包含了已经实现的东西，也包含了理想化的内容。但是我们比照历史事实，就
可以发现这种设想是有所实践的。因为在中国历史上，说一不二、乾纲独断的
皇帝是很有限的。大多数的皇帝实际必须尊重当时的文化传统，不能够完全凭
自己的好恶行事。

　　比如明世宗就有两件事终其一生没有结果。第一件事就是把自己的亲生父
亲奉为太上皇。因为他自己是过继给上一位皇帝从而得到皇位的。可是他每次
提出这个问题，大臣们都以乱朝纲为理由拒绝。甚至发展到明世宗要给这些大
臣送礼行贿来求这件事。最终也没能达成。第二件事是他想改变从朱元璋以来
的两次祭雨的仪式。因为明代的开国皇帝朱元璋在祭雨时曾经出现过一次祭雨
不成，再祭一次便下雨的先例。所以明代的历代皇帝都把祭雨仪式举行两次。
明世宗觉得这种做法过于形式化，因此想把仪式改为一次。这同样遭到了老臣们的齐声反对，以先皇规矩不可变为由仍旧不准皇帝这样去做，甚至带棺上朝相逼。

所以中国文化实际上很复杂。它有封建专制中央集权的极其不合理的一面，可它又用文化和道德来监督限制君主的行为。所以中国的文化传统，是很值得研究的。我们既不能够把它简单照搬，也不能把它用封建主义四个字全盘否定，那是不可取的。

（三）圣贤精英主义

关于中华传统文化在治国理政方面的特色，我还要强调中国的圣贤精英主义。因为中国人文化立国的思路不是依靠一位掌握了权力的大人物，而是一位圣贤。一个在各个方面，尤其是在道德上能够给全社会树立表率，起到教化芸芸众生作用的人才叫圣贤。儒家所指的圣贤，一般都是从唐尧、虞舜、夏禹等说起，而孔子集大成。也就是说之前历代圣贤给华夏文明所作的贡献都在孔子身上呈现出来了。

孔子最强调的就是君子。在一部《论语》里讲到君子这个词有107处，是最多的词之一。君子就是在社会上的一批精英，他们做各种事情都要比一般人高明一筹。孔子在《论语》里讲了许多可以称得上君子的标准。比如：君子坦荡荡，小人长戚戚；君子喻于义，小人喻于利等。

孔子还引用子贡的话："小人之过也必文。"就是小人犯了错，他自己一定要加以掩饰。他还说："君子和而不同，小人同而不和。"君子与人为善，并不要求苟同。小人虽然为了利益相互勾结，但背地里其实并不是一条心。尤其是孔子讲的一句话值得我们重视，他说："君子中庸，小人反中庸。"这其实很好理解，就是君子考虑问题时通常会看得更远更多，不会走极端。

有人认为中庸的"中"就是中点。也有一些学者认为"中"应读四声，也就是命中的意思。庸，在古代的意思就是普通，没有现在的贬义。中国人为什么把中庸看得如此重要？我也有自己的一些想法。

西方政治学的核心观念是权力制衡。几个不同权力相互制约，共生共存。

西方虽然有种种片面、极端的说法，但是互相形成了制约关系。太片面的想法，也不是很容易成为主流。但中国没有这种权力分散制衡的传统。而且中国最强调的是无论什么事都要恰到好处，孔子也说"过犹不及"，《老子》里是"物极必反"。所以做任何事中国人都会留有余地。《吕氏春秋·博志》："全则必缺，极则必反。"毛泽东曾经评价过"过犹不及"的思想，认为它理论色彩非常强。因为这符合马克思、恩格斯对辩证法的分析。也就是数量会引起本质的不同。量变如果过了"度"就会发生质变。所以圣贤精英主义、君子精英主义、中庸理性主义等是中国人非常强调的一种思想方法。联系我们现在的实际，中庸可以说就是反对极端主义、分裂主义、恐怖主义。

这样一些特色使人们观察到，西方思想家们对中国的传统文化有着不同的评价。德国的黑格尔就曾经表示他特别喜欢老子，尤其喜欢老子"知其白，守其黑"。可是黑格尔对《论语》感到非常失望，他认为《论语》讲的都是一些常识性的内容，并没有学术价值。甚至他很后悔读了《论语》。因为他本来对古老中国的孔子很尊敬，但是看完这本书就觉得孔子不过如此。什么原因呢？因为黑格尔是学者，但孔子不是。孔子认为自己种菜不如老圃，种田不如老农，不是专家。但是"君子不器"。君子不是专门研究一种学问的。孔子是圣人，他要挽狂澜于既倒，在天下大乱时，要挽救世道人心，使人民重享安宁、和谐、统一。所以他不需要做抽象的学问。而且圣人要指导帝王如何治国平天下。他的理论如果太学术化，就很难被帝王接受。他一生周游各国，自己却过得像丧家之犬一样，从来没有安定过。他到处宣传自己的主张，希望那些统治者能够执行。因此他的主张必须很简单、明确、符合常识。

孟子也讲过这个道理，他说："博学而详说之，将以反说约也。"一个道理要让人理解，首先要讲得博大精深，而且详细。但是，最后的结论则需要越简单越好。这才是当圣人之道。

与黑格尔不同，法国启蒙主义者伏尔泰对孔子有着非常高的评价。因为伏尔泰是启蒙主义者，他反对的是天主教的僧侣主义。天主教往往认为真理的标准就是圣母、耶稣所说的话。所以当伏尔泰看到"己所不欲，勿施于人"时就深有感触。因为这句话讲了一个最简单的道理。为什么有些事情不能做？因为如果这件事实施在你身上，你自己会感到痛苦。所以自己厌烦的事情，怎么能反过来实施在别人身上呢？伏尔泰觉得能够把一个这么深刻的道理讲得这么明确、合理、无可争议，只有孔子能做到。因此西方学者从不同角度出发，对中国的传统文化会有不同理解。

下面我再简单讲一下道家的理论。老子也不主张把道理讲得太过复杂。他说："信言不美，美言不信。善者不辩，辩者不善。知者不博，博者不知。"话说得太好听，不一定靠得住。最靠得住的语言，听着甚至过于简单。总爱辩论的人并不见得是最好的。什么都知道，就证明什么都不知道。老子的理论总是含有这样一种辩证思想。

为什么常说儒道互补？因为老子对治国理政有一个说法。他说治国有三个宝贝。一曰慈，就是亲民爱民。二曰俭，这个俭不仅仅是财政支出，实际指的是爱惜民力、人力、物力。三曰不敢为天下先。这句话本身好像很消极，但是老子当时指的是统治者不要提出民众理解不了的事。这三句话可以说体现了老子有很务实的一面。

老子还有一句话很经典，他说："天之道，其犹张弓欤？高者抑之，下者举之；有余者损之，不足者补之。天之道，损有余而补不足。人之道，则不然，损不足以奉有余。"天道就像拉弓射箭，在高的地方需要把弓往下压，在低的地方需要把弓往上抬。天道同样也是有缺损就要补上，有多余就要收缩。但是人世间相反，越是弱势群体越受压迫和剥削。越有权有势就越能压迫别人。所以老子的思想可以说和19、20世纪俄国社会革命党人的思想有相通的地方。老子当然不知道社会主义，但是他有这方面的思想倾向。

古文《尚书·大禹谟》中的一句话也深刻体现了中国传统的治国理政思想。这句话是："人心惟危，道心惟微，惟精惟一，允执厥中。"相传这是虞舜把天下大位让给夏禹的时候和夏禹说的十六字箴言。首先，人心很危险，因为它是时刻在变化的。危险我认为来自两个方面，一是一旦掌握了权力，如果受到蒙蔽，作错判断可能会有很严重的后果。二是民心本身是变动不羁的，每个人的好恶可能随时会发生改变。因此统治者要时刻关注民心，随时调整自己，使自己不受蒙蔽，并且把事情做好。而道心是很精微的，如临深渊，如履薄冰。因此要细心地、小心翼翼地做每一件工作。惟精惟一，则是说要很专注，要前后一致，你要尽量求得符合各方利益的最大公约数。在这个前提下，还要允执厥中，就是要公平、公正、公开地来掌握问题的核心要点。

在今天的故宫里还有乾隆皇帝和咸丰皇帝当年题写的这十六个字。但是这十六个字在明代已经被证明是伪造的，并不是虞舜的话。"人心惟危，道心惟微"的原文可能改自《荀子》的类似表述。后来考证可能是汉代的一些博士伪造的。可即便是伪造的，因为它所包含的道理十分深刻，它的影响力同样也十分深远。

三、中华传统文化的历史命运

中华传统文化曾经是独树一帜的东方文化灯塔，它的凝聚力、合理性、抗逆性、适应性和生命力是无与伦比的。它不但在中国已经一脉相承了几千年，而且它在东亚、东南亚，在日本、朝鲜、越南，还有其他很多国家都曾发挥着非常大的作用，都有着十分深远的影响。因此，我们今天对传统文化要有足够的重视。如果没有足够的重视，就是自绝于人民，自绝于民族的传统。

同样，如果中华传统文化不前进，不能够和现代化、和社会主义接轨，就是自绝于地球，就是毛泽东说的"开除球籍"。但中国文化的优秀性，恰恰成为它的一个问题。因为在几千年的时间里它没有受到过挑战。没有哪一个民族、哪一个国家的文化敢向它挑战。而任何一种文化，如果是陈陈相因，无论多好的文化，也会出现一些老化、僵化、形式化、抽象化的危险。

早在唐朝的时候，李白就写过一首诗，叫作《嘲鲁儒》："鲁叟谈五经，白发死章句。问以经济策，茫如坠烟雾。"大意是：鲁国的老人谈起古代的经典，即便是头发从黑都变白了，他也只能从文字皮毛上下功夫。如果你问他经国济世之策，他就会像掉在雾里一样，茫茫然不清楚。

唐朝时李白所提出的这个问题值得我们警惕。因为中华文化从没有受到过挑战，所以早在近代历史开始以前中国文化已经遇到了某些瓶颈，缺少大的发展了。《红楼梦》预言了中国封建社会的全面危机，包括政治危机、权力危机、财政危机，也包括文化危机。因为在《红楼梦》里，整个贾府除了贾政一人以外，再没有一个人相信和实践封建社会的主流文化了。我为什么要提一下这个？因为我们一谈文化自信，有些人就赶紧让小孩去念《三字经》，让新招收的外来务工人员学《弟子规》，然后认为中国传统的这些规矩都很好，就是因为以前的革命把传统文化砸得剩下不多了，现在要马上回头来找传统文化。这些其实都是糊涂人。他们什么也不知道。

中国文化在当时已经碰到了危机，否则我们无法解释像《红楼梦》《金瓶梅》《儒林外史》等这样的作品在那个时代为何层出不穷。它们所反映的整个社会的精神状态和道德品质所出现的问题已经十分严重。《红楼梦》里的上层社会，《金瓶梅》里的市井百态，《儒林外史》里的知识分子，无不都在体现着危机。到了1840年鸦片战争以后，曾经伟大的中国文化，面对西方列强的坚船利炮不堪一击。孙中山对于近代中国的描写，比共产党还要激烈。他说中国

清代孙温绘《全本红楼梦》图册第七册之二 "贾母合族迎贾贵妃"

面临亡国灭种的危险，在国际上中国所面临的局势更是人为刀俎，我为鱼肉。是连殖民地地位都不如的次殖民地。他表达得非常尖锐和煽情。所以我们可以想象晚清民初的时候对中国文化的失望、焦虑和危机感，达到了十分惊人的程度。

所以正是五四运动通过激烈的反省和批判，激活了中国的传统文化。有些人谈文化自信就把五四运动全盘否定，这是不正确的。因为我们现在谈的文化自信是当代的文化自信，不是过往的文化自信。我们的文化自信是接受了新文化洗礼，尤其是接受了马克思主义，在进行了人民革命，进行了新中国建设取得伟大成就后的文化自信。所以我们有了习近平新时代中国特色社会主义思想中关于文化的重要论述，其告诉我们：中国特色社会主义文化源自中华民族五千多年文明历史所孕育的中华优秀传统文化。优秀传统文化是我们最重要的思想资源，是经过了人民群众长期坚持发展考验的优秀精华。它熔铸于党领导人民在革命、建设、改革中创造的革命文化和社会主义先进文化。这就说明传统文化要与现代接轨，我们不但不是用文化自信来否定革命文化，而正是从革命文化中坚持了文化自信。

这是我们党老一辈无产阶级革命家文化理论的继承和发展。毛泽东对中华传统文化有过很激烈的批判，同时，他也继承了大量传统文化的因素。譬如：批评和自我批评；与人为善；有则改之，无则加勉；艰苦奋斗、自力更生；独立自主；坏事变好事；团结一心，团结胜利等。我们从毛泽东各种探讨文化的理论中都可以看到中华传统文化的影响和作用。而且毛泽东提出来的"古为今用、洋为中用""百花齐放、百家争鸣""民族的、科学的、大众的文化""随着经济建设高潮的到来，将要出现一个文化建设的高潮"等思想，这些对我们今天来说仍然有着重要的意义。

党的十八大以来，习近平总书记对于文化工作有一系列纲领性、战略性的理论，一系列重要的、根本性的论断。可以说从中华人民共和国成立以来，文化问题从没有像今天这样受到重视。关于文化自信，关于传统文化的创造性转化与创新性的发展等，都是核心的重要命题。我们还需要好好学习理论，研究

相关问题。如果我们能够在这当中回顾传统文化，增加对传统文化的兴趣和理
解，使我们的精神资源更加丰厚，同时又能够追求创造，追求传统文化和社会
主义现代化的对接，那么我们谈到文化自信才有了切实正面的意义。

（讲座时间　2018 年）

王　宁

汉语汉字与中华文化

王 宁

王宁，1936年生，浙江海宁人。1958年毕业于北京师范大学中文专业本科，1964年北京师范大学文字训诂学研究生毕业。曾在青海师范大学与青海省文学艺术创作研究室工作。1983年调入北京师范大学中文系（现文学院）任教至今。北京师范大学资深教授。曾为第九届北京人大代表，第九届北京政协常委。曾兼任国家语言文字工作委员会审查委员会委员、教育部教学指导委员会委员、国家社科重点研究基地北京师范大学民俗典籍文字研究中心主任、中国语言学会副会长、国家哲学社会科学研究咨询委员会委员、教育部基础教育与教学咨询委员会委员、国家中小学语文教材研究中心主任等职务。

从事文字声韵训诂学、古代汉语、语文教育和中文信息处理的教学与研究。主要著作有:《训诂学原理》(获国家社科研究成果二等奖)、《汉字学概要》、《汉字构形学导论》、《汉字与中华文化十讲》(获第九届中国出版集团出版奖、2018年中国好书奖与第十四届文津图书奖)、《中国文化概论》等专著20多部,发表学术论文250多篇。

汉语和汉字是中华传统文化传播的载体,负载着我们有史以来全部的历史文化,同时也是民族和国家认同的首要标志,是一切领域"体现中国特色、中国风格、中国气派"的基石,更是"推动中华优秀传统文化创造性转化与创新性发展"的工具。

国学大师章太炎曾说:"中国之小学[①]及历史,此二者,中国独有之学,非共同之学。""凡在心在物之学,体自周圆,无间方国,独言文、历史,其体自方,自以己国为典型,而不能取之域外。"[②](《菿汉雅言札记》)这说明,语言文字的民族特点不能抹杀，理解自己的语言文字的独特性和优越性，是文化自信的重要表现。

《说文解字序》中提到："文字者，经艺之本，王政之始。前人所以垂后，后人所以识古。故曰：本立而道生。知天下之至啧而不可乱也。"③这告诉我们学习任何事物都要从文字开始，因为经典的传承和政令的传播是需要依靠文字的，直至今天，虽然通过网络，领导们的演讲可以传遍世界，但语言是稍纵即逝的，想要让其长久存留就必须要借助文字。同时，前人需要通过文字来传递古代的信息，后人也需要通过文字来认识历史，因此语言文字是文化的根本，是不能乱的。

在信息时代，语言文字的安全和在互联网上传播的数量和信度，代表着国家的国际影响力。所谓数量就是它所占有的比例，所谓信度就是它传播的准确度。我们靠语言文字向外传播信息，一个国家影响力大，就可以使用自己的语言文字让其他国家翻译，反之则需要翻译成他国语言，因此，语言文字的发展属于一种特殊的软实力。

世界上使用汉语的人口占全世界人口的20%，但是汉语在互联网上所占比例并不高，据2017年统计，如图所示：

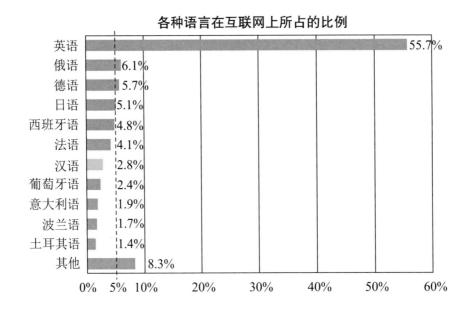

各种语言在互联网上所占的比例

　　其中，英语占 55.7%，而汉语低于俄语、德语、日语、西班牙语、法语，占 2.8%，当然，由于统计方法上存在一定问题，这个数字并不准确④。从语言、信息传播的角度，我们有个估计：联合国的用语有六种：英语、俄语、法语、阿拉伯语、西班牙语、汉语，由于汉语是单音节语言，一个字就是一个意思，汉字又是二维的方块字，所以我们的文本最短。如此推断，汉语在互联网上所占的比例，大概是与德语、日语、俄语不相上下的。目前中国的影响力越来越大，这个比例还须进一步统计。

　　从民国到改革开放前，有一个很重要的论调"汉语汉字落后论"，认为汉语汉字落后的方面有很多，其一是汉字汉语不好学，导致国内教育落后和国外传播费力。如果我们把汉字拆成部件，不重复的部件大致有五百多一点，相较于英语只有 26 个字母，汉语汉字就显得繁难不易学。其二是认为汉语汉字归纳性比较差、与科技的距离较大，中国的科技之所以不发达，是因为我们的汉语汉字不利于科学思维等。"汉语汉字落后论"在国内外有较大的影响，国际上对汉语汉字也有不少误解。近 40 年，随着中国国力增强，随着东方文化引起重视，人们对汉语汉字的热爱和自信与日俱增，但是对汉语汉字的理性认识尚有不足之处，因此本文将从汉语汉字的独特性、汉语汉字和中华文化的密切关系以及汉语汉字在今天所面临的挑战三方面，作一些阐释。

一、汉语汉字的独特性

（一）汉语的独特性

　　19 世纪时，语言学家按照语法的特点，把世界上的语言分成四大类型——孤立型、黏着型、屈折型和综合型，他们认为汉语属于孤立型。所谓孤立语就是极少有语法形式的变化。简单来说，比如英语，它的动词有"时态范畴"，不同时态会有统一的形态变化，过去时会加 -ed 或 -ied，现在进行时会加 -ing 等。它的名词会有数量的变化，一本书是 book，十本书是 books。而汉语没有，一本书是"书"，多本书也是"书"。汉语有个体和群体的不同，大致相当于一种数量，但它是由词根来表达的。比如，"船"和"船只"，"船"是个体，可数几只船，"船只"则是指所有船这一类，只能是多数。因为"孤立语"带有一点贬义，所以我们自称为"词根语"。

汉语是单音节的，词汇意义特别丰富，而且有声调。只有汉语才有整齐又变化的韵律，诗词歌赋这些文学形式，具有意境美、语言美、声律美的特点，用外语是无法等值翻译的。

比如屈原的《离骚》："帝高阳之苗裔兮，朕皇考曰伯庸。摄提贞于孟陬兮，惟庚寅吾以降。"⑤这个"降"字可以读为 hóng。这四句话，用英文一翻译就变成了"我祖先是谁，我父亲是谁，我哪一年出生，我名字是什么"。俨然成了户口本，一点诗意都没有了。

再如对《送孟浩然之广陵》中"烟花三月下扬州"的翻译：

例 1：The smoke-flowers are blurred over the river.（Ezra Pound 译）【冒烟的花模糊了河流。】

例 2：In March，among the smoking flowers，making your way to Yangchow.（White Pony 译）【在三月，在吸烟的花朵中，去扬州。】

这表明，一方面，英语词汇是多音节的，译文无法保持汉语整齐的诗句韵律。汉语是有声调的，因此很多文学形式是可以朗读、可以吟诵的，而外国的语言并不具备这一特征。另一方面，英语中没有词语可以对译"烟花"，中国的词根语有非常丰富的内涵，在汉语中，可以用一个名词来表示一种状态，给人以画面感，"烟"描画了远远看去成片的、模糊的、轻软的景象。而英语的名词是不能表示一种状态、当形容词来修饰别的词的，它的词义内涵也没有汉语丰富。

汉语里一个单音词，一旦进入不同的语境，会有非常充实、丰富的内涵，这也就是古今汉语具有独特审美价值的原因。比如"云"：

云梯、云霄、云雀、云崖、云杉——取其高耸入云的特征

云鬓、云锦——取其松软如云的特征

云游——取其漂浮如云的特征

云集、云散——取其集散如云的特征

同样，中国的很多道德、理念，与外国也是不同的，仅仅用一个词来对应，无法显示彼此的差别，所以，比较抽象、表达丰厚思想的词义要从语境里归纳出来。一直以来，在中国都有一个非常重要的观念叫作"以小学通经史"，就是要用语言文字去解读我们的经和史。例如，中华传统文化具有"仁"的概念，有人以此和西方的"人性"来对应，对此，我们需要探讨在汉语的话语体系里，"仁"的内涵究竟是怎样的，这里，我们摘录几句古代经典里的话：

第一句：

子游问孝，子曰："今之孝者，是谓能养。至于犬马，皆能有养[6]，不敬，何以别乎？"[7]

孝是"仁"的家庭观，孔子对孝的理解是，如果对待父母没有应有的恭敬，和牲畜就没有区别了。这说明中国人对孝的一个最根本的理解，不仅仅是要养育父母，更重要的是要有感恩和尊敬之心。

第二句：

人之有道也，饱食暖衣，逸居而无教，则近于禽兽。[8]

这说明，"仁"是人的修养，是人和禽兽不同的地方，如果人只是吃饱穿暖很安逸地活着，而没有接受教育、没有修养，那便与禽兽无异。

第三句：

夫子怃然曰："鸟兽不可与同群，吾非斯人之徒与而谁与？天下有道，丘不与易也。"[9]

孔子在路上碰到一位隐者，隐者讽刺他的入世。孔子很感叹，他认为，自己不能够在山林里只跟鸟兽同群，而要去和社会上的人交往，正是因为社会上有很多问题，才要去参与、去改变，这体现了儒家的"仁"是一种社会担当。

第四句：

厩焚，子退朝，曰："伤人乎？"不问马。[10]

当马厩失火时，孔子首先关注的是是否有人受伤，不是先去关心牲畜。由此可以看出，中国人讲仁孝，是把人放在中心位的。

第五句：

子贡问曰："有一言而可以终身行之者乎？"子曰："其恕乎？己所不欲，勿施于人。"⑪

子贡曾问孔子有没有一句话需要我终身奉行，孔子说，那大概是恕吧！自己不愿意做的事情，不要强加于别人。这实际上是中国的仁孝里一个非常重要的问题，人不能只保护自己，也要关爱他人："老吾老以及人之老，幼吾幼以及人之幼。"⑫一个社会能够发展得好，就是因为有利他主义，要懂得为别人着想，从而扩大到为社会着想。

由上述几段话语中可以归纳中国传统的"仁"，和西方张扬个性的人性论在内涵上是有区别的："仁"是对人性的开发和对兽性的摆脱。人有理性、思想和精神追求，能预想后果和自律，这是人和其他动物的区别。人具有社会性，在天人感应与人际关系谐和的前提下，"仁"必然是利他主义的。中国人讲仁孝，讲尊重经验、重视恩情、立人立志、利他主义，也就是我们所说的优秀的文化传统，这种道德，我们在进行教育的时候，应该传承给下一代。

如果没有从自己语言文字的记载出发，仅仅靠翻译过来的几个词，我们就会误解自己的传统，找不到中国人独特的思想境界。

同时，中国的词根内涵积淀丰厚。以典故为例，比如"捷径"，"捷径"在中国人看来是带有贬义的，比如小的时候读书，老师们经常警告我们说："不要走捷径。"

究其原因是和中国井田制的交通有关系。《左传》曾经有一个故事，《左传·成公五年》记载："梁山崩，晋侯以传召伯宗。伯宗辟重，曰：'辟传。'重人曰：'待我，不如捷之速也。'"⑬梁山崩塌，晋侯派了一辆马车去传他的本家哥哥伯宗，路上伯宗碰见了一个载重车，也就是装运军粮或者救灾粮食的车，伯宗希望赶重车的人让路，但重车载重量大，不易避让，于是赶车人回答："与其等我，不如走斜路要快一些。"

对于"捷"，魏晋杜预注说："捷，邪出。"⑭唐代孔颖达疏证说："捷亦速也。方行则迟，邪出则速。"⑮过去的井田制将田地分成一块一块的正方形，用来丈

量交税。田间小路称为阡陌，道路一层一层越修越宽，直接通到宫廷的道路"九达"才是大道。两车相遇的路显然不是大路，路窄不好错车，如图所示，走斜线自然要比走直角的大路要快。但是斜着走就要犯一个很严重的错误——破坏农田及田外的渠，如此就影响了浇灌、影响了收成，这就不是好事了。所以《文选·东京赋》："回行道乎伊阙，邪径捷乎缳辕。"⑯将大道与捷径相对。屈原《离骚》名句："彼尧舜之耿介兮，既遵道而得路，何桀纣之猖披兮，夫唯捷径以窘步。"⑰也用交通来形容政治——尧舜走正道有正气，遵守规矩，道路通畅，政治清明；而桀纣不遵人道，做事不计后果，走捷径也就是邪道，最后走上了绝路。如此，我们便可知晓，"捷径"带有贬义。它是走得快的路，但不计后果地求快，急功近利，不是好事。

再举一个典故，"要领"，从文字上看，"要"是"腰"的本字，小篆字形是像一个人站在那儿，两手叉在腰上（如右形）。"领"原指人的脖子。腰和脖子是人体的枢纽，两脚落地不动只有脖子和腰能转动，又是人体最细的两个地方，古代行刑有"腰斩"与"斩首"两类，也是因为这两处容易砍断。所以《礼记》

"要"字的小篆字形

中有"是全要领以从先大夫于九京也"⑱的记载，"全要领"就是保全腰和脑袋，也就是保全性命。《管子》中载："斧钺之人也，幸以获生，以属其腰领，臣之禄也。"⑲属即连接，此处"属其腰领"也是保全性命之意。后来"腰领"就引申为要点的含义。

再举一例，"介绍"来源于适应古代宫廷建筑的相见礼仪。古代贵族，包括诸侯大夫，房屋有三进，主人在室，室外面是堂，堂外面是廷。主方设上傧、承傧、绍傧负责传话，宾方设上介、次介、末介负责通报，主宾双方沟通的第一环节是绍傧与末介的结交，因此在《礼记·聘义》中有"介绍而传命"⑳的记载。介与绍是并列的，从主人这方来说就是"绍介"，从客人这方来说就是"介绍"。鲁迅的杂文集中，常使用"绍介"，而现在我们将其固定为"介绍"。

由上述所举可以看出，中国的很多词语内涵丰富，很多都和古代的礼仪、制度等相关，并不单纯只是一个现代词汇，因此如果我们能读一点文言，知道一点古代的历史，我们今天就会生活得更有滋味一点，这样大家说话就不会觉得很枯燥。

（二）汉字的独特性

世界上有两种文字体系，一种是表意体系，另一种是表音体系。第一种体系的字形依赖语言的意义来构造，第二种体系的字形依赖语言的声音来构造。其中，汉字属于第一种体系。

英语、法语、俄语、德语都是表音文字，它们很直接地去记录话语，根据声音拼出文字，而声音本身带有强烈的物理性，因此容易归纳，如俄语 31 个字母、英语 26 个字母。

世界上各种语言中的音位，即人能够发出有区别意义的音素（包括元音和辅音）大都在 30—40 个，汉语大致如此。汉语是一种有声调的语言，拼合起来的音节大约 1500 个左右，不同的方言有差别，但它们的音节总数也都差不多，比如：广东话的塞擦音特别少，北京话有 z、c、s，zh、ch、sh，j、q、x 这三组，而广东话只有一组舌叶音，[tʃ] [tʃʰ] [ʃ]，它们的舌位介于 z、c、s 和 zh、ch、sh 之间。尽管北京话的三组对广东话的一组，但是广东话的声调多，它可以分辨的声调有七个，而普通话只有四个，通过声调与声母、韵母的互补机制，达到一个总体音节数的平衡。这些音节就是口语里分辨词汇的因素。汉语的单音词和语素有成千上万，1500 个音节怎么能分辨得了？全靠汉字来分辨同音词。"有益"和"有意"同音同调，"赴会"和"附会"同音同调，"清廷"和"蜻蜓"同音同调……没有汉字光凭口语怎么分得清？

表音文字是以音寻义，如英文单词"book"是要根据音，找到这个词，才能把"书"这个意义找出来。表意文字则是以义寻音，看到"册"这个形，知道它是用一条绳穿着的竹板，古代叫"书册"，才能把 cè 这个音找出来。汉字是凭借汉语词汇的意义来构形的，因此它的字形是可以理喻、可以讲解的。

首先来看甲骨文，甲骨文是我们能够见到的最早的、成系统的文字。甲骨文刚发现时，只有极少数大家㉑在做相关研究，一般人都不能识读，而现在甲骨文能辨认的都已识读完毕，认不得的由于资料不足就无法辨认了，早就不是绝学了。

如上图所示的甲骨文，通过它们我们可以进一步理解"因物象构形"。这些字都是独体的象形字，哺乳动物一般都是四条腿、一个脑袋加一条尾巴，如果是照片的话，我们一眼就能够认出是什么动物，一旦符号化了，就很难辨认，但造字一定要有区别率，符号没有区别就不能指称，这就需要在造字时突出动物的特点：甲骨文中的"鹿"字，突出的是像树枝一样非常美丽的鹿角。"虎"字突出了老虎的獠牙，充分展示出老虎的凶狠与霸气。"象"字突出了大象的长鼻子。"兔"字突出了兔子的短腿、短尾巴。马是一种善于奔跑的动物，当它奔逸绝尘的时候，脖子后面的鬃毛是飞扬起来的，因此"马"字突出了扬起的鬃毛。"犬"字突出了蜷起的尾巴。还有两个字是"牛"和"羊"，它们只画了脑袋，以角相区别：牛角向上弯曲，羊角向下弯曲，这和牛、羊的形象也是高度一致的。

我们再来看一些比较复杂的字：

如下图所示，也是一些甲骨文和极个别的早期金文。"盥"字下面是一个盆，上面中间是水，两边是手，古代的盥洗是从上向下浇水来洗手，底下的盆用于接水，与"盥"字所表现的形象相符。"雨"字表现的就是天上下雨。"渔"

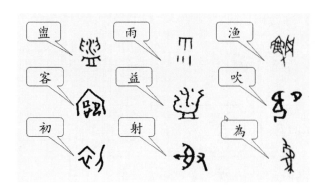

由一条鱼一张网加一只手组成，表现手拿着网去网鱼。"客"字，房子中坐着一个人，他用脚走进屋用嘴说话，甲骨文的房子后来就演变为宝盖头。"益"字，表示水满了从器皿中溢出，它是"溢"的古字，因为满了就有好处，引申为"利益"字，"满溢"字又加上了一个水旁。"吹"字就像一个人在用嘴吹东西。"初"在《说文解字》中有载："裁衣之始也。"㉒做衣裳的第一件事就是要将其裁剪开，因此从刀从衣。"射"字，就是一只手将一支箭搭在弓上。"为"字是一只手牵着一头象，古时候象是役畜，用于驮运物品，用手拉着象，让其干活，所以为就是做。上述文字虽然复杂了一些，但仍能从图形上看出，这叫作以物像命字形。

看完了独体的象形文字之后，我们再看用已有的汉字，根据自身的意义拼合成新字的字例。以小篆为例，小篆是经过规范的字体，如下图所示：

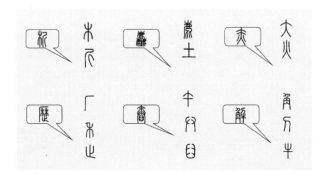

第一个字是"析"。左边是"木"，右边是"斤"，斤在古代是斧头的形象。用斧劈木，可以砍断，而析是分开、分析，此字是由意义拼合而来。

第二个字，是繁体的"塵"，在小篆中写为三个鹿加一个土，后简化为一个鹿。鹿是一种优雅的动物，跑起来十分轻盈；同时它是群居的，往往是一群一群地奔跑；鹿是驯兽，而且浑身是宝，人不但愿意追逐而且敢于追逐。"逐鹿"后来成为一个典故"逐鹿中原"。为什么是"逐鹿"而不是"逐虎""逐熊"呢？老虎和熊是猛兽，它回过头就该"逐人"了。我们看到，鹿是驯兽，成群结队地跑，步伐轻快，所以扬起来的才是尘土；如果是老虎，扬起来的肯定不是细小的尘土。

第三个字，上面是"大"，下面是"火"。大加上火就是小篆中的"赤"。赤是火焰之色，中国古代的正色也就是火燃烧正旺时火苗的颜色，因而此字从大、火。

第四个字是"历"的繁体字"歷"。由三个字形组成：首先是"厂"，它并非工厂的"厂"，在小篆中，它与"廠"为两个字，此字读作"hǎn"，它是崖岸的形象。山崖下是两个"禾"，表示均匀生长的庄稼，再下面的"止"是人的脚。在古人的观念中，庄稼是一种均匀生长的植物，和野草不同。这个字所体现的状态是，一步步走过去，也就是经历。而历史正是一年一年、一月一月、一日一日地均匀走过。

第五个字是舂米的"舂"。上面是一个"午"，这个形体是"杵"的本字，杵是舂米的工具。下面是两只手，底下是石臼，这三个字形拼合起来正是舂米的形象——两只手拿着舂米的杵，在臼里舂米，十分生动。

最后一个字是"解"。用刀把牛角从牛身上解剖下来。《庄子》讲的庖丁解牛，解牛的第一件事就是将牛角割下，因为牛角坚硬，不能食用，有其他用途，所以"解"字由角、刀、牛组成。

讲解了这六个汉字，我们可以进一步体会到汉字是表意文字。它根据意义造字，把已有的字按照意义拼合起来，再造出新的汉字。

下面看到的是汉字的层次结构法，很多字的结构是有层次的，所以，字的构形具有系统性，字和字的关系是有序的：

首先看"歷"，两个"禾"并在一起组成"秝"，读作 lì，表示均匀，也就是"和谐"。《说文解字注》解释说："秝，稀疏适秝也。"㉓"适秝"就是配比和谐，像今天所说的调料。秝再加上这个"厂"就变成了"厤"，之后再加上"止"，它才变成"歷（历）"。

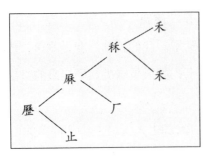
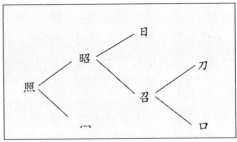

再举个例子，"照"，刀加上口组成召，召就是用嘴去叫人，如召见。加上"日"字是昭明的"昭"，表示太阳光下更清楚；再加四点也就是火，更加明亮，就组成了"照"，此字也是层层叠加的。现在有些老师不明白"照"的结构，在课堂上讲，照是"一个日本人拿着一口刀杀了一个中国人流了四滴血"。他们以为容易记忆，其实是很不正确的，汉字教育是科学，不能乱讲，应当按着字的规律来讲。

通过上述所论，汉字的第一个特点已非常明晰：汉字是可以理喻的，不管是古代字还是现代字，都是可以讲解的，同时它的构造也是有序的，因此，我们的汉字是理性的。法国人曾讲中国有两大理性是最早的，其一是占卜，这是据《易经》而来，《易经》是一种日常逻辑的推理，并且非常精深。其二就是汉字，汉字是完全理性的。

汉字的另一个重要特点是：特别古老并且没有中断。

世界上有五种自源文字，所谓自源文字，就是在这个民族居住的地理环境中，为自己的语言而创造的文字。对中国人来讲，汉字就是自源文字，日本、韩国也使用汉字来记录，对他们而言，汉字是借源文字。

最古老的自源文字一共有五种，都发源在古文明产生的地方，也都在大河流域或河流丰富的地区。如下表所示：

第一个是巴比伦，这里指古巴比伦，《圣经》中的是新巴比伦。大概在公元前 3200 年，在两河流域就有了文明，有了文字，这就是有名的苏美尔楔形文字。

第二种自源文字产生于埃及，大约在公元前 3000 年的第一王朝时期，埃及

古文字	国家	河流流域	发源时间
苏美尔楔形文字	古巴比伦	幼发拉底河底格里斯河	公元前3200年
圣书字	埃及	尼罗河	公元前3000年
克里特岛线形文字A	希腊	克里特岛河流	公元前3000年
克里特岛线形文字B	希腊	克里特岛河流	公元前1650年
汉字	中国	黄河	公元前3000年

就有了圣书字，埃及的金字塔上就刻有这种文字。"圣书字"分为三种字体：碑铭体、僧侣体、大众体。

在希腊的克里特岛，密布小而短的内陆河流。希腊文明有两种克里特岛自源文字：一种是克里特岛线形文字 A，产生于公元前 3000 年，这种文字至今也无法破解。由于我们可以识别出甲骨文，前段时间，希腊总理曾经建议请求我们帮助识别。我们对此有一个答复，中国的甲骨文之所以能识读是因为汉字的发展没有中断，所以它可追溯，而线形文字 A 已经中断，因此想解读它们，要做很多方面的考察，是比较难的。另一种是克里特岛线形文字 B，产生时间较晚，大约在公元前 1650 年，这类文字已经被破解。

我们的汉字也列在这些古代自源文字当中。汉字产生在黄河流域，它产生的时间估计在公元前 3000 年左右，与上述其他古文字大致发生在相同的历史时期。

由于汉字从未中断，即便现代汉字因书写的缘故有些字理不太清晰了，但只要追溯，字形、字理仍能显现：

如下页图所示，纵向看，从右向左依次是：楷书、隶书、小篆（现在我们是依靠小篆来沟通古今文字）、金文（钟鼎文）、甲骨文。

第一行是"舞"，从小篆就可以看出"舞"下面是两只脚，朝向不同方向，表示动态。上面部分是一个人拿着两件道具。上溯到金文可以看出他拿的是羽毛。古代的舞蹈有两种：一种是干舞，也称武舞，手持戈矛起舞，用于训练战

士，歌颂武功。另一种是羽舞，也称
文舞，手持长尾鸟的羽毛起舞，用于
娱神，是古代巫咸与神对话的仪式。
从甲骨文看"舞"的形象更加清晰，
是一个人拿着两片羽毛起舞。隶变以
后，就规整成现在这个"舞"字。

第二行是"眉"，从甲骨、金文
可以清晰地看到眉毛的形象，通过观
察，我们可以知道它每一部分在不同字体中的变化。

第三行是"星"，从前往后观察，甲骨文是五个星星，表示星星的数量多，
日、月、星被称为天上三光，星星跟日、月不同之处就在于它的数量众多，所
以画了五个。但是如果只有五个圆圈，可能会被误解为其他物体，因而人们就
给它加上了示音构件"生"，"生"与"星"的古音一致，于是就变成了"星"。
后来逐渐规整简化成现在的样子。

第四行是"旦"字，旦是中国一个指时的文字，中国人最早不是用天干地
支来计时，也不是用一二三四来计时，先人们是根据农作生活的特征来确定时
间的，五点钟是太阳升起、露出地平线的时间，被称为平旦，也就是所谓的子
时。所以甲骨文、金文用太阳及它的光晕来表示它初升时的状态，后来到了小
篆，光晕变为一横，也就有了现在的"旦"。

第五行是"共"，"共"是两只手一起抬一个物体。共加上提手旁是"拱"，
拱有两手相合之意。所以它画的就是两只手拿着一样东西，当然是在一起的，
也就是共的意思。

汉字因为没有中断，可以由后向前追溯，从上面的例子可以看出，即使是
殷商的甲骨文，只要找到字形和字义、字用的演变关系，顺利地识读也是可以
做到的[24]。

下页是一组汉字单个字发展的脉络。现代的"申、伸、神、电"在这个线
索里可以找到自己的位置。甲骨文中有表示闪电曲折蜿蜒形状的字，因为当时

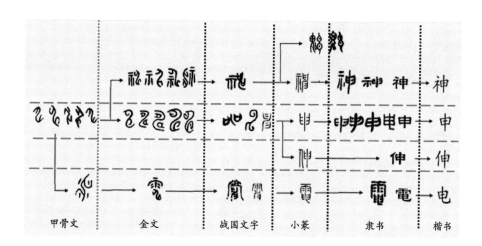

| 甲骨文 | 金文 | 战国文字 | 小篆 | 隶书 | 楷书 |

的人们认为闪电与神有关，所以到了金文时加上"示"字，"神"字就产生了。小篆将中间的曲线拉直，变成了"申"，它再加上单人旁就变成了伸展的"伸"。"申"的一竖向右折，分化出一个"电"字，就是后来物理学的电。

　　从甲骨文中的闪电，发展出"申、伸、神、电"这些字，我们称它们为同源字，它们都是从同一符号所引申出来的。通过上述，我们能够更加深刻地感受到，各种各样的汉字都能够追溯。汉字是一种自源文字，在中华大地上发生，并且从古至今从未中断，世界上唯有汉字如此，因而只有中国有非常丰富的文字学。

　　汉字在隶变、楷化以后，产生了部件变异的情况，因为应用越来越广，书写加快，有些部件变形，失去了原样。由于汉字从未中断的特点，无论字的部件如何变异，追溯仍可讲解。右图"赤、黑、然、烧、尞"这五个字，楷书中看起来已经没有相同的部件。回到底下小篆的字体中就会发现，这些字中都有一个共同的构件"火"。"赤"从大从火，表示烧得非常旺盛的火苗颜色；"黑"是燃烧之后的烟，下面是"炎"，两个"火"；"然"从火，是"燃"的本字；"烧"从火，

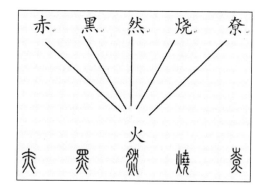

尧声，表示燃烧；"尞"是燃烧木柴的一种祭祀，下面的"小"是"火"的变异。到了楷书，除了"烧"外，"火"在这几个字中分别成为不同的形体，但只要还原为小篆，"火"就显现出来了。

二、汉语汉字和中华文化的关系

了解了汉语、汉字的独特性之后，我们来进一步探寻汉字、汉语同中华文化的关系。汉语是中华文化的标志之一，汉字又是产生在本土、适应汉语而生的自源文字，它与中华文化的关系自然是直接的。汉语汉字与中华文化的关系反映是多方面的，这里仅举例说明汉语汉字携带的历史文化信息。

汉语汉字反映了中国的地理特点。中国的地势是西北高，东南低，黄河、长江两大水系都是由西向东入海。山脉与水系相间，也呈东西延伸状。《周礼·考工记》说："凡天下之地势，两山之间必有川焉，大川之上必有涂焉。"㉓这一说法反映了古人已经认识到山与川的相互依存关系，和人的居住与山川的关系。中国的这一地理特点，熔铸在很多词的词义里，例如：

山水相夹，山之南必为水之北，山之北必为水之南。太阳从东方升起，白天正午在北面，照到山之南，因此，汉语称南面是阳面，北面是阴面。北面不见太阳，所以不论是窑洞还是房屋正常的建筑都坐北朝南，"北"有"背"义由此而来。战争失败逃跑是背对追逐者的，所以称"败北"。明代时曾经有一个故事，有位将军俘虏了敌方将领，双方见面后，这位将军对敌方大将说：难怪我不认识你，我见的都是你的背影。意思就是，你是我的手下败将。

地方名称"山名＋阳"在山之南；"山名＋阴"则在山之北——衡阳地处南岳衡山之南，华阴在中岳华山的北面；"水名＋阳"在水之北，"水名＋阴"则在水之南——洛阳位于洛河北面，江阴位于长江南面。

汉字反映不同时期和不同地域生产文化的类型。中国社会从狩猎、游牧，发展为农业为主，前面谈到甲骨文对动物的取象，反映它们的特征十分细致，汉字的取象，也从取象动物发展为取象植物。

"草、木、竹、禾"是《说文解字》中表示植物的四个大部首。它们所辖字的总数达1227个字，其中，草部有445个字、木部有421个字、竹部有144个字、禾部有87个字，约占《说文解字》总字数的12%，这是因为中

	艸	木	竹	禾
正篆	445	421	144	87
重文	31	39	15	13
新附	13	12	5	2

原地带在秦汉时期已经以农耕为主，汉字的造字取象向植物发展。

在这四个部首所辖的字中，很多常用字的意义也发展很快。比如"節（节）"，"節"在《竹部》，本义是竹节。竹节拘束竹身，引申出"节约""节制""节俭"等意义，又进一步引申为抽象的"气节"，因为气是一个人的总体素养，它表现为一种气质，而这种气是人自我约束的结果，因此称为气节。

竹节将竹身大致均匀地分成段，引申出空间的"节节（一段一段地）败退""分节"，进一步引申，把竹节这种视觉上的形象变成一个时间的段，于是就有了"节日""节气"等。

再比如"禾与草"，在农业社会是重禾轻草的，《说文解字》有载："禾，嘉谷也。二月始生，八月而孰，得时之中，故谓之禾。"㉖ "禾"的特点与草相对，禾苗是整齐均匀的。《说文解字》中有一个"秝"解释为"稀疏适也"㉗，麻、暦、歷都从秝，都有均匀的意思。禾苗种植得天地、日月、空气、水土、种子、肥料等自然条件的协调，是人与自然最好的合作，也是天地之气最平衡的交流，因此，禾也是和谐的代表。而"草"在农耕时代是有害物，在田地里与庄稼抢水抢肥料，因此陶渊明在诗中写"草盛豆苗稀"㉘、"晨兴理荒秽"㉙，出征扎营首要也要除草。这种情况也反映在词汇中，草带有贬义，如草率、草稿、潦草、草草收兵、草菅人命等，都有不正规、不正式、不规矩之意。

又比如，树木的标志作用，这在其他的社会中不一定存在：

甲骨文　　　金文　　　金文　　　小篆

　　上面四个字，都是封建的"封"。甲骨文中，封的上面是一棵树苗，下面是一团土。金文有两个形体，另一个右边加上一个人伸出一双手，表示人在劳作。可以看出，"封"的本义是培土植树，《左传》说"封殖此树"[30]，就是种树时用土来埋好树根。"封"由此引申出密封、封存的词义。我们今天说的信封、封皮，都有把书信、图书封在里面的意思。古代种树有标记作用，一方面与古代的制度有关，植树以为疆域之界限，"封疆""分封"义由此产生。另一方面，在坟边种植树木，也是中国古代的重要风俗。《孔雀东南飞》的结尾："两家求合葬，合葬华山傍。东西植松柏，左右种梧桐。"[31]松柏四季常青，特别有生命力，标志着后代子孙繁衍不息。梧桐树叶阔大，祈求祖先荫蔽后代子孙。用树木寄托对死者的哀思和对后代的祝福，是中国人很有特点的一种普遍风俗。

　　汉语汉字反映的人的日常生活、风俗习惯、礼仪制度更是繁多。这里以三个与人类关系密切的动物为例：

　　羊，"美、善、羞（珍羞）、义、祥"都从"羊"。《说文解字》说："羊在六畜主给膳也。"[32]也就是说，羊是专门供给人吃的，我们今天讲的猪，也就是豕，在古代是很少的。所以美好、善良、吉祥等褒义字都与羊相关，都用"羊"作义符来造字。

　　鹿，美丽的丽（麗）、庆祝的庆（慶）的繁体字都是从鹿的。《说文解字》解释说："《礼》，麗皮纳聘。盖鹿皮也。"[33]婚礼中的纳吉，男方向女方送礼物，送的就是鹿皮，因为鹿安顺、鹿皮柔软。鹿总是成双成对的，所以夫妇称"伉俪"。

　　犬，狗在古人生活中占有重要的位置，它对人有四种功用，从"犬"的字恰恰反映了这四种功用：

　　反映看守功用的"器、狱（獄）、猝"。在"器"字中，四个口是器皿的圆口，"犬所以守之"[34]，表示狗在看管器皿。而"狱"在古代是打官司的意思，《说文解字》解释"狱"说，"二犬所以守也"[35]，是用狗看着打官司的双方，在未知谁是谁非的时候不让他们跑掉。

　　反映抓捕和狩猎功用的"默、猝、突"。《说文解字》解释"默"说："犬暂逐人也。"㊱正是狗在发现盗贼或犯人逃跑时追逐的形象。抓捕野兽的是猎犬，猎犬如果发出声音，就会吓跑猎物，所以狩猎时狗是不叫的，"默"字从犬也形容猎犬。同时，抓捕人和兽的狗出现的速度特别快。《说文解字》解释"猝"说："犬从草暴出逐人也。"解释"突"说："犬从穴中暂出也。"㊲都是形容狗在追逐人和猎物的时候从草丛或洞穴中迅速窜出来的样子。

反映护院功能的"吠"。狗在院中看见有人到来，就会通过叫声引主人前来分辨来者身份，所以"吠"字意为狗叫。

反映放牧功能的"独（獨）"。《说文解字》有一个十分形象的说解，"羊为群，犬为独也。"㊳羊一养就是一群，而狗多半只养一只。放牧的时候也总是一只狗看管着一群羊，因此"独"字从犬，"群"字从羊。

汉语的数目字，小篆构字分成三种类型：

（1）一、二、三、五、十；（2）四、六、八；（3）七、九，从中来看这十个字的构型特点：

① 一 二 三 𝕏 十（一、二、三、五、十），以横为基本笔画，辅之以竖与斜，是第一种造字模式。

② 四 𠔼 八（四、六、八），这几个字里面都含有"八"这个构件。《说文解字》："八，分也。"八表示分开，双数都是分的结果。

③ 𠃁 九（七、九），是两个借音字。"七"借"切"字为形。"九"借"勾"字为形。

数目字的意义在今天已经很抽象了，但在古代造字和意义内涵里，蕴藏着很丰富的文化内容：

"一"与宇宙发生的观念相关，"惟初太始，道立于一"㊴，古人认为世界初生时在混沌未分之际，故一有"整"义（一切、一起、一共、一生）、"初"义（元旦、元年、元素）、"首"义（元首、元帅、元凶）。

"二"是造分天地的结果，经历了混沌一团的原始状态，轻者上浮，浊者下沉，形成了宇宙空间，就成为"二"，"二"的字形象征着天与地形成的空间，同时也有分离之意。它的同源词"耳""而"都取两端分离的意象，故"二

（贰）"有"背离"义（二心）。

"三"代表天地之间产生的人类，有人则有万物，故"三"有"集合"义、"多数"义（三五成群、三人行必有我师、三番五次）。

"五"字的字形，在天地两横之间有一个"×"，表示天地气息对流的交点，也就是中点。故五有"均衡"义、"相交"义，"午"是"五"的同源词，正午、午夜都是居中的时间。

"四、六、八"中间都有"八"，是分出来的。《周易》的说法是："易有太极，是生两仪，两仪生四象。"[40]天地分为两仪，两仪生出四象，四象生成八卦。这个说法与空间的几何形状完全相合。两仪是线的两端，再向两边延伸成为有四边的面，面再延伸成为六面的体，同时又有八个角。所以"四"和"八"都有"平稳"之意（"四平八稳"），具有空间的概括意义（"四面八方"）。"六"则被中国人当成最吉祥的数（"六六大顺"）。

"九"为个位数的终结，所以有"终结"义、"穷竭"义、"最多"义（九牛一毛、三教九流、九死一生），"究"是"九"的同源词，也有穷追到底的意思。

"十"是数字第一个循环与另一个循环的界限所在，既含终结，又含开始，古人以之为"全数"，所以有"周全"义（十全十美、十全大补）。

只有了解了数字的民族文化内涵，才能理解用数字组成的词汇和成语。这些用法都是数字文化内涵的释放，不是数字的抽象概念所能涵盖的。

在汉字的构型和符号系统中，含有古人丰富的精神文化。例如"天"和"大"：

在甲骨文、金文、小篆中，"大"字和"人"字一直通用，《说文》："天大地大人亦大。"[41]象征着自然的天的人格化和人文世界的自然化。在汉语中，天表示自然的含义。天赋、天分、天性，都是人的自然本性；天险、天灾、天生、天籁、天火、天敌、天堑……都是自然造成，与人为的一切相对。

因此，天人合一的观念中，实际上蕴含了古人对人与自然关系的思索。首先，人的修养和教育，是要遵循人性的自然规律的。《礼记·中庸》说："天命之谓性，率性之谓道，修道之谓教。"㉒就是说明人天生的本性都是人的自然本性，教育依人性的规律施行，教育的功能是发扬人性中善的一面。其次，人的行为要受自然规律的制约。所谓"天网恢恢，疏而不漏"，"人算不如天算"，"人无回天之力"说的是人为的一切或可改变，而自然的规律是需要遵从的。

汉语携带的文化信息往往在汉字上反映出来，这是与上文讲到的汉字的特点相关的：首先，汉字是表意文字，意义与文化是分不开的；同时，汉字是自源文字，汉字的字理负载着本土文化，传衍着古代文化，也是很自然的。

三、汉语汉字在今天所面临的挑战

专业的研究里面，中国传统文字学的发展曾经有一段时间受到很大的限制。在民国早期，三四十年代，已经有人在喊打倒汉字，一些西方情结较重的人甚至认为，汉语汉字是让中国落后的根源。这个观点我们经过了很多年才纠正过来。自王选院士发明激光照排系统、汉字进入计算机以后，汉字的存废问题才彻底画上了句号。

但受其影响，直到现在语言文字学研究还是分为两大阵营：一部分人在研究西方的理论，即要寻找世界各种语言的共同性，而中国的传统语言文字学则是要寻找汉语汉字的内在规律，以及它与中国典籍、中国文化的关系。因而，传统的语言文字学所需学习的内容就很多，使得这个方向的人才培养会比较慢，这与现在短平快的评估制度之间存在矛盾，所以如果没有一个更好的政策，是不利于传统语言文字学发展的。

在中国近代史上，很多的仁人志士、革命的爱国知识分子都在不断探索，如何能既保留自己的文化、又达到普及教育的效果。到 1956 年之前，人们还是想将汉字改为拼音文字，可是如果这样改革，很多同音词将无法区分，比如无法区别人事局的"人事"、不久于人世的"人世"、何方人氏的"人氏"和民主人士的"人士"，因此周恩来总理在 1956 年的一次政协会议上表示，汉字拉丁化的工作暂停下来。但由于汉字不表音，教学比较困难，民国时期创建了注音字母，在国际上很难通行。通过不断研究，得出了现在的拼音方案，用来记录汉语、汉字的读音。

20世纪初，普及教育是很多人的梦想，而现在这个梦想已经实现，义务教育达到百分之百，文盲基本上被消除。记得1958年，我大学毕业，工作的第一件事就是扫盲，那个时候我们的扫盲取得了巨大的成绩，虽然不敢说文盲问题百分之百地解决，但扫盲的普及程度已经很高，老人们坐在路口上等《人民日报》的场景，是很壮观的。在当时一穷二白、教育不发达的情况下，让大家都认了字，这是一件很了不起的事。

这种识字的热潮标志着一种文化高潮。当前，我们迎来了继承和发展中华优秀传统文化的大好时光，即将进入学习传统文化的新高潮，这是国家走向强盛、软实力增加的一个非常重要的标志。

但是之前的历史阶段也给我们遗留下来一些需要面对的问题。比如简繁字问题。简化字的实行，在文化建设上起了很大作用，文字简化有助于我们开展扫盲，使得我们的文化教育更加普及。但同时，简化汉字对于高层次的文化教育和文化发展也存在一定的局限，由于简化，很多汉字的字理无法在字形中体现。如何去克服这一问题，就变成现在汉字教育上的一个难题。现在我们在为解决这一问题而努力，如做古籍印刷通用字的字形规范，将繁体字规范化，提倡"识繁写简"，使人们能认识一些繁体字。随着国家文化建设的发展，在专业层面实现简繁同时通行，应该没有太大问题。

再比如语言文字的教育问题。语言文字教育对文化建设有着重要意义，只有加强全民的语言文字教育，并且从基础教育做起，才能真正使优秀传统深入人心。传统文化进课堂，第一件事就是学好汉字，在教授汉字时应按照汉字所蕴含的文化来进行教学，不要只把汉字当作符号，死记硬背汉字的笔画、写法。而在我们现在的汉语汉字教学中，还存在一些问题。比如有些老师讲字不按照字理讲，而随意编造。比如有人讲"佛"字，说左边表示一个人，右边的"弓"表示求佛的道路是曲折的，而"弗"的一撇是走弯路，一竖是走正路。这样讲，试问：费事的"费"字上半部分的撇和竖都指什么呢？还有人讲"饿"就是从"我"从"食"——因为我饿，所以我吃。于是就有学生类推"俄"就是"我的人"，"鹅"就是"我的鸟"，"娥"就是"我的女人"，非常荒唐。其实"饿"字中的"我"是声符而非义符。再比如把"枯"说成"古木"，以此类推，"姑"就是"古女"，"苦"就是"古草"，这样就是我们常常说的"讲了一字，乱了一堆"。所以，汉语汉字既是文化也是科学，语文教师对汉语汉字的把握能力仍需提高，我们需要培养出真正懂得汉语、汉字的人才。

全民阅读已经兴起，但提高文言文阅读能力还需要着力提倡。文言与现代汉语在词汇上的传承发展关系非常明显。古汉语 76% 的词汇带着原有的意义进入现代汉语双音词。古汉语常用词 100% 进入现代汉语。没有文言做基础，对现代汉语的运用和理解都难以达到一定的深度，甚至会造成缺乏汉语语感，欧化的长句子和杂糅的话语泛滥，错别字和成语典故在庄严的场合常常误读误用。

以上问题说明，在国家飞跃发展、信息社会不宣而至的今天，汉语汉字经受着严峻的挑战，但通过努力，我相信国家的文化建设会因汉语汉字的普及，而走上更新更好的道路，使语言文字可以真正做到"推动中华优秀传统文化创造性转化与创新性发展"，我想这就是我们大家共同追求的目标。

注释：

①"小学"本来是周代的一种学制，《说文解字序》说："《周礼》八岁入小学，保氏教国子，先以六书。"这是以识字读书（汉字教育和典籍阅读）为主要内容的宫廷教育初级阶段，所以古人把语言文字学称作"小学"，唐代以后分为文字、声韵、训诂三科。

②"在心之学"是指与人有关的人文社会科学；"在物之学"是指自然科学，比如物理学、医学、生物学，后者是世界所共有的，每个民族、每个国家对其都有贡献，并不以国界区分。

③（汉）许慎撰，（宋）徐铉校订：《说文解字》，中华书局 1963 年版，第 316 页。

④图表是按照词汇量来统计的，汉语是词根语，有时一个字是一个词根，有时两个字或多个字是一个词根，分词不准统计的数量也会受到影响。

⑤（宋）朱熹撰，蒋立甫校点：《楚辞集注》，上海古籍出版社2001年版，第7页。

⑥此句有两个意思，一个是类似狗、马，人都可以养；另一个是，兽类都能懂得养育。

⑦（清）阮元校刻：《十三经注疏·论语注疏》，中华书局1982年版，第2462页。

⑧（清）阮元校刻：《十三经注疏·孟子注疏》，中华书局1982年版，第2705页。

⑨（清）阮元校刻：《十三经注疏·论语注疏》，第2529页。

⑩（清）阮元校刻：《十三经注疏·论语注疏》，第2495页。

⑪（清）阮元校刻：《十三经注疏·论语注疏》，第2518页。

⑫（清）阮元校刻：《十三经注疏·孟子注疏》，第2670页。

⑬（清）阮元校刻：《十三经注疏·春秋左传正义》，中华书局1982年版，第1901页。

⑭（清）阮元校刻：《十三经注疏·春秋左传正义》，第1901页。

⑮（清）阮元校刻：《十三经注疏·春秋左传正义》，第1901页。

⑯高步瀛著，曹道衡、沈玉成点校：《文选李注义疏》，中华书局1985年版，第530页。

⑰（宋）朱熹撰，蒋立甫校点：《楚辞集注》，第9页。

⑱（清）阮元校刻：《十三经注疏·礼记正义》，中华书局1982年版，第1315页。

⑲黎翔凤撰，梁运华整理：《新编诸子集成·管子校注》，中华书局2004年版，第446页。

⑳（清）阮元校刻：《十三经注疏·礼记正义》，第1692页。

㉑著名的"甲骨四堂"，就是罗振玉，号雪堂；王国维，号观堂；董作宾，

字彦堂；郭沫若，字鼎堂。他们的著作是我们研究甲骨文的基础。

㉒（汉）许慎撰，（宋）徐铉校订：《说文解字》，第 91 页。

㉓（汉）许慎撰，（清）段玉裁注：《说文解字注》，上海古籍出版社 1981 年版，第 594 页。

㉔下图为北京师范大学王立军将"申"字形体和职能的演变梳理后所绘制。

㉕（清）阮元校刻：《十三经注疏·周礼注疏》，中华书局 1982 年版，第 933 页。

㉖（汉）许慎撰，（宋）徐铉校订：《说文解字》，第 144 页。

㉗（汉）许慎撰，（宋）徐铉校订：《说文解字》，第 146 页。

㉘（清）沈德潜选编：《古诗源》，中华书局 1963 年版，第 196 页。

㉙（清）沈德潜选编：《古诗源》，第 196 页。

㉚（清）阮元校刻：《十三经注疏·春秋左传正义》，第 2029 页。

㉛（宋）郭茂倩编：《乐府诗集》，中华书局 1979 年版，第 1038 页。

㉜（汉）许慎撰，（宋）徐铉校订：《说文解字》，第 78 页。

㉝（汉）许慎撰，（宋）徐铉校订：《说文解字》，第 203 页。

㉞（汉）许慎撰，（宋）徐铉校订：《说文解字》，第 49 页。

㉟（汉）许慎撰，（宋）徐铉校订：《说文解字》，第 206 页。

㊱（汉）许慎撰，（宋）徐铉校订：《说文解字》，第 204 页。

㊲（汉）许慎撰，（宋）徐铉校订：《说文解字》，第 153 页。

㊳（汉）许慎撰，（宋）徐铉校订：《说文解字》，第 205 页。

㊴（汉）许慎撰，（宋）徐铉校订：《说文解字》，第 7 页。

㊵（清）阮元校刻：《十三经注疏·周易正义》，中华书局 1982 年版，第 82 页。

㊶（汉）许慎撰，（宋）徐铉校订：《说文解字》，第 213 页。

㊷（清）阮元校刻：《十三经注疏·礼记正义》，第 1625 页。

（讲座时间　2019 年）

陈祖武

关于中华优秀传统文化精神标识的思考

陈祖武

陈祖武，1943年生，贵州贵阳人。中国
社会科学院学部委员、研究员，中央文史研
究馆馆员。1965年，贵州大学历史系毕业。
1981年，中国社科院研究生院历史系毕业，
获历史学硕士学位。1998—2008年，任中国
社科院历史研究所所长。2006年，当选中国
社科院首批学部委员。2009年，任中央文史
研究馆馆员。兼任全国古籍整理出版规划领

导小组成员。

　　长期从事中国古代学术史研究，专注于清代学术研究，成果颇丰。主要著作有：《清初学术思辨录》《中国学案史》《清代学术源流》《清代学者象传校补》《清代学林举隅》等。主要古籍整理成果有：《清儒学案》《杨园先生全集》《榕村全书》等。

2018年8月，习近平总书记在全国宣传思想工作会议上，就我们党的宣传思想工作"举旗帜、聚民心、育新人、兴文化、展形象"的使命任务发表了十分重要的讲话。在讲话当中，习近平总书记对中华优秀传统文化提出了一个重要的理论判断。他说："中华优秀传统文化是中华民族的文化根脉，其蕴含的思想观念、人文精神、道德规范，不仅是我们中国人思想和精神的内核，对解决人类问题也有重要价值。"正是从这样一个准确、科学的判断出发，习近平总书记号召我们："要把优秀传统文化的精神标识提炼出来、展示出来，把优秀传统文化中具有当代价值、世界意义的文化精髓提炼出来、展示出来。"

2019 年 3 月 4 日，习近平总书记在看望参加全国政协十三届二次会议的文化艺术界和社会科学界委员并参加联组会时，再一次强调，我们要重视研究、提炼、总结中华优秀传统文化的内容。

中华优秀传统文化的精神标识是什么？文化精髓是什么？能不能够用一段话或者很精炼的文字来解释它？这是一个艰巨的任务。今天我没有这个能力来解决这个问题，但我想结合最近这几年在工作实践当中碰到的一些问题，通过三个问题的回答，与各位领导同志一起思考。因为我认为这三个问题恰好从根本上，涉及对中华优秀传统文化的基本品格，就是习近平总书记讲的精神标识的把握。最终就是要响应习近平总书记的号召，向总结和提炼中华优秀传统文化精神标识这个目标去努力。

一、中华文化是利己文化吗

前些时候我读到《参考消息》上发表的一篇文章，介绍西方智库有一位专家谈中华文化，他认为中华文化讲的是"人不为己，天诛地灭"，因此他就以此为依据断言中华文化没有利他主义，是一种利己文化。这就像今天美国政客在说我们中华文明不能够和西方文明对话一样荒唐。西方文化标榜利他主义，因此说我们中华文化讲的是利己主义，就等于把中华文化从根上抹黑了。

那么究竟是不是这样一个情况？看到这篇文章后，我一直在思考，究竟中华文化是利己文化吗？我想，要解答这个问题，我们要回到中华文化的早期形成阶段来寻找答案。春秋战国时期是我们中华文明形成发展的一个高峰，在那个时期，不同学术流派的思想家站在各自的立场上对中华文明的发展提出自己的思考。这就是著名的"百家争鸣"。其中有一个问题，是各个学术流派都共同关注的——作为社会的人应该如何生存？社会性的人和他人是什么关系？怎样处理人际关系，社会才能够和谐地向前走？

　　老子是最先回答这个问题的，在《道德经》第八十一章中有这么一段话：
"圣人不积，既以为人己愈有，既以与人己愈多。天之道，利而不害。圣人之
道，为而不争。"这是老子提出来的一个很重要的思想，就是"为而不争"。那
么这句话是什么意思呢？就是德行高尚的人，他们（对自己的东西）是不保留
的。他们在把自己所有的东西给了他人后，反而更加充实，更加富有，这就是
老子的辩证法思想。因此他的结论就是"天之道，利而不害"，就是说大自然
归根结底是有利于人类，而不会为人类制造无休止的灾害。"圣人之道，为而
不争"，作为德行高尚、有社会理想和抱负的圣人，他们会首先把自己的事情
做好，而不是把目标对准他人，以邻为壑，去和他人做无序的竞争，这就叫作
"为而不争"。从老子的这一思想当中我们可以看到，他是把个人和他人作为一
个统一整体来思考的，他认为人类应该这样在社会上生存。

　　孔子与老子同一时代而年辈略晚一些，史书上有记载，孔子曾经向老子请
教过学问。在《论语》当中，孔子与老子的思想相呼应，提出了"己欲立而立
人，己欲达而达人""己所不欲，勿施于人"这些影响中华文化几千年发展的很
著名的思想。这是一种推己及人、仁者爱人之学，也就是孔子的仁学。这一学
说影响了之后的中华社会几千年。

　　在孔子之后，孟子继承和发展了孔子的
仁学思想，提出了"老吾老以及人之老，幼
吾幼以及人之幼""穷则独善其身，达则兼
善天下"等思想。从老子到孔孟，他们在思
考个人应该如何在社会上生存的时候，是把
个人和他人作为一个整体来看的。这种思想
从老子、孔孟发展到西汉初年，这个时候的
一些经典我们今天还能看到。比较有代表性
的是《礼记》和《尚书》中的表述。

　　在《礼记·坊记》中有一句很经典的
话，就是"君子贵人而贱己，先人而后己，

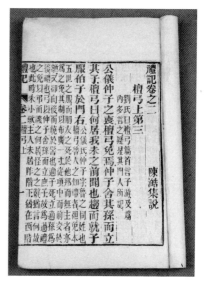

《礼记》书影

则民作让"。德行高尚的君子总把他人摆在第一位，这里的"贱己"不是作践自己，而是一种谦卑的态度。用今天的话来讲就是君子要严格要求自己，要尊重他人，并且把他人摆在第一位，自己从属于第二位。如果一个社会都能够做到这一点，那么整个社会的礼让和谐就会蔚然成风，这就叫作"则作让"。这里的"让"就是礼让，大家互相谦让，有序地往前走，这就是先人后己的思想。

《尚书》中有一篇《大禹谟》，主要是记载夏代的君王在治国理政当中讨论国家大事的言论。这里他们用了"稽于众"三个字。"稽"可以解释为考察、稽考。也就是要向各方面广泛听取意见。当朝廷议政出现重大分歧的时候，作为当政统治者也应该为了大局不惜舍己从人，放弃自己的意见，而采纳他人的意见。

所以通过以上的梳理，我们可以观察到：从春秋战国一直发展到汉初的上千年间，中国古代的先哲在思考个人在社会中与他人相互依存、共同推进社会和谐发展的重大问题的时候，经历了这样的思维发展的过程。这些思想在中华文化演进的几千年当中潜移默化，为中华民族全体成员所接受，成为直到今天还在影响我们中华民族社会和谐发展的一个优良品德。

我们也可以观察到，中华文化是以人为论究的中心，是讲个人和他人相互依存、和谐共生的文化。因此中华文化绝不是一种利己文化，而是一种推己及人、先人后己，直到舍己为人的文化。我们中国共产党人追求的根本宗旨就是全心全意为人民服务，这恰好就是传统美德在中国共产党人身上的体现。

那么为什么这位西方专家会那样认为呢？原因就在于他没有好好地读懂我们中华民族的文化经典。下面我们就回到历史进程当中，找找"为己"这两个字是如何出现在中华文化经典中的。

《论语》当中孔子有这么一段话，叫作"古之学者为己，今之学者为人"，孔子是在回答弟子问题的时候说出这句话的。弟子问他古代的学者和今天的学者做学问间的差异是什么，孔子于是回答"古之学者为己，今之学者为人"，但在《论语》中，对于什么是"为己"、什么是"为人"，并没有给出进一步的解释。直到后来，荀子在他的《劝学篇》中才回答了这个问题。荀子把"为己"之学定义为君子之学，而把"为人"之学定义为小人之学，那就是应该受到批评、受到贬斥的学问。

　　那么"君子之学"和"小人之学"的差异在哪里呢？荀子说："君子之学也，入乎耳，著乎心，布乎四体，形乎动静，端而言，蠕而动，一可以为法则。"这是说君子的学问，先入耳，再入心，实际上就是要经过自己的大脑消化吸收，然后就布乎四体，形乎动静，就转变成自己的一言一行。"一可以为法则"就是自己把知识消化以后，变为自己的言行法则，整个过程就叫"君子之学"，就叫"为己之学"。

　　那么"小人之学"呢？荀子讲："入乎耳，出乎口，口耳之间，则四寸耳，曷足以美七尺之躯哉。"也就是说，"小人之学"缺了"著乎心"这个关键的环节，所以他只会照本宣科。口耳之间不过只有 1 寸见方的地方。所谓的 1 寸就是言其空间狭小，怎么能容得下一个七尺男儿的身躯呢？也就是说，这个人的一言一行怎么能从口耳之间就找到法则呢？所以荀子的结论是"古之学者为己，今之学者为人，君子之学也以美其身，小人之学也以为禽犊"。就是君子之学是用来增强道德修为，而小人之学就是做给他人看的"禽犊"，也就是只能取悦于人的玩物。

　　汉代的经学家孔安国解释《论语》，借鉴了荀子的思想，把"为己"解释成"履而行之"，也就是践履一种道德标准。把"为人"解释为"徒能言之"，也就是只会说空话，不经过自己的思考而哗众取宠。魏晋南北朝时期何晏著《论语集解》，也采用了孔安国的讲法。所以在中国的学术史上，"为己"和"为人"是早有定论的，为历代经师所公认。"为己"和"利己"全然不是一回事。

　　在春秋战国时期也确实有主张"利己"的学者，就是杨朱。他标榜的学术宗旨就是"为我"，他的思想是典型的利己主义，正因为杨朱的思想违背了中华文化的主流，不是中国古代学人共同认可的思维方向和价值，因此他的著作没有完整地流传下来，直到今天，在任何地方都找不到杨朱完整的思想著作介绍。今天我们能够去谈论他的思想以及他片断的经历，都是从与他同时代的思想家著作中去看到的。这就是历史大浪淘沙无情的选择，或者说就叫历史自有公论。

　　所以通过回忆这一段历史，我们应该说利己主义不能强加到中华文化的头上来。

至于"人不为己，天诛地灭"，这实际上是晚清民国时期流传于社会上的一句谚语。它反映的是我们中华民族在遭受西方列强欺凌后，社会在痛苦挣扎当中找不到方向，尤其是西方社会达尔文主义等思想传入以后，自私自利的思想恶性膨胀，所以才会出现"人不为己，天诛地灭"这句话，它绝不是中华文化的主流。这句话的源头有人说来自实叉难陀翻译的《十善业道经》，我没有读过这部书，前些天拜托宗教所的同志也没有在《十善业道经》的文本中找到相应的表述。看来这句话的源流也还是一个值得探讨的问题。

二、中华文化有霸权倾向吗

当前西方社会的一些政客不断鼓吹"中国威胁论"，抹黑中华文化也是他们不约而同去做的事情。

有一次我听一位由海外访学回来的同志说，在西方现在有一种说法，认为中华文化存在霸权倾向，不仅今天的中华文化存在霸权倾向，而且从中华文化的形成早期就有霸权倾向。他们的根据就是《大学》当中讲的"格物致知，诚意正心，修身齐家治国平天下"，他们认为，中华文化不仅讲"治国"，还讲"平天下"，因此从早期形成开始就有一个称霸世界的鼓噪在其中。

然而真相是这样吗？如果我们从中国典籍和中华文化历史的本来面貌去看并不是这样的。如果不是他们的有意曲解，他们至少也是犯了与其先辈同样的错误，那就是对中华文化与中国历史没有深入研究就信口雌黄。在中华文明五千多年的历史发展进程中，"天下"这一词语由先秦一直沿用到今天。作为一个历史范畴，它既具有后先相承的一贯性，又根据不同历史时期的具体环境，显示出不尽一致的人文内涵。

先秦时期，"天下"作为一个地域概念最早出现的时候，它往往是和"国家"并列在一起的，就是"天下国家"。《孟子·离娄上》当中有这样一段话："人有恒言，皆曰天下国家。天下之本在国，国之本在家，家之本在身。"从这一段话可见，在孟子生活的时代，"天下国家"是一种社会的流行话语。至于其具体所指，自东汉经师赵岐为《孟子》一书作注以后，早已形成历代学者的共识，那就是："天下谓天子之所主，国谓诸侯之国，家谓卿大夫之家。"这就是说，所谓天下，讲的乃是周天子之治下。

我们要理解这段话，最关键的就是"天下国家"这四个字。西方学术界很多的学人把我们讲的"天下"理解为世界，所以他们用世界体系这四个字来讲中国，来讲天下。而"国"他们觉得就和国家的概念等同。其实不然。"天下"在先秦时代一直到战国时代，主要指的是"周天子治下"，指的是周朝的天子统辖的地域。丝毫没有"世界"的概念在里面。实际上在先秦时期我们中国人并没有"世界"的观念，他们认为天下是在周天子一统之下的，所以才会有"普天之下，莫非王土；率土之滨，莫非王臣"这样的话。

在武王伐纣的时候，号称有一千多个诸侯国，到春秋时期也有八百个诸侯国，战国时期还有"战国七雄"。所以这个"国"与今天国家的概念不是一回事。这里的"国"指的是当时林立的诸侯国，而"家"则指的是卿大夫之家，贵族之家。

因此，我们从先秦时期历史上看，"天下"也好，"国家"也好，全都是讲的我们中国自己的事情，丝毫不涉及外部世界。因为那个时候我们的先人并没有"世界"的观念。因此这个"天下"概念丝毫没有世界意义，并不能说中华文化形成早期就有霸权倾向。显然，用西方的"世界体系"来谈先秦典籍中的"天下"，就违背了中华文化和中国历史发展的实际。

秦统一六国以后，一直到明清，我们中国经历了漫长的封建时代，在两千多年时间里，"天下"这个概念依然延续下来

秦始皇画像

了。但它的具体所指就不再只是天子之治下，因为周天子没有了。这个时候的"天下"指的是一家一姓的"家天下"，就和今天的国家概念实际上重合起来了。

如果我们去读典籍和史书会看到"朕即国家""朕即天下"这样的话。这表明过去的历代帝王认为他就是"天下"、就是"国家"。所以"天下"和一家一姓王朝统治合一了。尽管合一，但它谈的依然是中国的事情，仍旧丝毫不涉及世界，没有世界的含义在里面。

"天下"和世界的概念重合，是在清朝灭亡、中华民国建立以后，尤其是在中华人民共和国成立以后，"天下"作为一个地域概念才逐渐地和世界重合了。

因此西方的某些政客和学者把中国古代的"天下"视为一个一成不变的概念，来谈中华文化的霸权倾向，可以说是违背了中国历史乃至世界历史发展的实际。所谓的"中华文化存在霸权倾向"，其实是西方政客提出来的伪命题，我们丝毫不能接受。

通过前面的回顾，我们澄清了西方某些政客的歪曲误解。在这样的基础之上，如果我们回到中华历史和文化发展的实际当中，我们会看到一个十分有趣和不可忽视的现象。那就是"天下"作为一个地域概念，从它登上历史舞台的先秦时期开始，就已经蕴含了丰富的人文内涵。这也就是我们说中华文化博大精深之所在。

《孟子·梁惠王下》中记录了孟子对齐宣王讲的一句话，叫作"乐以天下，忧以天下"。这句话的意思是说，执政当国者，应当与民众同忧乐。显然，此处的"天下"一语，就已经不是单纯的地域概念，它还包含着关怀民生疾苦的人文意识和社会责任。换句话说，这里的"天下"一语，其后实际上省略了"民众"或者"民生"二字。

所以这就体现出天下背后的人文关怀和社会责任。这种人文关怀和社会责任的意识世代相传，到了魏晋隋唐时期，我们就可以从当时的一些官修史书中，发现"以天下为己任"的崭新表达。到了北宋，范仲淹的千古名言"先天下之忧而忧，后天下之乐而乐"，更体现了古代有作为、有抱负的政治家以及学人的强烈责任意识，这是一种可贵的责任担当。

范仲淹以后，这种思想发展到明清之际，社会动荡，民生凋敝，中华文化面临着一次深刻的传承危机。为什么这样说呢？

首先明朝中叶以后尤其是明朝末年，在经济上，土地兼并，赋役繁苛，酿成了经济上的全面崩溃。这种全面崩溃的经济态势反映到政治舞台上，就导致了严重的政治腐败。这种经济崩溃、政治腐败直接形成了民不聊生的悲惨局面。所以农民大众才揭竿而起，推翻了朱明王朝的统治。农民起义自然对封建秩序与封建文化是一个极大的冲击。这是第一个根据。

第二个根据是原来地处东北边陲的后金政权崛起，满洲贵族的军队利用吴三桂的叛变长驱直入，最后取农民政权而代之。随着对江南的军事的展开，把南京的弘光小朝廷推翻了。剃发、易服等民族高压政策的强制推行，一度酿成激烈的民族矛盾。这对中华几千年的礼乐文明也是一个严重的挑战。

第三个根据就是在明朝末叶以后，王阳明的后学沿着王阳明的"不必以孔子之是非为是非"的思维路线，最后造成摆脱传统封建制度与传统礼教的束缚，标榜"满街都是圣人"，从而导致江南社会奢侈腐败之风蔓延。这也是对中华几千年传统文明的挑战。从"知行合一"到"致良知"，阳明心学确实对思想解放有极大的历史价值，但是试图用"吾心之良知"作为评判是非的唯一标准，就难免导致社会没有一个共同追求的价值观，没有一个共同的约束，这就从根本上脱离了中国的国情。这也是儒家学说与中国传统文化的深刻危机。

最后，当时西方的传教士不仅带来了西方的神学，而且还带来了比当时的中国传统科学先进的天文、物理和数学知识。这对我们中华传统学术的传承也是挑战和冲击。

所以从这四个方面的分析，我提出一个认识，那就是明末清初中华文化面临着传承断裂的深刻危机。正是因为面临着这样的深刻危机，为了寻求挽救的途径，杰出的思想家、政治家和学人应运而生。不是他们自己愿意登上历史舞台，而是时代的召唤。在这个时候，历史和时代召唤了一位杰出的思想家登上历史舞台，这就是江苏昆山的顾炎武。顾炎武不像那些前辈学者，他立足时代命题、时代任务，思考了比前辈学者与思想家更加深刻和博大的问题。

　　顾炎武的著名著作《日知录》中有一篇《正始》。这篇文章一开始就讲"有亡国，有亡天下，亡国与亡天下奚辨"。就是讲"亡国"和"亡天下"怎么来进行区别。我认为这是顾炎武在《日知录》中提出来的时代之问。而这是从孟子到范仲淹都没有提出过的问题。

　　顾炎武讲"易姓改号谓之亡国"，就是说在秦朝以后的历代王朝都是由不同的家族来统治的，变成了他们的"家天下"。所以顾炎武认为一家一姓的家天下统治集团更改了，年号变了，就叫"亡国"。接下来他就讲："仁义充塞，而至于率兽食人，人将相食，谓之亡天下。"这里我们可以看到顾炎武讲的"亡天下"就不是一家一姓的天下概念在里面了，他的立足点就是中华几千年的礼乐文明和中华文化几千年的传承。

　　所以，他的结论就是："故知保天下，然后知保其国。"他把"保天下"放在第一位，就是强调能够传承优秀文化才能够保证"家天下"王朝的统治。顾炎武最后说："保国者，其君其臣，肉食者谋之。保天下者，匹夫之贱与有责焉耳矣。"保卫"家天下"的政权，是帝王大臣们的责任。而要保卫几千年的礼乐文明、中华文化是全体国民的事情。这种思想到了清代中叶以后又经过几十年的总结，到了梁启超的时候，就总结为8个字——天下兴亡，匹夫有责。习近平总书记在多次讲话当中引用了这8个字，并把它纳入中华民族优秀传统文化的独特价值体系当中去。

　　所以，从孟子的"乐以天下，忧以天下"，经过魏晋隋唐的"以天下为己任"，到范仲淹的"先天下之忧而忧，后天下之乐而乐"，再到顾炎武的"天下兴亡，匹夫有责"，我们可以清楚地看到，在"天下"这个词语后面不断充实、不断发展的人文精神，最终和中华民族的爱国传统合一了，成了中华民族爱国主义传统的一部分。

　　通过对这段历史过程的梳理，我们可以看到西方一些政客和学者认为中华文化是一种霸权文化，是违背中华文化发展的历史实际的。这样一个回溯的过程，实际上也是一个摆事实讲道理的研究过程。我想应该是比较充分地证明了这一点。另外"天下"这个词义所包含的丰富的、不断发展升华的人文精神，是我们今天还要弘扬的宝贵精神财富。

三、为什么说"以文化人"是时代任务

2014年9月24日,习近平总书记在纪念孔子诞辰2565周年国际学术研讨会暨国际儒学联合会第五届会员大会开幕会上发表重要讲话,倡导科学对待传统文化,号召我们:"要坚持古为今用、以古鉴今,坚持有鉴别的对待、有扬弃的继承,而不能搞厚古薄今、以古非今,努力实现传统文化的创造性转化、创新性发展,使之与现实文化相融相通,共同服务以文化人的时代任务。"习近平总书记为什么要从"时代任务"的高度,发出"以文化人"的倡导?

我想,要回答这个问题,我们应当把习近平总书记的历次讲话贯穿在一起,把它作为一个历史过程来看。这样,我们就会发现"以文化人"这四个字提出来绝非偶然。这实际上反映的是习近平新时代中国特色社会主义思想的一个重要基本主张。我认为这个基本主张就是夯实国内文化建设的根基。

2013年12月,习近平总书记在主持十八届中央政治局第十二次集体学习的时候,就讲了这么一段很重要的话:"夯实国内文化建设根基,一个很重要的工作就是从思想道德抓起,从社会风气抓起,从每一个人抓起。"这是习近平总书记主持党和国家工作以来,第一次就文化工作提出的一个重要主张,就是夯实国内文化建设根基。我认为这个主张的立足点,就是党中央在十七大提出来的推进社会主义文化大发展、大繁荣。夯实国内文化建设根基,就是推进社会主义文化大发展、大繁荣的重要保证。

2014年2月,习近平总书记主持十八届中央政治局第十三次集体学习,把他在2013年形成的这个思想归纳为8个字,就叫"以文化人,以文育人"。在2014年2月,习近平总书记第一次把"以文化人"作为一个基本的思想,提到党和国家的文化建设的重要日程上面。习近平总书记讲,对几千年传承下来的历史文化,我们要有鉴别地加以对待,有扬弃地予以继承,要充分吸收中华民族的先人为我们创造的一切精神财富,来"以文化人","以文育人"。

2014 年 5 月 4 日，习近平总书记到北京大学纪念五四运动，宣传社会主义核心价值观，讲核心价值观是怎么来的，社会主义核心价值观要怎样才能保持它强大持续的生命力和影响力。在那一次座谈会上发表的重要讲话当中，他再一次提出"以文化人"，而且把"以文化人"同"自强不息""天人合一""天下为公""天下兴亡，匹夫有责"等中华优秀传统文化品格一道纳入了中华优秀传统文化独特的价值体系。

所以到了 2014 年 9 月 24 日，在纪念孔子诞辰 2565 周年国际学术研讨会暨国际儒学联合会第五届会员大会开幕会上，习近平总书记向全社会发出科学对待传统文化的倡导，最后的落脚点就是要共同服务于"以文化人"的时代任务。这一时代任务得以确立起来了。

在 2018 年 8 月的全国宣传思想工作会议上，习近平总书记又一次重申了"以文化人"，而且同时强调要弘扬新风正气，推进移风易俗。所以到 2019 年 3 月，习近平总书记在看望参加全国政协十三届二次会议的文化艺术界、社会科学界的委员并参加联组会时再一次谈到这个问题，并且提出了"四个坚持"的要求，就是要坚持与时代同步伐，坚持以人民为中心，坚持以精品奉献人民，

2014 年 9 月 28 日是孔子诞辰 2565 周年纪念日，在南京夫子庙大成殿，孔子后人、社会各界代表近千人按照祭孔礼仪的规范程序，依古礼祭拜，表达对孔子的敬意　　决波 / 摄

坚持用明德引领风尚。

通过重温从 2013 年以来一直到 2019 年 3 月习近平总书记的历次重要讲话精神，我们可以发现，从夯实国内文化建设根基主张提出来的时候，习近平总书记就是把人和社会风气连在一起来谈。夯实国内文化建设根基一个重要的工作就是要从思想道德抓起，从社会风气抓起，从每一个人抓起。"四个坚持"也依然是把人和时代和社会风气连在一起，是一个不可分割的整体。在这 6 年当中，习近平总书记的思想中始终有一根红线，就是"以人民为中心"。我认为这在习近平总书记的思想当中是一个核心、一个内核，而它离不开时代，离不开社会，离不开风气。

所以我个人认为，"以文化人""移风易俗"不可割裂，是习近平总书记关于文化建设当中的一个基本思想。为什么习近平总书记每一次讲"以文化人"都要和移风易俗连在一起，和社会风气连在一起？我想我们看得到他对当前社会风气的忧虑。如果我们认真学习一下习近平总书记在纪念五四运动 100 周年大会上的讲话，就会发现习近平总书记特别强调以爱国主义为核心的五四精神，突出了"爱国"。而且在那次讲话当中，习近平总书记强调，"当代中国，爱国主义的本质就是坚持爱国和爱党、爱社会主义高度统一"。

我们能不能好好总结一下中华人民共和国成立初期，我们在小学教育当中所开展的"爱祖国、爱人民、爱劳动、爱科学、爱护公共财物"的五爱教育？借鉴一下"五爱教育"的成功经验？我个人虽然在旧时代读过半年的私立小学，但是我的一生主要是在新时代度过的，是新中国培养了我，"五爱"教育在我的身上体现得根深蒂固，一辈子忘不了，不管风吹浪打，我始终坚信国家，坚信党的领导。所以我建议教育部门能否根据习近平总书记这个讲话精神，开展一个"三爱教育"的活动，就是爱国、爱党、爱社会主义，把它持久地进行下去，这是关系到我们中华民族后继有人的事情。

习近平总书记在纪念五四运动 100 周年大会上的讲话当中，提到了四个错误思想倾向，第一个是拜金主义，第二个是享乐主义，第三个是极端个人主义，第四个是历史虚无主义。我想这四个错误倾向，当然还有其他的一些，是我们实现中华民族伟大复兴的中国梦进程中必须要解决的问题，我们绝不能低估这些错误倾向的消极影响，任凭有些文艺作品、有些人胡作非为，那不是我们共产党人的态度，不能任其泛滥。

今天我讲的这三个思考，实际上绝不是中华优秀传统文化精神标识的全部，这三个问题，无论是"推己及人""先人后己""舍己为人"，还是讲责任，重担当，以天下为己任、"天下兴亡，匹夫有责"，乃至最后的"以文化人""移风易俗"，这都是中华优秀传统文化的标识，不过这只是很粗的一个思考。当然还有其他的，比如说孟子提倡的"富贵不能淫，贫贱不能移，威武不能屈"的传统，还有中华民族自强不息、厚德载物、坚韧不拔、艰苦奋斗的传统，还有中华民族勤劳俭朴的传统，这些都可以好好地总结，都应该把它们纳入中华优秀传统文化的精神标识当中去。

（讲座时间　2019 年）

许　宏

何以中国——考古学
视角下的中国诞生史

许 宏

　　许宏，1963 年生，辽宁盖州人。曾任教于山东大学。在日本驹泽大学、澳大利亚拉筹伯大学、美国加利福尼亚大学洛杉矶分校和日本金泽大学做过访问学者。曾任"台湾政治大学"客座教授。现任中国社会科学院考古研究所研究员，中国社会科学院研究生院考古系教授、博士生导师，中国考古学会理事，夏商考古专业委员会常务副主任。

主要从事中国早期城市、早期国家和早期文明的考古学研究。主持中国古代重要都邑——河南偃师二里头遗址的田野考古工作 20 多年，取得一系列重要的考古发现和研究进展。著有《先秦城市考古学研究》《最早的中国》《何以中国：公元前 2000 年的中原图景》《大都无城：中国古都的动态解读》《先秦城邑考古》等书。主编大型考古报告《二里头（1999—2006）》，主编《二里头考古六十年》。

2019 年是二里头遗址科学发掘 60 周年，这也是我本人作为中国社会科学院考古研究所二里头工作队队长的第 20 个年头。

考古学本不应是枯燥的，因为相比语言学、古文字学等学科而言，考古学是研究实物的，应该更加生动。所以今天我想通过我们长期的发掘工作取得的一些成果，利用考古学的研究方法与手段，像解剖一只麻雀一样，使我们回到三五千年之前，从微观到宏观的角度去观察思考"中国人究竟是谁""我们是怎么来的"这样一些问题。去看看当时在我们这片土地上的先民是如何生活的，中国是怎么诞生的。当然这也只是我个人对中国诞生史的想法，也吸取了许多学界的研究成果，争取来做一个融会贯通的考察。

一、足迹：寻根问祖百年求索

首先，对一门学问的研究一般是有纵横两大主线的。第一大主线是我们对于研究对象的直接研究。第二大主线就是学术史的回顾。我们一定要熟悉前辈的研究方法，才能更深刻地了解我们的研究对象。因此下面我想就中国考古学的学术史来简单梳理一下。

与世界其他文明古国相比，中国几乎是唯一一个在考古学这门学科诞生之初，就由本土学者主持发掘与研究工作的地区。无论是埃及、两河流域还是印度河文明等，基本上都是以西方学者为主来做当地的发掘和研究的。而在1921年瑞典学者安特生发现仰韶村遗址后，中国考古学人很快就接手了中国的考古研究。1928年，当时中国国家级的研究单位——中央研究院历史语言研究所就进驻了安阳殷墟。从此开始了国家层面的，以中国学者为主导的，大规模、有组织的发掘。这是中国考古学的一个特色。

百年以来，我们考古学的发展有这样的心路历程。首先，在来自西方的"科学理性""文明认知"等思维模式被引进之前，我们对历史文献上所描绘的上古史是笃信的，没有怀疑的。我们深信"三皇五帝"的传说，我们也自诩为天朝上国。我们认为其他地方都是蛮夷戎狄，而根本不存在现代意义上的国际关系意识。后来当西方的思想体系传入之后，我们一度陷入了懵懂的状态，最终我们才踏出了追求史实复原的一步。

20世纪20年代顾颉刚先生提出了"古史辨"的观点，他对古史持批判怀疑的态度，认为中国的古史是经后代层累建构而成的。这在当时是非常难得的。因为对当时的学者来说，他们必须先打破传统的桎梏，才能确立出新的范式，从而重建中国史，来解答"中国人是谁""中国是怎么来的"这样一些重大的问题。既要破坏，也要建设，难度可想而知。最终追求史实复原成为中国考古学学科建立的第一条主线。

另外一条主线就是救亡图存与民族主义。在当时的时代背景下，需要建构国族认同和文化认同。在学术界没有人认为傅斯年先生当年主持编写的《东北史纲》是一本纯粹的学术著作。他是要通过这本书，在中华民族风雨飘摇、外族入侵的情况下，从文化上来论证东北的主权归属。所以我们可以理解这当中当然带有民族情感，而不是纯粹的学术论证。

中国从来没有自外于世界，包括几千年之前，我们一直是世界的一个组成部分。近代的国际环境使得建构国族认同与文化认同变得极端重要。所以这也就成为中国考古学学科建立的第二条主线。

而追求史实复原与建构国族认同这两大主线往往不是完全一致和谐的。在某种程度上甚至存在着冲突。作为学者要求真、求实。但是，中国学者作为中国人也要建构我们民族的文化认同。所以当"三皇五帝"的传说被质疑，他们开始用批判的眼光来看传世文献的时候，他们就意识到完全凭借古代文献，在故纸堆里去寻找上古的真实已经不能够满足这两条主线的需要了。必须要"上穷碧落下黄泉，动手动脚找东西"。所以中国考古学就在这种情况下应运而生，一直发展到今天。

中国文明探源的一个最有利的条件就是我们本土学者与祖先有着血脉上的传承关系以及文化上的 DNA。以甲骨文的发现来说，在民国时期，刻辞甲骨曾经长期被我们的国人当作中药引子来使用。但是一旦它进入学术大家的视野，他们就可以通过汉代许慎的《说文解字》等字书作为桥梁与纽带，把现代汉字与甲骨文联系起来。这是我们学术上寻根问祖的巨大优势。与此形成鲜明对比的是，法国学者商博良破译埃及出土的罗塞塔石碑，从而破译古埃及象形文字的过程。那是由于石碑上有当时人能够认识的希腊文作为桥梁。如果没有希腊文的铭文，那象形文字就完全是死文字，是无法识读的。另外还有像在巴基斯坦境内发现的有着四千多年历史的印度河文明的文字，到现在为止都没有被识读。这就是因为它们缺乏文化 DNA 的传承。因此这是中国上古史与考古学研究非常有利的一面。

需要我们自警自惕自省的是，我们时时带着中国人的情感，来做这种应该偏于科学理性的工作。一旦开始研究祖先的问题，我们该如何在严守科学程序、尊重科学规律的同时又保有自身的文化认同？这是我认为必须严肃思考的问题。

考古学最基本的研究方法是由已知推未知。与演绎相比它更多的是归纳。有一分材料就只能说一分话。甚至夏鼐先生曾说有一分材料都不敢说满一分。王国维先生利用二重证据法，把甲骨文与《史记·殷本纪》中记载的商王朝的世系对应后，商朝才得以正式成为信史。也就是说只有地下出土的文字材料和地上文字材料契合才可称其为信史。这是一个不可逾越的门槛。

考古人的终极理想就是代死人说话，把死人说活。但是，我们许多的研究结论是具有不可验证性的。我们不能在实验室里重复再现。我们的许多结论也不能证真与证伪。在这种情况下，我们就无法证明我们的结论是不是死者的原意。这是非常实际的情况。所以考古学尽管严谨，但是看待考古报告与考古学成果，也要像我们看待传世古典文献一样，把它当成文本，而不能当成历史真实本身。因为我们的研究对象是人，我们的研究者也是人，人性的影响就加大了推断真伪的复杂性。王国维先生关于商朝的论证，使中国学者感到乐观自信，我们的信史可以往前上溯到殷商，这是王国维先生的极大贡献。

考古学基本上是按照文献提供的线索向前追溯中国的源头的。在王国维之后，通过李济和梁思永先生这样受过欧风美雨熏陶的"海归"学者的努力，我们考古发掘的科学性大大增强，开始利用地层学和类型学的研究方法来进行发掘。现今在殷墟宫殿宗庙区复原起来的建筑，都是根据第一代学者的成果来进行复原的。尽管现在看来存在着许多不足，但是如果没有第一代学人以来历代学者的筚路蓝缕，就没有我们现在的高水平工作。应该说我们都是站在前人的肩膀上来取得成绩的。而考古学本身就是一种试错的过程。

20 世纪 50 年代，大量的"三线"重工业建设导致作为省会的郑州与地下的郑州商城相遇了。很少有人能想到在郑州的闹市区地下有一座面积达到十几平方千米的三千多年以前的庞大商城。甚至在当时的世界上大概都是规模最大

郑州商城遗址的城垣遗迹　　　　　　　　　　　　　　　刘朔 / 供图

的都邑。当时还没有人敢相信这是三千多年以前商王朝的都城，后来发掘出了大量证据，才使得早于殷墟的郑州商城的年代得以确认。

1959 年，著名古史学家、中国科学院考古研究所研究员徐旭生先生，循着比较可信的文献中所记载的夏，在河南西部和山西南部这一带，找到了二里头遗址。2019 年正好是二里头发现 60 周年。这 60 年来，就像愚公移山一样，我们只发掘了遗址现存面积的 1% 多一点。我们小心谨慎地，一点一点地迫近历史的真实。但是每个人的人生都是有限的，所以我想考古发掘也应该要有可持续发展的理念，要相信子孙后代的能力，要尽可能地给子孙后代多留一些。

由于没有像甲骨文那样的当时的文献出土，所以二里头究竟是属于夏还是商代的早期，就陷入了一片混沌模糊。几十年来，学界一直在围绕这个问题展开激烈的论争。到现在为止，这种论争还没有结束。

通过以上的过程大家逐渐知道司马迁所记载的"三皇五帝"是存在疑问的。"五帝"已经是虚无缥缈了，"三皇"更几乎都是神话，考古人把探寻上古真实的责任接了下来。

以严文明教授等为代表的中国考古学人用考古学的话语系统一点点地把我

国黄河流域和长江流域新石器文化谱系先建构起来了。通过考古学的分析，我们知道在中国的土地上逐渐形成了一个松散的中国文化圈，各区域的人群当时各自为政，由于没有像阿尔卑斯山那样的高山阻隔，导致后来大一统的中国出现了。而大一统中国的底蕴基础，就要在五六千年前开始寻找，这就是中国考古学对于我们中华文明探源的一个贡献。也就是空间上分区，时间上分段，一点一点地来探究。

中国考古学本来就是因应当时的社会大众需求诞生的，所以中国考古学在诞生之初就是显学。但是由于我们要"手铲释天书"，埋头田野，反而感觉距离公众越来越远。我特别喜欢把考古学这个职业比喻成侦探和翻译。我们的考古发掘现场实际上可以比作支离破碎的车祸现场与地震废墟。我们要像侦探一样利用好蛛丝马迹来尽可能复原当时的史实。而地层的年代划分也像一本天书或者说地书，我们要像翻译一样用考古学的特殊话语系统去解读它。因此，在教科书上每改动几个字，每增删一两句话的背后，都是考古人极大的付出。但是考古学界的成果还是没有多少人能够读懂，我们的考古报告没有人愿意去阅读，这显然是不能够满足公众需要。所以为了拿出一套解读无字地书的密码和方法论，我们的前辈就花了几十年时间在田野上探索。直到改革开放之后，我们跟国外的交往进一步密切，迎来了互联网时代，越来越多的考古学者的社会责任感被唤起，从象牙塔中逐渐走出，我们的工作成果才越来越为公众所熟悉。

二、勾勒：时空中的"中国"

我们先勾勒一下时空中的中国。"中国"这个概念非常复杂，有地理的、民族的、文化的、国家层面的等方方面面的解读。近年，有多本书名中包含"中国"、论及古史的著作问世，如葛兆光的《宅兹中国》《何为中国：疆域民族文化与历史》，许倬云的《说中国》等，笔者的《最早的中国》和《何以中国——公元前2000年的中原图景》，也忝列其中。有学者认为，这显现了当下我们社会的某种整体焦虑。因为随着中国处于经济腾飞上升转型的阶段，我们必须回望我们的来路，这些著作实际上还是因应社会之需而出现的。考古学在中国也属于大的史学范畴，我本人也是一名历史学家。下面我想先厘清一下我们这里所说的中国的概念。

任何历史的悲喜剧，都是在地理这个大舞台上上演的。那么从版图上看，秦汉之际的中国版图范围偏小，在其后的历史时期，中国版图都有着明显的伸缩。但是实际上我们知道，中国人不是基于血缘来认同身份的，而是出于文化上的认同。在很大程度上，这种认同不受后世疆界的限制。所以我们要意识到我们这里所谈的"中国"，不是现在中华人民共和国的概念。清代及其以前的任何朝代，都没有以"中国"来正式命名的。所以这里我们讲的"中国"，是一个大的文明体的概念，而且是变动不居的。

比如关于夏文化的讨论，究竟什么是"夏"？我本人并不是夏的否定论者，但是夏首先存在于战国到汉晋时期人们的口中和笔下，他们谈的其实是对一千多年以前的历史或者是传说的追述。所以我认为夏首先是非物质文化遗产，我们考古学者当然希望把"非"字去掉，使夏成为物质文化遗产，但是需要证据，需要铁证。与国家、文明的概念一样，关于夏，也是有多少学者，就有多少对夏的认识。当代人对于夏的认知完全不同，浙江学者认为良渚及以后的文化是夏文化，陕西北部发现了相当于夏代的遗存，陕西学者就认为夏文化存在于陕西。而山东学者就有持山东是最早的夏的观点的，还有认为夏位于甘肃、青海、四川等地区的。学者们几乎都选用对自己的观点有利的文献中的提法和记载，这本身就是一种建构。

而从文化地理和考古学的视角该怎么看这个问题呢？1935年，著名地理学家胡焕庸先生在一篇论文中，提出了一条从瑷珲到腾冲的中国当代的人口密度对比线。他当时得出来一个结论：在这条线的以东以南，生活着我们中国96%左右的人口；这条线以西以北，生活着4%左右的人口（2000年的数据是前者近94%）。我们观察到居然几千年以前就基本上是这样的。而这条线就是400毫米等雨线。高于这个降水量适合农耕，低于此则适合畜牧和游牧。这也就是长城所经过的地区，是农业和牧业的分界线。这同时也是季风和寒流的分界线，是稻作农业和旱作农业的分界线。诸多的地理环境和生态、人文的分界，都在这条线上。而文献上所记载的夏、商、周，这些最早的王朝就诞生在跨这条线的边缘地区。这让我想起在生态学上有一种理论叫"边际效应"，就是指杂交的物种有一定的优势。而中国最早的王朝夏、商、周，恰好既不是在西北板块，也不是在东南板块，而是在两大板块所碰撞的中原地区，最终产生了广域王权国家。这就是中国之肇始。最早的中国是这样诞生的。

在上古史和考古学领域，一直存在着文献史学和考古学两大话语系统，考古学上命名考古学文化和它所代表的时代，都是用第一次发现或者是非常典型的遗址所在的小地名，一般是村名来命名考古学文化，相对而言比较客观平实。比如仰韶、龙山、二里头、二里岗等。然后我们也有盘古、伏羲、女娲、三皇五帝、夏、商、周这样一套源于历史文献的话语系统。通过王国维先生的努力，这两大话语系统现在最早到殷墟时代能够契合。而在这之前都可以说是传说时代。所以可以认为，在殷墟时代之前，任何企图把考古遗存与文献记载的国族如夏或商，或者是五帝当中的尧、舜、禹相比附的、对号入座式的研究，都只能先看成推论和假说。从学理上说，推论和假说只代表可能性，而可能性与可能性间是不排他的。所以真正的编年史，还是自公元前841年始。"夏商周断代工程"只给出了西周、商和夏的基本年代框架，到了殷墟时代通过甲骨文才能区分出大致的王系。而殷墟之前的二里岗和郑州商城那个时代则开始没有完善的文书材料了，处于朦胧模糊的状态。我们把完全没有文字的时代叫史前时代。有文字开始出现，或者后代有记载但还不足以解决确切狭义历史问题的时代，我们叫原史时代。二里头时期就恰好处于这一扑朔迷离的阶段。

而有文献记载的时代才可以被认为是历史时期。历史时期的上限与下限究竟在什么年代，不同学者可以有不同的认识。如果在殷墟之前的二里头与二里岗发现了当时的内证性文字，信史时代自然是可以往前提的，这是一个动态的过程，但取决于考古发现和研究。二里头文化距今约3800—3500年，我个人认为在考古上我们已经可以确认，二里头是中国王朝之始，我把它通俗地叫作"最早的中国"，这是有扎实的学术依据的。但是它究竟是夏还是商仍旧是不太清楚的。因为我们至今没有发现当时的文字，所以没有铁证。在考古材料发表还非常少的情况下，我们的学者就打了几十年的笔仗。这显现了 20 世纪下半叶以来证经补史和寻根问祖的研究取向。在当时的研究者看来，只有证明了二里头是夏才是重要的。但是在我看来，暂时不知道二里头姓夏和姓商，并不妨碍我们对二里头在中国文明史上地位的认知。

我觉得比较欣慰的是，二里头在中国文明史上的地位，现在已经逐渐为公众所知。这样一个大的都邑遗址，比殷墟要早三四百年。目前我们所发掘的早期都邑遗址如二里头、郑州商城、偃师商城、洹北商城和殷墟，除了商王武丁开始所都殷墟是没有争议的之外，其他的各大都邑遗址都有两种以上的可能性，就是因为甲骨文只记载了从武丁到帝辛之间的世系。这之前就是所谓的原史时期。

现在学术界已经在采用从社会组织形态如古国（邦国）、王国、帝国这些国家形态的角度来概括我们的文明史。改革开放以后，学界也是百花齐放、百家争鸣，这是非常可喜的一种局面。我们倾向于用这样的概念，来叙述欧亚大陆上所发生的社会结构上的巨大变化。我认为王国时代的国际化程度，比秦汉帝国之后还要强。因为秦汉帝国已经开始有中国的本土意识，有了内外差别观。而在帝国时代以前，青铜和玉石之路早就连通。欧亚大陆根本没有能够阻隔人类交流的自然地理障碍，那个时候的人群交流，比秦汉之后更多。只不过后来发生了文化失忆，所以并不是汉帝国时代的张骞才"凿空"西域，中国才知道西方的广阔世界。

三、序曲：满天星斗——"中国"前的中国

如果把"中国"这一观念作为一个历史事物的话，那么它肯定也经历了从无到有、发生发展的过程。从这个意义上讲，中国是不能够做无限制的上溯的。我个人把最早的中国限定为中央之邦和东亚大陆最早的核心文化的出现，也就是具有排他性和唯一性的，在这一区域最早的广域王权国家的出现。我们中国考古学的泰斗苏秉琦先生曾有一个非常形象的比喻。他认为东亚大陆最初

是邦国林立、满天星斗。那时根本就没有一个大的政治组织存在。如果说东亚大陆的面积跟欧洲的面积相当，那么当时东亚大陆的国际局势也与欧洲一样是小国林立。我个人把它称为前中国时代。所以说把中国上溯到3700年和上溯到5000年前，都可以说中华文明是五千多年，这并不矛盾，只是视角不同。如果我们把中国比喻为一个生命体，距今3700年前后二里头广域王权国家的出现就相当于婴儿呱呱坠地，可以看作中国生命体的诞生。但是我们也可以说父方和母方的精子和卵子碰撞那一刹那，才是这个生命体诞生之源，这同样没有问题。甚至父方和母方的恋爱，甚至父方和母方任何一方的出生，都是后来这个新的生命体诞生的前提，所以加上孕育的过程，把中国文明的形成上溯到五千多年前当然也是成立的。

如果说第一阶段是满天星斗，是"无中心的多元"；那么第二阶段就是月明星稀，二里头可以看作一轮明月，其他星辰都被二里头这轮明月映衬得偏于暗淡了。随着广域王权国家的出现，中原王朝的巨大影响开始从中原向外扩散。商与西周进一步奠定了中国的基础，这可以被称为有中心的多元。

为什么二里头十分重要？就是因为它是从满天星斗到月明星稀这个阶段的重要节点，是中国历史的第一大节点。第二大节点就是秦汉王朝，是从有中心的多元到一体一统化这个阶段的重要节点。所以从邦国到王国直到帝国，从满天星斗到月明星稀直至皓月凌空，这构成了中国文明史的三大阶段。我们基本上是这样粗略地认识中国诞生史的脉络的。

瑞典考古学家安特生在瑞典开设了一所东方博物馆，主要的展品来自他当时发掘采集购买的一些以彩陶为主的中国文物。其中一个展览的名字叫作"China before China"，我认为用这个名字来形容二里头之前整个东亚大陆的状态是很恰当的。

北京大学严文明先生在论文中曾附有一张中国新石器时代各区域文化的分布图。在这张图上他勾画了黄河与长江流域当时存在的几大文化圈。这些文化圈各自为政，没有大规模的冲突，也没有一个大的中心。尤其在黄河中下游地区即所谓的狭义中原地带，更是邦国林立。从中华文明探源工程所公布的最新

中华文明探源工程长江黄河与西辽河考古学文化年表

地区 年代 （距今）	长江 上游	黄河 上游	黄河 中游	黄河 下游	长江 中游	长江 下游	西辽河
6000	?	仰韶文化早期		北辛文化	汤家岗文化	马家浜文化	赵宝沟文化
5800		仰韶文化庙底沟类型		大汶口文化 早期	大溪文化	崧泽文化	红山文化
5300							
4700	马家窑文化		仰韶文化晚期	大汶口文化 中晚期	屈家岭—石 家河文化	良渚文化	小河沿文化
4300			庙底沟二期文化				
3800	宝墩文化	齐家文化	中原龙山文化	山东龙山 文化	后石家河 文化	钱山漾—广 富林类型	雪山二期文化
3500			二里头文化	岳石文化	?	马桥文化	夏家店下层 文化
	三星堆文化	寺洼文化	二里岗文化				

的一张年表上也可以看到，从仰韶时代开始，距今六千年以来各地的考古学文化延续发展，满天星斗。之后二里头和二里岗文化这个核心开始崛起，周围变得暗淡起来。

从聚落形态的角度看，我们今天看到的东亚大陆新石器时代的城址，最早都是因地制宜的产物。长江流域水乡泽国，五六千年以前的人们就在这里建筑"水城"，这类城邑城墙与壕沟并重，而以壕沟为主，这类城址保存得比较完好。而在黄河流域的黄土地带，则采用夯土版筑的筑城方式，可称为"土城"，其中的代表性遗址是山西襄汾陶寺。到了河套地区、晋陕高原开始采用当地多见的石头筑城，是谓"石城"，其中的代表性遗址是陕西神木石峁。所以这些城址都是因地制宜的产物，异彩纷呈。

刚刚申遗成功的浙江杭州良渚遗址，是一个巨大的存在，在距今5300年到4300年的时间里，修筑了巨大的城圈。其中有与祭祀有关的大型夯土台基，城外还有大型的水坝遗址。玉器文化非常发达，许多的埋葬习俗也与中原不同。比如他们采用完全用玉器来随葬的玉殓葬。因为地势太低洼，贵族墓葬大都建在小山丘上，形成贵族坟山，有些就是人工的小山丘。关于良渚的衰亡，有学者分析认为，主要是由于良渚人把大量的精力花在了非国计民生的玉器崇拜上了，也就是所谓巫术文化。长江流域巫术文化颇为盛行，到了战国时期，楚国人还"信巫鬼，重淫祀"，这种传统是几千年一直沿袭下来的，与中原的礼乐文化不是一个概念。当信仰体系受到冲击，玉料开始枯竭的时候，完整的社会管理体系就会垮塌。另外一个原因就是他们采用一种单元农业立国的生业模式。中原地区农业种植种类十分丰富，涝了种稻子，旱了种粟黍，后来还有小麦。而良渚几乎只吃大米，一场洪水就可以摧毁掉所有的农业基础。所以良渚在二里头出现的几百年之前就退出了历史舞台。

如果让我为良渚做一个评价，我会认为良渚是前中国时代满天星斗中最亮的一颗星。与其说它是后世某大文明的先声和序曲，不如说它走完了它生命史的全过程。而它的文明要素被后来的中原文明所扬弃，对中原王朝文明产生了影响。如果要把华夏族群与古代国家比喻为一株大树的话，后来作为主干的中原中心的形成，是从距今三千七八百年的二里头开始的。但是那之前就产生过分叉。良渚只是大树的一个分叉而已，与陶寺、石峁这些古国（邦国）文化的地位是一致的。这些文化都无法作为具有排他性和唯一性的早期中国的代表。

前中国时代甚至可以用逐鹿中原来形容，很有可能，是农耕族群内部，以及农耕族群和畜牧、游牧族群在中原地区相互折冲交锋，导致二里头这样一个庞大的广域王权国家开始出现。在二里头崛起前夜，中原腹地存在着多个龙山时代的城址，没有证据表明其中稍大的聚落是管理控制另外的聚落的，都是各自为政的。至今，我们的一些考古学者仍旧把这些遗址与传说中一些关于夏代国族的记载相比附，但其实这些推想现在都无从验证。所以无法确定谁的观点是正确的、谁的推想是错误的。我认为到目前为止，我们不能排除任何假说所代表的可能性。

四、揭幕：月明星稀——最早的"中国"

"中国"这两个字最初是怎么来的？我们是无法通过传世文献来弄清这个问题的。因为如《诗经》《尚书》等年代很早的文献大都是战国时期成书的。因此我们只能寻求地下出土文献的帮助。1963年在陕西宝鸡出土了何尊这件器物，年代在西周初年。有专家发现该器物的内壁内底有着铭文。"中国"这两个字，就出现在这篇铭文里面，这就是目前我们所知的"中国"二字最早的出处。

这也从一个侧面说明周王朝虽然起家于关中地区，也将自己的都邑建在关中，但他们仍然认为洛阳盆地这一带才是天下之中。这一概念是非常重要的。所以最早的"中国"指的就是洛阳盆地一带。这一盆地内适合农耕和居住的区域，也就是 1300 多平方千米。但是在 2000 年的时间里，13 个王朝在这里建都的历史却有着 1500 年之久。这在世界文明史上都是极为罕见的。这主要是由于它的地理生态和战略位置十分优越。

它处在华东、华西两大板块的碰撞之处，可以汲取来自内亚地区的文明养分，也可以吸纳华东地区面向海洋板块的文明给养，从而铸就了它的辉煌。二里头遗址就位于洛阳盆地之中，北边就是邙山。生于苏杭，葬于北邙，这是中国古代士大夫的中国梦。水之北山之南为阳，位于古伊洛河北岸的二里头可以说就是最早的洛阳。

二里头为什么重要？就在于它出土了许多可以说是前无古人的中国之最，而它又开启了后世诸多礼乐制度、都邑制度甚至政治制度的先河。许多有中国特色的文明要素都是在二里头肇始的。

我们在这里发现了中国最早的城市主干道网，有着"井"字形的大道。道路是城市的骨架。如果没有道路，城市的规划性就完全无从谈起。尤其是政治性城市的核心就是规划性。二里头宫城就在"井"字形大道里面，中规中矩，与明清紫禁城在形制布局上非常相像，与后者一脉相承，可以说是中国最早的宫城。

我们还发现了中国最早的中轴线布局的大型四合院式的宫室建筑群。这种坐北朝南、中轴对称、封闭式结构的土木建筑与后来的紫禁城及其内的建筑密切相关，而且符合古代中国人"建中立极"的理念，甚至包括中庸的概念，与此都应有关系。春秋战国时期中国人的许多思想观念被写入了经典之中，中国人通过历代阅读，这些思想观念从而浸润到中国人的骨血里面。

我们在遗址中还发现了中国最早的多进院落宫室群。中国的建筑是土木建筑，因此缺乏像埃及金字塔和希腊帕特农神庙那样的大型石质建筑。但一旦社会复杂化了，要区分社会阶层，人与人之间就要有所差别。在建筑上的表现就是出现了多进院落。这一做法就是从二里头开始的。在二里头我们发现的中国最早的宫城，是紫禁城的七分之一左右，将近 11 万平方米的面积。在宫殿区中发现了贵族墓，出土了大型的绿松石龙形器，被专家称为超级国宝。器物全长 70 厘米，由两千多片细小的绿松石片镶嵌而成，龙形器上还发现有铜铃。日本记者称其为龙杖，有人把它叫作"龙牌"。也有古文献学家将其称作"龙旗"，因为在《诗经》中，就有"龙旂阳阳，和铃央央"的诗句。

我们在二里头也发现了中国最早的带有围墙的官营作坊区，可以认为它是中国最早的国家高科技产业基地。当时的复杂复合范青铜器铸造技术可以说只有二里头与随后的郑州商城独一无二，能够铸造象征权力的青铜礼容器。到了殷墟时期，青铜礼容器铸造技术才开始向外扩散，在东亚大陆形成了多个青铜文明系统，自此改变了东亚大陆的国际局势。国之大事，在祀与戎。青铜礼容器和青铜近战兵器铸造技术使二里头获得了政治上的合法性与武器上的先进性，奠定了王朝文明的基础。

如前所述，二里头之前的龙山时代是城址林立的时代。但我们到现在为止在二里头已经发掘了 60 年，仍然没有发现外郭城的存在。文献学研究表明，古代国君要宣示教化，所以根本没有必要用城圈把自己围起来，而且君主与诸侯讲信修睦，有庞大的外交优势，所以更没必要修筑郭城。考古与文献研究都表明在中国古代早期存在着"大都无城（庞大的都邑无外郭城、不设防）"的时代。本人的小书《大都无城》就揭示了这样一个重要的文化现象，我们观察到从二里头开始就显现出"大都无城"这样庞大的气势，直到东汉时代，而这一时段恰是华夏族群的上升阶段，国势强盛而不筑大城，显然这是文化自信的表征。

2014 年，我们出版了《二里头（1999—2006）》考古发掘报告。应该说是 15 年磨一剑。在中国考古学界，这个速度仍旧是非常快的。国家科技的发展也使考古插上了翅膀，这个报告的 62 位作者来自方方面面各个领域。以前的考古队长只要是能够发掘就可以了。现在的考古队长更多的是一个召集人的角色，并不是万能的。因为只懂考古已经搞不好考古了，更多地需要跨学科的复合型人才。学科间的碰撞刺激，才能使我们最大限度地提取历史信息。我们已怀有可持续发展的理念，现在的发掘，都是发掘到重要遗存的表面，就让它保存下来。因为我们相信后人会比我们有更好的条件，更有能力来研究。所以我们除了抢救性发掘，坚决不同意为了好奇心或者经济利益主动挖掘帝王陵。考古学是要满足大家的好奇心，但与此同时又要适当压抑我们的好奇心，把更多的物质文化遗产留给后人。

2018 年，"中华文明起源与早期发展综合研究"项目向公众披露了他们的研究成果。给出了中华大地文明发展的三大节点，第一是距今 5800 年前后，几大区域出现了文明起源迹象。第二是距今 5300 年以来，中华大地各地区陆续进入了文明阶段，这包括了良渚等文化遗存。第三大节点是距今 3800 年前后，由于二里头都邑和二里头文化的崛起，中原地区成为中华文明总进程的核心与引领者。这是对二里头在中国文明史上重要地位的最好诠释。中华大地上的文明先是经历了多元格局，然后在中原地区最终融汇凝聚出了以二里头文化为代表的文明核心。换用我们现在的话语系统，就可以说二里头是大国崛起之肇始，是可以代表早期中国的。虽然经历改朝换代，但中原王朝文明的特质基本没有中断地一直保留下来。

我们简单总结一下二里头的重要地位。它可以看作四组概念变化的重要节点。首先是新石器时代与青铜礼器时代，然后是城邑林立时代与大都无城时代，邦国林立时代与广域王权国家时代，多元无中心时代到多元有中心时代。所以可以说以中原为中心的最早的"中国"的时代，是自二里头开启的。

距今三千七八百年，二里头文化崛起后，中国历史开始了第一次大提速。之后的郑州商城的面积超过 10 平方千米，二里岗文化的辐射范围已经到了现在的长江中游武汉一带。到了晚商的殷墟，它的都邑面积则已经超过了 36 平方千米的范围。如果没有二里头那些没有纹饰、器壁单薄的中国最早的青铜礼容器，就没有三四百年之后后母戊大方鼎的辉煌。"大都无城"的理念也从二里头扩展到了殷墟。殷墟的都城也没有城墙包围，仍旧是"大都无城"的态势。到了西周时代，现在西安附近的丰镐、陕西扶风一带的周原以及洛阳的洛邑，统统"大都无城"，根本没有城墙。这就是广域王权国家的大气。比二里头晚了二三百年的二里岗时代晚期，出现了类似列鼎态势的器物——大型青铜方鼎，这是王权的象征。二里头曾出土了陶方鼎。一般而言，制陶做成圆形陶器是最简单的，为什么要费力去做一个方形带四足的器物呢？我们合理推断它是在仿制方形的青铜鼎。从二里头陶方鼎、二里岗铜方鼎到后母戊大方鼎，可以说是一脉相承的。

五、思辨：何以中国——中原文明的特质

何以中国，如果换一种问法应该还是一个 how 和 why 的问题，而考古学首先能够解决的是 what 的问题。为什么最早的中国诞生在中原这一地区？我们在二里头发现了中国最早的青铜礼器群，包括礼容器、礼兵器和乐器等。这类器物的做法及其背后蕴含的礼制被后世传承，奠定了中国的基础。我们在二里头发现了大量的重要遗迹遗物，几乎都是中国之最，这就是二里头的重要性。二里头的青铜器群显现的应是"吃喝文化"，用于祭祀祖先的器物都是盛食器和酒器。而在现今的新疆、甘肃与青海一带，则很早就开始制作铜镜、小刀、耳环这些饰物，可以被称为"饰用文化"。中原人可能接受了这类文化青铜冶铸技术的影响。但由于中原有长期模制陶器的制陶传统，他们把这项高超的技术与青铜冶铸技术相融合，用来铸造祭祀祖先的青铜礼器，就导致独一无二的璀璨的中国青铜文明出现了。所以我们一直就有包容、学习、超越的传统，这是中华文明的一大非常值得继承保有的特色。

二里头的青铜文明形成后，扩散到了附近诸多区域。在内蒙古敖汉旗大甸子的贵族墓中曾出土过整套的陶酒器，很明显受到了二里头的影响。上海出土的陶盉、安徽出土的青铜斝、三星堆出土的陶盉等，几乎都是仿造二里头同类器的形制。这并不是军事强力征服的结果，而是这些地方的人选择性地吸收二里头文化影响的结果。那个时期的二里头，可以被认为是东亚大陆最早的核心文化。

"模范"也是一个很典型的具有中国思维的词汇。所谓的内模外范是指在铸造青铜器时需要有个"模"，外边再用一个"范"相叠加，中间留出空腔，将铜水灌注进入，冷却之后就铸成了青铜器。这就是"模范"二字最早的源头。再看作为酒器的爵。从甲骨文、金文到篆书，再到今天作为印刷体的宋体，这个字都没

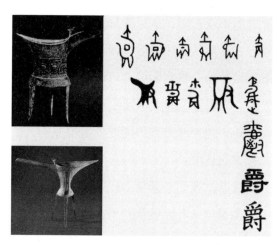

"爵"字的演化——从器物到文字

有发生过太大的变化。一直到现在，我们在门神上还可以看到爵这种器物。而实际上，这种器物的使用只到西周时期，只延续了一千多年。但爵位与封官加爵这种思想，一直被中国人所继承。所以从这个意义上讲，三千年和五千年前的事，距离我们遥远吗？

牙璋是二里头出土的重要玉礼器，它向外扩散的路径已大体究明。我们在现今的广东、香港甚至越南北部这些超出"九州"概念的地区都已经发现了牙璋的踪影。而这恰恰与秦汉帝国的版图相重合。为什么秦汉帝国的版图在这一带？因为只有这一块是适合于农耕的地方。中华文明是建立在农耕定居基础上的，这是最早中国诞生的地方。从牙璋的分布也可看出二里头奠定了"中国"世界的雏形。

考古学证明，在距今三千多年前，中国历史的发展因二里头的出现开始大提速。我们之所以注重礼容器、注重都邑，是因为都邑是任何时代社会的金字塔塔尖。村落一般在一万年前以来就出现了。两千年前铁犁铧发明后，秦汉时代农村与农民的生活状况与现在中西部贫困山区农民的生活状况相比，几乎没有太大差别。但是我们能说中国没有进步吗？我们要看偃师、洛阳、郑州、上海、北京等各个时代不同层级的代表性都市，才能知晓当时的文明水平。

从二里头开始，小国城邦林立的状态开始退出历史舞台，三代广域王权国

家直到秦汉帝国，华夏族群处于上升时期，故而采取了"大都无城"的都邑营建方式。而从曹魏以后，就开始进入到后"大都无城"时代。从曹魏的邺城与洛阳城开始一直到明清北京城，中国的主要都城完全没有例外地都采用了内城外郭、纵贯全城的大中轴线和严格意义上的里坊制。这是中古以后皇权的象征，据分析，也与北方族群屡屡入主中原的大的历史背景有关联。这是考古人要给大家讲的故事。

最后，我们必须将古代中国的发展放在全球文明史的视角来看，才能看清中国的诞生。我们就从二里头所在的最早的青铜时代来看。西方学者曾做出一张图，图上颜色越深的地域金属冶炼技术出现的年代越早。最早从距今一万两千年的时候开始，地中海东岸已经开始使用金属器、有金属冶炼这样的实验了。然后以它为中心的地域不断扩展，一点一点地进入青铜时代的地域越来越大。中国的青铜文明也应是在外界影响下才诞生的。随着青铜铸造技术的引入，包括像小麦、绵羊、黄牛以及车、马和马拉车，占卜、大规模杀殉等习俗，甚至是甲骨文，我们都没有在中原找到确切的起源于当地的线索。大量的物品与习俗被推测是受外来文化影响而出现的。应该说中华文明从一开始就是接受吸纳外来的影响，从而锻铸出了这样辉煌的文明。著名考古学家、吉林大学林沄教授曾有一个形象的比喻：整个欧亚大陆内陆的青铜文化就像一个巨大的漩涡，向外飞洒着飞沫，因此外围许多青铜文化的产生，跟这种向外飞溅的飞沫是有关系的。这都是值得我们今后进一步探究的。到目前为止的全球通史与全球文明史，基本上都是西方白人学者写的。随着学科与时代的不断进步，我们中国学者的发现与研究成果也逐渐被收入他们书写的全球通史中。甚至我们自己也在书写自己的全球通史与全球文明史了。所以考古学是一门残酷的学问，它在时时地完善、校正，甚至颠覆我们的既有认知。但这恰恰就是这门学科的魅力。作为一名中国学者，我也相信我们的研究能够有助于建构全球文明史，甚至有助于哲学社会科学一般法则的建构。

（讲座时间　2019 年）

冯　时

上古的天文、思想与制度

冯 时

冯时，1958年生，北京人。北京大学历史学系考古专业毕业。中国社会科学院考古研究所学术委员会委员、考古研究所研究员，中国社会科学院研究生院教授、博士生导师，中国社会科学院古文字学学科带头人。兼任中国历史研究院学术咨询委员会委员、中国郭沫若研究会副会长等。

主要研究领域为古文字学与天文考古学，

旁治商周考古学、先秦史、天文年代学、民族古文字学、历史文献学、古代思想史和科技史。出版学术著作十余部，发表论文240余篇，主编《金文文献集成》。

一

我们回顾中国上古时代的天文、思想与制度，目的是要从根本上认识中国的传统文明。那么什么是"文明"？这是今天我想讲的第一个问题。长期以来，我们一直接受的都是来自西方的文明概念，也就是人们常说的所谓文明三要素，即金属器、文字和城市的出现，以此作为文明社会的具体标志，然而作为己身文明的中华文明究竟是什么，我们却并不清楚。其实"文明"一词在中国的传统文献中早就出现了，后人只是借用了它翻译西文 civilization 而已，然而这两个汉字应该如何理解，却被国人所忽略。事实上中国人所讲的文明首先就是人的文明，其所强调的是自身个体的文明，而不是什么技术的进步。今天人类掌握的科学技术虽然得到了长足的发展，但人类利用这些技术杀人越货，侵略掠夺，这能说明我们比没有掌握这些技术的人们文明吗？显然不能！今天我们的社会还存在着各种各样不文明的现象，如果每一个个体都是野蛮的，我们能说我们建立的社会文明吗？显然也不能！所以人类的文明首先就需要成就其自身的文明，这与技术的高下并没有直接的关系，这是中国文化对于文明的理解，这当然是一种非常优秀的文明观。

中国的传统文明是建立在一种独特的天人关系的基础之上的，如果我们追溯中国的原始文明，就必然要探讨古人的天文观和天人关系，显然，谈论中华文明与中国文化，这是绕不过去的话题。接下来我们就来谈谈这个问题。

天文是中国传统文化之源，今天我们可以通过考古与文献材料对这个问题作比较详细的阐释。《周易·乾卦·文言传》中有这样一句话："见龙在田，天下文明。"这里我们看到了"文明"两个字。唐人孔颖达给《文言传》做《正义》，解释"天下文明"的意思是"天下有文章而光明"，而"文章"所表达的意义就是文德的彰显，"章"通作"彰"，所以"文明"这一观念的核心实际即在于"文"。那么"文"是什么？这个问题我们可以通过对甲骨文、金文的"文"字加以分析。

中国古代文字的"文"作"文"，写成一个人正面站立的形象，并且为了突出强调人心，所以把心清楚地画了出来。当然，"文"字的这种独特造型并不在于说明人长着一颗心，而是要表达心斋的思想，这体现了古人始终思考的何以为人的根本问题，也就是人如何才能与禽兽相区别。先贤认为，人区别于禽兽的标准不在于技术工具，而在于内心的修养，人只有修养了内心，修养了道德，才可以称为人。所以我们在古代典籍中看到这样的思想，古人说："鹦鹉能言，不离飞鸟。猩猩能言，不离禽兽。今人而无礼，虽能言，不亦禽兽之心乎！"（《礼记·曲礼上》）鹦鹉可以说话，但那是飞鸟。猩猩也有喜怒哀乐的感情变化，但它是禽兽。如果一个人没有道德，不懂礼仪，那么他与禽兽又有什么不同呢？当然生就的仍然是一颗禽兽之心。这就是中国古人对待何以为人的想法。所以中国先贤很早就在思考人与禽兽相区别的问题，他们认识到，人只有修养了道德，才能脱离动物的状态而成为人。因此，对于何以为人的认识，不同角度的思考所得出的结论一定是不同的。人类学家把可以直立、手脚分工、脑容量发达、可以制造工具的猿称为人，但在中国古代的思想家和哲学家看来，这些都不足以成为衡量人的标准，他们认为，人只有修养了道德，才有资格成为人。实际在今天，这个观念仍然被我们的国人传承着，我们如何看待那些不文明的现象呢？当然首先否定他是人，比如人们常说的"衣冠禽兽"，把他们从人的群体中划拨出去。今天我们同样把道德视为做人最起码的条件，而古人认为的心斋就是修养道德。

那么什么叫"文章"呢？古人追求的道德修养要臻于纯厚。一个人如果只修养了一点道德，在外表上是体现不出来的。但是如果某人德行高尚，大德至纯，必然自有威仪，不怒自威，这就是"文章"，也就是德容。所以，一个人德行修养的多少，从外表是可以看出来的。不修德行的人，相貌一定是野蛮的。修养了道德之后，德容就会由内而外彰显出来，即所谓相由心生。古人用"文章"来描述这个过程，意思就是内心的文德彰显于外。这当然也就是中国人所讲的文明。了解了这个文化特点之后，我们也就明白了中国传统文明的特点，它所强调的不是技术，而是道德，不是形而下的器用，而是形而上的道德和知识体系，这个思想非常优秀。人只有修养了道德，才能与禽兽相区别。同样的道理，人类社会只有形成了礼仪制度和典章制度，形成了道德体系和思想体系，也才能和动物世界相区别。这就是中国传统的文明观。

上述这些对文明的思考，在《易传》与《尚书》中早就有了系统的表述。接下来的问题就是修养道德到底修养什么？换句话说，道德的核心内涵究竟是什么？这个问题当然非得追究清楚不可。今天我们也说要以德治国，但"德"的内涵是什么却很少有人能讲明白。我们在西周时代的铜器铭文中看到，至少当时的人们就已经给德下了两个明确的定义：第一个重要内涵是信，也就是诚信，这是德的最重要的核心；第二个重要内涵是孝，这实际是诚信思想的延伸。那么古人为什么会产生出诚信的思想呢？其思想的来源就是天文。

人类社会最早形成的知识体系，也就是所谓的古典科学一共有三种，第一就是天文学，第二是数学，第三是力学。这三类学术之所以形成最早，原因就在于它们都直接服务于人类自身生产与生活的需要，其中最重要的关切就是原始农业生产的活动。原始农业的创造，其目的当然是为人们提供有保障的食物来源。在原始农业出现之前，人类的生产方式只有采集和狩猎，但这两项活动对于四季变化分明的地区而言，其对时间的要求却非常强烈。时至冬季不仅无果实可采，猎获动物也将十分有限，这使食物的来源很成问题。为了解决这个困难，使人能够为自己提供有保障的食物来源，他们就必须创造一种新的生产方式，于是原始农业便应运而生了。很明显，农业的发明，其目的是为人们解决特定时间内的食物保障问题，这意味着它一定首先发生在四季变化分明的纬度地区，但在这样的地区，寒暑变化，旱涝分明，所以一年中适合播种的时间非常有限，有时甚至只有短短的几天，错过了这个时间就会造成一年的绝收，从而直接威胁到氏族的生存。这个适合播种的时间就是农时。历代统治者告诫人们不误农时，原因就在这里。显然，农业生产方式的创造不是不需要知识基础的，这个知识基础就是古人对于时间的掌握，这也就是农业生产得以创造的前提。我们不可能想象一个对时间茫然不知的民族可以创造出发达的农业文明，这是根本不可能的。

农业生产的前提是人们对于时间的掌握，那么在数千年前甚至更早的没有历法的时代，古人依靠怎样的方法了解时间呢？当然办法只有一个，那就是仰观天象，于是天文学就发展起来了。事实上对于解决时间问题，粗略地观测星象是没有意义的，这意味着天文观测必须精确化，从而不得不引入计算，于是数学又发展了起来。中国古人于"天""数"不分，讲的就是这个道理。同时，为了适应新的生产方式，人们要从洞穴中走出而定居，从而需要建筑可以容身的房屋，这使他们不得不研究足以稳定的力学结构，于是力学又发展了起来。因此很明显，三大古典科学的出现与发展，实际都服务于人类最根本的生产方式，这就是农业。而天文学的作用就在于为农业生产提供准确的时间服务。

那么怎样才能通过对星象的观测确定时间呢？方法当然很多。《周易·乾卦·文言传》"见龙在田，天下文明"中的"见龙在田"体现的就是其中的一种方法。"见龙在田"是乾卦的九二爻辞，乾卦写龙，描述的是天上龙星运行的各种位置。龙的原型在天上，也就是龙星。中国古人将天赤道附近的星辰划分为二十八宿，其中东宫由角、亢、氐、房、心、尾六个星宿所组成的巨大星象，古人就称之为龙。龙星回天运行，当太阳西落之后，人们在东方的地平线上可以看到龙星的角宿升起，古人就把这个天象叫作"见龙在田"，民间则称其为"龙抬头"，今天还流行有"二月二，龙抬头"的民谚。这个民谚告诉我们，天象和时间是相互对应的，而且这种对应关系相当稳定，持久不变。今年的二月二龙抬头，十年八年后还是这样，一百年乃至五百年后依然如此，天象和时间形成了固定的对应关系。除此之外，中国古人还发明了立表测影确定时间的方法，古人将一根杆子垂直地立于水平的地面上，然后通过观测表影的长短变化确定时间。他们发现，一年当中的一天，其正午时刻的表影最短，这就是夏至，经过 365 天，人们又会重新测得这一点，于是时间又回到了夏至，这样人们就认识了回归年。这个周期十年如此，百年循环，千年不变，于是人们通过对时间的测量产生了时间为信的思想，人们发现他们和时间从没有约定，但其如期而至，所以逐渐萌生出"至信如时"的所谓天不言而信的诚信观念，并进而以信作为道德的核心内涵修养人的内心，形成了独具特色的中国文化，这就是文明。很明显，中国文化的文明观重在形而上的道德体系和礼仪制度的建设，而这些思想和制度的形成背景即是天文。这一事实表明，天文作为中国传

《夏至致日图》

统文化之源非常清楚。

文明的内涵是道德体系和知识体系，其作用则在于化育成人，使人区别于禽兽，成就为人。人在没有修养道德的时候是野蛮的，修养了道德，人就可以摆脱野蛮而终成为人。古人以为，人者，仁也。中国古人借音以达义，其所表明的乃是有仁德者方可为人的思想，这当然是以文化育的结果。这种思考其实涉及另一个重要观念——文化。

今天我们普遍接受的文化观念也是形而下的。一谈文化，不是饮食文化、服饰文化，就是酒文化、茶文化，不一而足。古人所讲的文化仍是形而上的，是文德教化。《周易·贲卦·彖传》说："刚柔交错，天文也。文明以止，人文也。观乎天文，以察时变。观乎人文，以化成天下。"这里所讲的"刚柔交错"就是阴阳交错，也就是天上星宿的回天运行。星宿行天，有时东升，有时西落，有时横亘于南中天，有时又伏没于地平以下而不见。这种天象的变化，其位置移换也就体现着所谓的阴阳变化，古人将其概括表述为"刚柔交错"，这就是天文。

天文的意思就是天象，也即天上的图像，这里的"文"就是图像、图案的意思。"文"本为文德，人修养文德而彰显德容，所以德容就可以看作对人原本所具有的自然相貌或野蛮容貌的装饰，这使"文"有了图像、纹饰的意义。而二十八宿作为天上的图像，不同星官组合形成了不同的星象，于是人们称其为"天文"。天文星象的位置每时每刻都在变化，所以古人观测天文的目的即在了解其变化。而文明的特点却与变化的天象不同，其重在对知识与思想的不变的传承，于是古人将其与变化的天文彼此对应，提出"文明以止，人文也"的思想，强调了人文的特点在于不变。原始文明的基本内涵是道德体系、知识体系、典章制度与礼仪制度。古人一旦形成相关的知识体系，追求的一定是对其不变的传承，因为只有不变的传承，才能最终形成传统，这就是人文。所以对于文明的传承，古人是怕它变，而追求其不变，这就是"文明以止"的意思。"止"是不变，古人将人文之不变与"刚柔交错"所体现的天文之变对照论述，意思非常清楚。接下来所强调的天文与人文的变与不变同样深刻。天文的作用在于通过对天象的变化来了解时间，所以古人说"观乎天文，以察时变"。而人文的作用则在于教化人民，使禽兽化育而成人，所以古人说"观乎人文，以化成天下"。

"化成天下"就是用道德、知识去教化人民，使之变禽兽而成人，这当然体现的就是人文的意义。甲骨文和金文的"化"写得很有意思，字形作"$\mathfrak{N}$"，乃像一人正立，一人倒置。《说文解字》对"化"的解释是"教行也"，意思就是教化推行。中国古人习惯于借用人的正倒表现是非问题，如"逆"的本字即作一人倒置之形，以喻无德之禽兽，所以不学正道者称"逆子"，乱臣贼子称"逆臣"或"逆贼"。相反，通过对文德的推行而教化逆者，终使头逆倒置之人得以正之，这就是"化"，也就是"文化"。所以文化同文明一样，都是教化成人，远离禽兽的工作。

通过这些分析我们知道，中国传统文明观的根本所重就是德行。德行乃是自我修养和自我约束，而不是外力干预。外力的干预是"政"和"刑"，而不是"德"。人们需要自己去省心正心，这才是德。中国古人建立起了一整套刑德的思想，首先提倡的当然是人们的自我约束，然而如果有人不能自觉修德，那么就有刑罚惩戒。所以中国古人的刑德观强调的是以刑辅德。中国先秦时代的刑罚制度，用刑的约束标准很高，其作用乃是在于对失德者的惩罚，而不只是作为对失行者的补救。古人认为，失德即要用刑，而德的体现就是诚信，所以失德就是失信。如果刑罚的作用在于防闲，在于首先对失信者的惩罚，天下没有了失德之人，那么谁还会杀人越货呢？这个社会岂不就非常理想了吗？所以古代刑罚的门槛很高，这既体现了中国传统的文明观，当然也可见古人的智慧。

二

中国的文明究竟古老到多久？这是今天我想谈的第二个问题。讨论这个问题，我们必须借助一个考古材料。这个重要的古代遗存发现于河南省濮阳市的西水坡，通过碳十四的年代测定，我们知道遗址的年代约为距今 6500 年，也就是公元前的 4500 年，这个时间当然已经远远超过了我们习惯上接受的五千年的文明史。遗址包括从北到南的四组遗存，四组遗存沿子午线等间距分布，其间相隔约 20 米，规模宏大。

遗址四组遗存的布局其实已经告诉了我们一个基本事实，那就是当时的人们已经学会了规划空间，确定方位，并有了南北子午线的知识，因为如果不懂得辨方正位，没有相应的测量空间的方法，遗址就不可能有这样的布局。

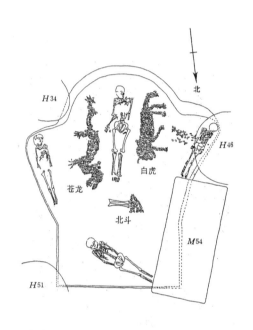

西水坡 45 号墓平面图

在遗址最北端的墓葬之内，墓主人的东西两侧分别用蚌壳摆放了龙和虎，其中蚌龙居东，蚌虎在西。看到龙虎，人们自然会想到中国传统文化中的四象，也就是青龙、白虎、朱雀和玄武。四象的原型在天上，也即二十八宿所分东、西、南、北四宫中观象授时的主星所呈现的形象，由于它们的地位重要，于是古人将四组星官的地位提升，特别强调了其观象授时的意义，从而最终形成了四象星官体系。然而，墓葬中的龙、虎能否认定为星象，这一工作仅就龙、虎本身是难以完成的，因为在中国文化的发展过程中，四象的内涵逐渐得到了丰富，四象不仅具有了空间的象征意义，而且也普遍作为吉祥的标志。显然，辨明龙、虎的含义只能跳出龙虎来思考。

事实上，墓葬中除龙、虎之外，于墓主人的脚下还有一个特别的图像。这个图像由蚌壳和两根人的胫骨组成，形象酷似北斗，其中居西的蚌塑图像表示斗魁，斗魁东侧配置的两根人的胫骨表示斗柄，构图十分完整。当然仅从图像相似这一点上认证其为北斗星非常不够，然而如果我们对其为北斗星的判断不误，那么北斗与龙、虎星象所构成的位置关系就应成为我们首先关心的问题，这当然对于确定这个图像的性质很有帮助。

我们在天上所看到的绝大部分星官都属于恒星，所谓恒星，就是说它们在天上的位置是相对不动的，这意味着星官之间的位置关系也是相对不变的，这使我们有机会通过观察北斗与龙、虎的关系，建立这三个星官之间的联系。北斗七星与龙、虎二星官真实的位置关系表现为，顺着北斗七星中斗柄的延长线可以找到苍龙的角宿，而沿着斗魁的延长线寻找，又可以找到作为白虎的觜宿和参宿，这种关系是固定不变的。古人很早就发现了北斗和龙、虎星象的这种位置关系。司马迁在《史记·天官书》中曾把这种关系描述为"杓携龙角""魁枕参首"，意思是北斗的斗柄拴于龙角，而斗魁却枕在虎的头上，说得十分传神。了解了这个关系之后，我们再来分析西水坡墓葬中这三个图像就很有意思了。其中象征斗柄的两根胫骨指向龙角，而蚌壳摆塑的斗魁枕于虎头，其所呈现的位置关系与北斗和龙、虎星象的关系完全一样。

这些证据是否可以使我们放心地相信这个图像就是北斗星了呢？仍然不能。

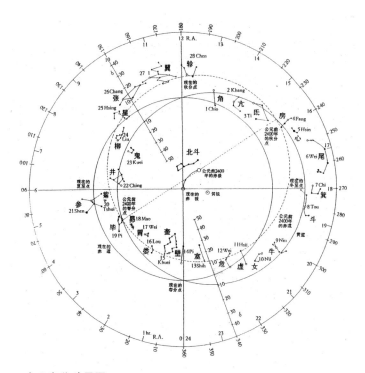

二十八宿北斗星图

因为还有一个现象必须解释，那就是为什么这个北斗图像一部分用蚌壳摆塑，而另一部分要配置两根人的胫骨？对于这个问题，我们要从中国古代观象授时的传统来理解。

在中国古代的观象活动中，古人关注的天区主要有两个，一个是北斗所在的北极区域，另一个则是二十八宿分布的赤道带。与二十八宿的观测不同的是，北斗所在的北极天区终年可见，所以北斗成为古人观象授时的重要星官。由于北斗七星呈现着围绕北极的旋转变化，于是人们便可以通过对北斗斗柄方向的改变了解时间。每天随着夜间时间的早晚变化，北斗斗柄的指向有所不同，犹如悬挂于北天极的巨型钟表；而于一年中的不同季节观测北斗，北斗斗柄的指向也会呈现出很大的差异，春分斗杓东指，夏至斗杓南指，秋分斗杓西指，冬至斗杓北指。古人正是通过对北斗杓柄指向的变化，了解了时间的变化和季节的更替。然而北斗只有在夜晚才能看到，如果人们想要了解白天的时间，或者建立更为精密的计时制度，人们就必须创造出一种新的观测方法，这就是立表测影。

碍于太阳过于明亮，难以直视，所以古人学会了立表而辨其影。然而立表测影的工作有一个认识和发展的过程，准确地说，最早为人们认识的影子只能是自己的身影。古人日出而作，日入而息，他们必然会发现自己的身影会不断地改变方向，显然，身影方向的改变也就意味着时间的改变，因此，最早的测影工具只能是人体自身。所以在人们发明立表测影的方法之前，必然经历了以人体测影的阶段。司马迁在《史记·夏本纪》中曾描写大禹治水“身为度”，即以自己的身体作为度量，其中不仅包括像布指知寸、步算一类作为，应该也涉及了以身测影的工作。商代甲骨文表示日中而昃的“昃”字作“”，即像太阳之下有一个斜置的人影，本义即表示已过日中的日昃时段。日中时分太阳正南，阳光投射的人影一定正直，而当日过正中而西斜，日光所投射的人影也一定是斜的，所以古人用斜置的人影表示相应的时间。这些事实告诉我们，古人确实经历了一个依靠对人影的观测了解时间的阶段。然而随着天文学的发展，天文观测需要精确化，这种精确化其实就是争毫厘之间的变化，这决定了人们不可能永远停留在利用人体测影的水平，这将无法满足天文观测的精度要求。于是古人为模仿人体测影创造了测影仪器，这就是表。表的创造是为模仿人体测影而产生的，并最终取代了人体测影，所以表的高度规定为八尺，这正好等于人的身长。而支撑人体直立完成测影工作最关键的部位就是腿骨，所以人们理所当然地将腿骨的名称移用而作为了表的名称——髀。"髀"字在中国的传统文献中有两个意思，一是人的腿骨，另一个就是测影的表。明白了这个知识背景，我们就可以作出判断，西水坡墓葬中作为斗柄的胫骨其实就是测影髀表的象征，而这个独特的北斗造型所显示的意义正在于人们将夜晚观测北斗决定时间与白天立表测影决定时间这两种计时方法的结合。很明显，这个图像是为北斗是毋庸置疑的。

北斗既已证明，那么与北斗共存的龙、虎，其性质为星象也就不言而喻了。事实上，墓葬中的北斗与龙、虎共同组成了一幅迄今所见人类历史上年代最早的天文图，时代是在距今 6500 年。这难道不是文明吗？当然是文明！

说到这里，我们对墓葬星象图的论证仍然感到未能尽意。如果我们可以找到一幅与此类似的星图加以比较，那就再理想不过了。我们果然发现了这样

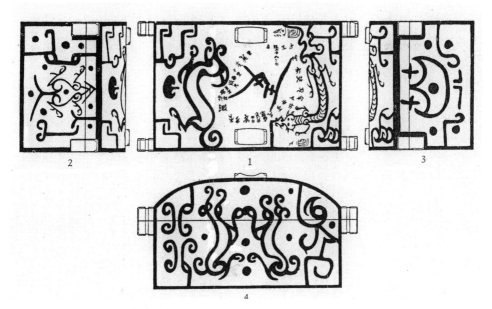

湖北随州战国曾侯乙墓漆箱星象图

的史料。湖北随州发现的战国初年曾侯乙墓提供了难得的证据，该墓所出的二十八宿衣箱盖面即绘有星象图。星图中央篆书一个特大的斗字，表示北斗，北斗的周围篆书了二十八宿的名称，所以这是一幅确凿无疑的天文星图。而在北斗和二十八宿名称的左右两侧，分别描绘了龙、虎。星图中这种以北斗与龙、虎星象作为主要内容的设计与西水坡星象图简直如出一辙。不仅如此，两幅星图在细节上都别无二致。曾侯乙星图在虎腹之下绘有大火星的形象，而同样的星象也出现在西水坡星象图虎腹的下方，只是后者由于散乱失去了本来的形象而已。显而易见，这些线索将两幅星象图联系了起来，证明它们其实是内涵完全相同的两幅星图作品。说到这里，西水坡墓葬中的蚌塑遗存作为最早的天文星图的事实便没有任何可怀疑的余地了。

将西水坡与曾侯乙两幅内涵相同的天文图进行比较是极有意义的。西水坡星象图的年代是公元前4500年，曾侯乙星图的年代是公元前五世纪，两者相差了整整四千年，内容却没有丝毫的改变。古人主张"文明以止"，追求的乃是不变的传承，这一思想于此可以得到充分的印证。

从人类知识体系形成的角度讲，上古时代处于原始知识的发现与积累阶段，古人获得一点知识恐怕需要几代、十几代甚至几十代人的努力，所以不可能轻言改变，而只能有序传承。因此，早期文明的发展是相对稳定的。文明的发展是加速度的，今天文明的快速变化是建立在古代文明长期稳定不变的基础之上的。今天我们享受的现代文明成果，充其量也只有两百多年的时间，而两百年前和两千年前的差别其实不大。通过这些分析我们可以知道，中国的文明史是相当悠久的，西水坡天文图虽然古老，但它显然并不是最古老的遗存，西水坡的天文遗存说明，在那个时代已经形成了完备的天文学体系，但它一定只是对前人成就的再现而已，就像曾侯乙星图是其前人成果的再现一样。这意味着在西水坡之前一定还存在着一个漫长的形成和发展时间，中国文明的起源年代还要在这个基础上大大向前追溯。

西水坡墓葬除了墓主人之外，还葬有三具殉人。三具殉人并不集中摆放于墓葬北侧比较空旷的地方，而是分别置于墓葬的东侧、西侧和北侧，况且北侧的殉人并不沿墓壁摆放，而特意安排出一个角度。我们计算这个角度发现，这个殉人的头向正好指向了濮阳当地所能看到的冬至这一天的日出位置，而且一度不差。这个事实使我们联想到中国早期文明中的分至四神传统。分至就是春分、秋分、夏至和冬至，这是构成时间体系的最重要的四个时间标记点，由于其相对固定，古人便想象着应该是神灵管理的结果，于是产生了分至四神的思想。这个传统在今天所能看到的《尚书·尧典》《山海经》以及甲骨文中都反映得非常清楚，战国时代的楚帛书对此则描绘得更为具体。当时的人们认为，分至四神实际就是伏羲与女娲所生的四个孩子，所以分至四神又被称为分至四子。巧合的是，对墓中殉人的年龄鉴定表明，三位殉人最大的 16 岁，最小的 12 岁，都是孩子，而且他们的头上都留有砍砸的痕迹，说明全为非正常死亡。分至四神的居住位置也很有特点，古人认为，春分神居住在东方极远的叫作旸谷的地方，秋分神居住在西方极远的叫作昧谷的地方，冬至神居住在北方极远的叫作幽都的地方，而夏至神则居住在南方极远的叫作南交的地方，四神分居四方。而墓葬中的三位殉人分居三方，在四神体系中应该象征的是春分、秋分和冬至神。如果是这样，那么墓葬中还缺少一位居住在南方的夏至神。当我们沿着子午线向南寻找之后，就会发现在整个西水坡遗址的最南端，也就是第四组遗存，正是一个埋葬了另一个孩子的墓葬，尤其引人注意的是，这个墓葬的主人恰好缺少了胫骨，而且通过对墓葬长度的判断，墓主人的胫骨在入葬之前就已被取走了。这个事实使我们很容易想到，墓主人被取走的胫骨应该被安排在遗址北端的墓葬中作为了北斗的杓柄。显然，位居遗址南端的这座墓葬不仅与其他遗存构成了完整的整体，而且其墓主人的文化象征应该就是在最北端墓葬中所缺少的夏至神。

　　夏至神缺少胫骨的事实对于印证其身份很有帮助，换句话说，古人为什么独取夏至神的胫骨作为北斗的杓柄，而不取其他三神？这与上古观象授时的制度息息相关。我们知道，作为北斗杓柄的两根胫骨，其象征意义则是立表测影的表，那么古人会在什么时候完成测影工作对于解释这种做法就非常重要了。根据《尚书·尧典》的记载，最初的测影工作，于一年中只在夏至进行。因为夏至正午的表影最短，观测和计算都相对容易。很明显，西水坡先民截取夏至神的胫骨作为斗杓以象征测影的表，这一做法正是当时测影制度的反映。由此可见，遗存中的各种安排都非常和谐。

古人以遗址南端墓葬的主人象征夏至神，那么为什么要将夏至神单独置于遗址的最南端，而不可以将其与其他三神放在一起，置于北端主墓的南侧？这种设计当然是服务于遗址性质的整体安排。

西水坡遗址的四组遗存实际组成了一处完整的原始宗教遗存，这个宏大场景展现了位于北端的主墓，其墓主人死后灵魂升天的完整仪程。主墓的墓主当然就是当时社会的最高权力拥有者，只有这种拥有最高权力的人，死后才享有升天的资格。显然，这个事实与天文学具有密切的关系。古人以为，"知地者智，知天者圣"。天文学产生的目的是为农业生产提供准确的时间服务，极少数圣人通过自己的辛勤观测发现了天象规律，并将时间颁告给氏族成员，使农作物丰收有年，于是观象授时的人也就通过对天文知识的掌握拥有了统治的权力，确立了其在氏族中的地位，这就是中国古代王权的基础。因此对于以农业为主的社会而言，天文历法知识具有首要的意义，谁能把时间颁授给人民，谁就有资格成为人民的领袖。事实上从文化史的意义上说，上古天文是作为王权的基础而存在的。《论语·尧曰》开篇讲尧、舜、禹禅让时说过一句话："天之历数在尔躬，允执其中。"意思是天文历算的工作要由为王者亲自掌握，不能假于他手，这是确定王权的基础，其更进一步的发展就是君权神授的思想。可以清楚地看出，这些思想的形成实际都导源于天文。

建立了这样的知识背景之后就不难发现，西水坡主墓的墓主人实际就是当时社会的权力拥有者，墓葬随葬的天文图其实显示了其生前的权力特征，说明其以观象授时为业，所以死后也就享有了升天的特权。考古学家习惯于根据墓葬的随葬品判断墓主人的身份，而在这个墓中，我们看到了天文图，这当然说明观测天文、考察天象就是墓主人生前的重要工作，因此，古人将天文图随葬于墓中，这一做法其实就是墓主人生前权力特征的再现。墓主人死后，灵魂升天，而古人习惯于以南方象征天的位置，因此升天的路径一定呈现为自北而南的方向。在主墓以南 20 米的地方，古人设计了第二组遗存，表现墓主人灵魂升天的过程，其中用蚌壳摆放了龙、虎、鹿和鸟四灵，也就是最原始的四象。我们对四象演变历史的研究表明，玄武作为四象体系中的一员，这一事实晚至战国才形成，而在战国之前，北方之象实际是鹿或麒麟，这个事实在西水坡遗址中已经存在了。第二组升天过程摆放四象的目的，当然在于以四灵驾驭墓主人的灵魂升天。第二组遗存以南的 20 米处则是第三组遗存，这里用蚌壳摆放了龙和虎，以及天上的银河，其中龙的身上还用蚌壳摆塑了一个人像，象征人御龙在天空遨游。显然，第三组遗存展现的是墓主人灵魂升上天界的景象。所以很明显，从北端的主墓到象征天上世界的第三组遗存共同构成了墓主人灵魂升天的完整过程，因此为了不阻断墓主人升天的道路，夏至神的位置就只能被安排在这个完整升天场景的南端，而不可能置于中间。重要的是，对这种安排的记载，《尚书·尧典》也有清晰的反映，或者换一个角度讲，正是由于对西水坡原始宗教遗存的揭示，才使我们最终读懂了《尧典》，这使考古学研究与文献学的阐释得到了极其完美的印证。

通过对西水坡原始宗教遗存的研究，我们可以清晰地了解到六千年前的中国原始文明究竟达到了怎样的水平。当时的人们已经学会了立表测影，有能力规划空间和时间，知道了二分二至，建立了完整的原始历法体系，他们同时观测北斗星和二十八宿，建立了完整的天官体系。不仅如此，人们对天地的形状也有了自己的认识，形成了最朴素的盖天宇宙学说。当时已经形成了原始宗教，有了分至四神的观念，有了灵魂升天的思想，有了以祖配天的祖先崇拜和至上神崇拜。当时的社会已经以王权为中心，有了相适应的社会组织。所有这一切都发生在距今 6500 年前，这一事实无疑会给我们的习惯认识造成巨大的冲击。在那么早的时代，中国的原始文明就已建立起如此完备的知识体系、思想体系和制度体系，这完全颠覆了我们的认识，然而考古学材料所呈现的事实是不容怀疑的。

三

西水坡遗存带给我们的这些对中国上古文明的具体认识固然重要，但更为重要的则是，它不仅为我们重建了重新认识己身文明的知识基础和认识背景，而且引发了我们对中西方文明的反思。这是今天我想谈的第三个问题。

第一，通过对中国上古文明的探索和梳理，我们对博大精深的中国文化应该有着全新的认识。考古学材料所提供的证据是相当充分的，中华文明形成时间之早，已远远超出人们习惯所说的五千年历史。以往我们在战国和秦汉的基础上审视中国的原始文明，认为商代先民的某些作为都是不可想象的事情，过低地估计了古人的智慧。而西水坡原始宗教遗存的揭示彻底改变了这种局面，其在商代之前又追溯出一个商代。殷商距我们三千年，西水坡距殷商三千年，商人看西水坡，就犹如我们看商代。这意味着我们看待自己的文明必须在距今六千年的基础上向前追溯。

天文考古学研究已经清楚地显示了一个基本事实，这就是中国文化基本框架的建立在先秦时代早就完成了，后人只不过是在前人的基础上修修补补而已。这从另一个角度证明了中国传统文明的古老。

第二，通过对西水坡原始宗教遗存的分析，可以感受到古人对于自然世界的极大关注，对于天地人之间相互关系的观察分析，这个认识传统形成了中华文明的优秀特点。

中国文化的认识论，概括而言就是"格物致知"。什么是格物致知？简单地说就是人的知识和思想来源于他们对客观世界的观察分析，而不是人们头脑中空想出来的，所以这种认识论是唯物的，不是唯心的。所以从根本上讲，中国文化是追求真理的文化，而不是唯心追求自我的文化。这不仅构成了中国文化的显著特点，也形成了中西方文明最本质的差异。

回顾早期人类的科学史，中西方文明在认识论上的巨大不同表现得相当清楚。比如对于太阳黑子的认识，中国先民本着格物致知的认识方式，很早就裸眼观测到了黑子，并对其进行了客观的描述和记录，甚至东汉时代的王充，就已近乎正确地解释了太阳黑子的成因。但是在西方，伽利略之前的很长一段时间，欧洲人虽然也看到了太阳黑子，但他们不信，原因就在于古希腊亚里士多德天体完美的唯心主义理论束缚了他们的头脑——太阳是完美的，完美的太阳怎么可能有黑子呢？于是他们作出的解释是，那只不过是乌云从太阳表面掠过而已。直到 1609 年伽利略用望远镜看到了太阳黑子，人们仍然不信，他们诅咒伽利略，宗教法庭裁判其有罪，要求伽利略放弃自己的学说，这就是四百年前的欧洲人对待真理的态度。很明显，认识客观世界的方式与技术的关系不大，人们是通过裸眼了解真理，还是必须借助仪器才能看清真相，本质上并没有高下之分，区别则在于究竟是尊重客观还是尊重自我的态度。中西方文明在认识论上的巨大差异从根本上导致了两种不同文明的形成，这两种文明不仅在认识世界的方式上大相径庭，由此形成的价值标准等一切方面也都大相径庭。这是我们认识中西方文明不可忽视的判断标准。

　　第三，中华文明是以追求真理为目的，这一特点不仅造就了优秀的中国文化，而且也为人类未来如何发展的反思提供了参照。人类的发展贵在可持续，而中国文化的核心价值就是天人合一，天人合一追求的当然是人与自然的和谐相处，而不是冲突。传统政治观主张"顺时施政"，"上律天时，下袭水土"。但今天我们的很多决策却并非如此。从生命起源的角度讲，人类已经生存了 300万年，地球的历史也已有了 46 亿年，而我们今天享受的现代工业文明，只有200 多年的时间。但可怕的是，这短短二三百年的时间却把地球 40 多亿年的积累消耗殆尽，这种文明能被认为是一种优秀的文明吗？！如果按照这样的趋势发展下去，人类还会有再发展 300 万年的信心吗？！所以对今天的工业文明是需要反思的，对科学技术如何发展也是需要反思的。历史是一门大学问，回顾历史的目的不是为了使今人陶醉在先贤创造的灿烂成就之中，回顾过去的 5000年是为了今后的一百年，这才是我们重温中华文明的真正价值。

（讲座时间　2020 年）